Financial Engineering 금융공학

전 인 태 지음

 북스힐

머리말

금융공학은 융복합 학문이다. 현대 자본주의의 핵심인 금융과 재무의 주요 업무, 즉 투자, 대출, 자산운용, 수익과 위험, 위험관리, 금융상품 설계와 판매, 금융시스템 개발 등과 관련된 다양한 문제를 수학 및 통계학적 기법을 사용하여 해결하고 궁극적으로는 이를 프로그래밍하고 시스템화하여 금융산업의 효율적인 발전을 도모하는 학문이라고 할 수 있다. 금융전문가가 되기 위해서는 이와 같이 다양한 융복합적 지식을 습득해야 한다.

본서는 융복합적 관점에서 다양한 전공의 학문적 배경을 가진 독자들이 쉽게 접근할 수 있도록 개념적인 설명에 중점을 두었고 증명보다는 쉬운 설명을 통해 기초적인 이해를 돕도록 노력하였다.

금융 관련 과목을 접하는 수학과 학생들의 일반적인 반응은 엄밀하지 않음에 대한 거부감이다. 논리적으로 한 치의 오차도 허용하지 않는 수학의 증명과정에서 벗어나기가 쉽지 않기 때문이다. 하지만 복잡한 금융시스템을 모두 엄밀하게 수리적으로 표현하고 증명하는 것은 거의 불가능하다. 오히려 똑같은 금융상품에 대한 가격의 접근 방법도 다양하고 답이 여러 개일 수도 있다. 금융시스템에서의 가장 중요한 요인 중의 하나는 실현가능성이다. 아무리 훌륭하고 멋진 모델이라도 현실과 다르면 의미가 별로 없기 때문이다. 따라서 수학전공 학생들은 금융 시장에서의 금융상품의 의미들을 빨리 파악하는 것이 급선무이고, 수리적 지식은 도구이지 목적은 아니라는 사실을 직시하여야 한다.

문과 출신 학생들에게는 금융공학을 접하기 위해서 수리적 지식이 필수적이다. 수익률 및 위험의 계량화를 비롯해 금융상품의 가격결정, 가치평가, 상품개발 등을 위해서는 수학, 통계 및 프로그래밍 능력이 요구되기 때문이다.

이러한 관점에서 본서는 수학과를 포함한 이과 출신 학생에게는 수리적인 엄밀성보다는 금융시장에 대한 이해와 적용에 중점을 두었고, 문과 출신 학생에게는 수리적인 이해와 수식과 관련된 의미를 파악할 수 있도록 노력하였다.

본서를 공부한 후 다양한 종류의 금융 관련 토픽과 금융상품 관련 지식을 습득하기 위해서는 Hull의 "Options, Futures and Other Derivatives" [H], 수학적인 깊이를 원하는 학생은 Shreve의 "Stochastic Calculus for Finance II: Continuous-Time Models" [S]를 공부하며 금융공학 관련 지식을 늘려나가면 좋을 것이다.

1장에서는 금융시장에 대한 기본적인 설명과 재무, 수학, 통계의 기초적인 부분을 설명하였다.

2장에서는 금융공학의 핵심주제인 선도, 선물, 옵션, 스왑 등 파생상품에 대한 내용을 다뤘다.

3장에서는 주가 및 이자율의 모델링을 위해 필수적인 확률과정과 마팅게일에 관련된 내용을 메저이론을 도입하여 설명하였고, 파생상품의 가격결정을 위한 기초개념을 정립하였다. 수학적인 기초가 약한 독자는 마팅게일, 브라운 운동, 확률미분방정식 등의 의미 등만 이해하고 skip하는 것도 나쁘지 않다.

4장에서는 3장의 방법을 이용하여 파생상품의 가격을 결정하는 모델을 설명하고 블랙-숄즈 방정식을 유도하였다. 이색옵션을 다루고 ELS의 구조를 설명하였다.

5장에서는 이자율 관련 모델링과 이자율 파생상품의 가격결정 메커니즘을 소개하였다. 현물이자율곡선의 구성 및 단기이자율 모델, 시장 모델을 설명하였고 관련 파생상품 및 구조화 채권의 구조에 대해 설명하였다.

6장에서는 상관관계 측도로 상관계수를 보완한 코퓰러에 관한 내용을 다뤘다. 코퓰러의 정의와 성질, 가우시안 코퓰러, t 코퓰러, 아르키메디안 코퓰러 등의 정의와 시뮬레이션 방법도 소개하였다.

마지막으로 7장에서는 CDS와 CDO를 포함한 신용파생상품을 다뤘다. 서브프라임 모기지 사태 이후 거래량이 많이 줄었지만 금융공학적으로 중요한 개념이 담겨있고, 세계 경제가 안정화되면 거래량이 다시 많이 늘어날 것으로 예상되므로 매우 중요한 토픽이다.

본서는 가톨릭대학교 학부와 대학원에서 12년 넘게 강의해온 내용과 고려대학교 금융MBA에서의 강의내용을 바탕으로 만들어졌다. 또한 은행, 증권사, 거래소 등의 업무와 관련된 자문 및 금융실무자 교육 등을 통한 다양한 형태의 피드백이 많은 도움이 되었다. 이해를 돕는 설명들은 보는 관점에 따라 다르게 해석될 수도 있고 오류가 발생할 수도 있다. 앞으로 지속적인 수정 보완을 통해 책의 완성도를 높여갈 예정이다.

먼저 다양한 분야에 관심을 갖는 융복합적 사고를 일깨워주신 지도교수님인 Ohio State University의 Peter March 학장님께 감사드린다. 금융 및 금융공학의 세계로 이끌어주신 오갑수 글로벌금융학회장님, 정동명 전 대한금융공학회장님, 홍은주 한양사이버대 교수님, 최형인 서울대 교수님, 이두범 가톨릭대 교수님, 투자은행 업무를 포함한 다양한 금융실무를 접할 수 있는 기회를 만들어 주신 Hobart Epstein 전 동양증권 부사장님(전 골드만삭스 한국대표), 그리고 언제나 우리나라 금융발전을 위한 열정을 보여주시는 김영선 전 국회정무위원장님께 감사드린다. 책이 완성되기까지 오랜 기간을 기다려주신 북스힐 김동준 상무님, 책을 완성하기 위해 애써주신 북스힐 편집부 이혜영님께 죄송함과 감사의 마음을 전한다. KB투자증권 강준우 차장, 수협의 경강수 과장을 비롯한 금융권으로 진출한 많은 제자들에게도 감사의 마음을 전한다. 그동안의 우리의 노력이 늦게나마 책으로 정리될 수 있었던 것은 모두 사랑하는 제자들 덕분이다. 또한 책 집필을 도와준 대학원생들에게도 감사의 마음을 전한다. 그리고 늘 격려를 잊지 않으시는 어머니, 언제나 손을 잡고 인생 여정에 즐겁게 동참해주는 사랑하는 아내와 우철, 예린 두 자녀에게 이 책을 바친다.

2013년 6월

전 인 태

차례

CHAPTER 4 주식 파생상품

CHAPTER 5 이자율 모형

금융시장의 이해

　우리가 주변에서 흔히 볼 수 있는 은행, 증권회사, 보험회사, 자산운용사, 투자자문사 등이 주축이 되어 이루어지는 산업이 금융산업이다. 일반 기업들은 자동차, 컴퓨터와 같은 제품을 만들어 팔거나 다양한 서비스를 제공해 돈을 벌고, 개인은 회사에 다니거나 자영업을 하며 돈을 번다. 개인과 회사는 이와 같은 활동을 통해 번 돈을 금융기관에 예금하거나 금융기관을 통해 투자를 하게 되고, 금융기관은 이 돈을 직접 운용하거나 자금을 필요로 하는 회사에 빌려주기도 하고 개인에게 대출해주기도 한다. 이렇게 이루어지는 금융산업은 한 나라의 경제의 근간이 되는 중요한 역할을 하게 된다.

　우리가 살아가고 있는 사회에는 기술이나 아이디어를 갖고 있는 다양한 그룹이 있다. 기술이나 아이디어를 갖고 있는 그룹은 회사를 만들어 부가가치를 창출하려고 하지만 자본이 부족한 경우가 많다. 또한, 자본을 소유한 그룹은 자본을 이용하여 이윤을 창출하려고 하지만 마땅한 투자처를 찾기 힘든 경우가 많다. 금융의 중요한 역할 중의 하나는 이와 같이 자본을 가진 자본가와 기술이나 아이디어를 이용하여 회사를 만들려고 하는 다양한 그룹을 연결시켜주는 일이다. 전통적으로 금융기관은 주식이나 채권을 발행하는 방법을 통해 회사가 편리하게 자본을 조달할 수 있도록 도와준다.

1.1 간접금융과 직접금융

　기업이 자금을 조달하는 방법에는 기업이 필요한 돈을 은행에서 빌리는 '간접금융'과 기업의 주식이나 채권을 투자자에게 직접 파는 '직접금융'이 있다.

　주로 간접금융과 관련된 일을 하는 은행을 '상업은행'이라고 부른다. 상업은행은 일반고객의 예금을 받아 기업에 대출을 해주는 일이 주 업무이다. 은행은 돈을 빌려준 기업에게는 높은 이자를 받고, 일반 예금자에게는 적은 이자를 지급함으로써 예대마진이라고 불리는 그 차액으로 수익을 내게 된다. 그런데 은행은 일반고객의 돈을 받아서 이를 빌려주는 것이기 때문에 만약 기업이 부도가 나면 은행은 대출해준 돈을 돌려받지 못하게 되고, 결과적으로 예금을 한 고객에게 돈을 돌려줄 수 없게 되어 큰 혼란이 발생하게 된다. 이러한 위험을 줄이기 위해 은행은 자금을 회사에 빌려줄 때, 보통 회사가 가지고 있는 건물, 토지, 시설 등을 담보로 제공 받는다. 만일 회사가 돈을 갚지 못하게 되는 경우에는 이 담보를 팔아 손실을 충당하기 때문에 상업은행은 위험이 별로 없이 돈을 벌게 되는 문제가 생기고 경쟁력이 약해지기도 한다. 한편 국가에서는 금융감독원 등 감독기관을 통해 은행이 돈을 빌려주거나 관리하는 과정을 감독하게 된다.

현대 사회에서는 사회가 복잡해지고 경쟁이 심해지면서 기업들이 돈을 벌기가 어려워져 높은 이자를 내고 돈을 빌리려 하지 않는다. 또한 예금자들도 은행이 주는 적은 이자에 만족하지 않고 많은 이자를 주는 금융상품이나 투자처를 찾게 되었고, 글로벌 은행들의 진출로 경쟁도 심화되어 은행이 점점 어려워지고 있는 상황이다. 이에 따라 상업은행은 위험이 좀 높더라도 수익이 높은 투자처를 찾아야 하는 등 새로운 사업영역을 개척하게 되었다.

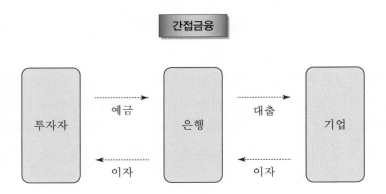

직접금융은 기업의 주식이나 채권을 투자자에게 직접 팔아 자금을 조달하는 방법으로 금융기관은 기업이 주식이나 채권을 발행하도록 돕고, 투자자에게 소개하는 중개역할을 하게 된다. '투자은행'은 이와 같이 직접금융과 관련된 일을 하는 은행 또는 증권회사를 말하며, 기업이 주식이나 채권 또는 여러 가지 복잡한 형태의 금융상품을 발행할 수 있도록 돕는 역할을 하고, 이에 대한 수수료로 수익을 창출하게 된다. 이러한 역

할은 인수, 즉 기업이 발행한 주식이나 채권을 투자자들에게 판매하고, 만일 발행한 증권이 모두 팔리지 않을 경우 직접 사서 갖는 작업을 통해 이루어진다. 판매되지 않은 증권을 가지고 있어야 하기 때문에 때로는 큰 위험을 감수하기도 한다.

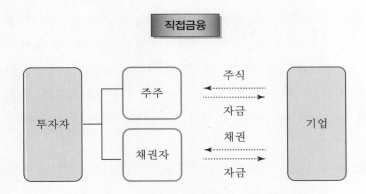

궁극적으로 투자은행은 기업에 자금을 공급하여 생산에 몰두할 수 있도록 돕는 역할을 한다. 기업에 자금을 공급하는 방법에는 주식이나 채권을 발행하는 것 이외에도 많은 방법들이 개발되었다. 이 교재에서 주로 다루게 될 파생상품들도 그러한 방법 중의 하나로 활용될 수 있다.

미국의 투자은행

미국에는 대표적인 상업은행으로 시티은행, 뱅크오브어메리카, JP모건체이스 등이 있고, 투자은행에는 골드만삭스, 모건스탠리, 메릴린치, 리만브라더스, 베어스턴스 등이 있었다. 2008년 서브프라임 모기지 사태가 발생한 뒤 투자은행인 메릴린치, 리만브라더스, 베어스턴스가 파산하거나 상업은행에 흡수돼 투자은행이 많이 위축되었다.

1.2 ▶ 주식과 채권

기업을 설립하기 위해서는 먼저 기업을 만들기로 한 사람들끼리 돈을 내고 회사는 돈을 낸 사람들에게 주식이란 걸 발행한다. 예를 들어 어떤 사람이 1억 원을 냈다면 그 사람에게 1억 원어치의 주식을 제공한다. 주식을 가진 사람은 회사의 주인인 주주가 된다. 만일 이 회사가 총 100억 원어치의 주식을 발행했다면 1억 원어치를 가진 사람은 그 회사의 1/100만큼의 주인이 되는 셈이다. 따라서 주식을 가진 사람들은 모두 회사의 주인이 되고, 대신 돈을 많이 낸 사람이 회사의 더 많은 부분을 가지게 된다.

만일 회사가 생산한 물건을 팔아 돈을 많이 벌었다면, 회사의 가치는 처음 100억 원보다 훨씬 높아지게 된다. 예를 들어 회사의 가치가 두 배인 200억 원이 되었다면 1억 원을 주고서 받은 주식의 가치도 두 배인 2억 원이 된다. 또한 회사의 정책에 따라 회사에 수익이 생겼을 경우 배당을 받기도 한다. 마찬가지로 회사에 손해가 발생하면 회사의 가치가 떨어지고 주식의 가치도 떨어져 손해를 보게 된다. 이와 같이 어떤 회사의 주식을 산다는 것은 그 회사의 주인이 되어 경제 상황이나 회사의 운영 상태에 의해 회사의 가치가 달라짐에 따라 주식 가격이 오르기도 하고 내리기도 해서 이익을 얻거나 손해를 보기도 한다.

반면 채권을 산다는 것은 회사의 주인이 되는 것이 아니라 회사에게 이자를 받고 돈을 빌려주는 것을 말한다. 채권은 종이로 만들어진 증서인데 여기에는 '액면가'와 '만기'가 적혀 있다. 예를 들어 만기가 2017년 3월 5일, 액면가가 100만 원이라고 하자. 이 채권을 가지고 만기일인 2017년 3월 5일에 회사를 찾아가면, 이 회사는 100만 원을 지불한다. 중간에 3개월 혹은 6개월마다 미리 정한 소정의 이자를 지급하기도 하며 이러한 이자를 이표 또는 쿠폰이라고 부른다.

1.3 수익률

주식이나 채권은 큰 손실을 볼 수도 있는 위험을 내포하고 있다. 주식의 경우는 주가가 크게 하락하는 경우 큰 손실을 볼 수 있고, 채권의 경우도 회사가 부도나면 빌려준 돈을 돌려받지 못하게 되어 큰 손실이 발생할 수 있다. 이러한 위험을 회피하려면 은행에 정기예금을 하는 방법이 있다. 은행이 망하는 일은 거의 없고, 설사 망한다고 해도 예금의 일정 부분을 국가가 보장해주기 때문이다. 그러나 이러한 예금의 이자는 높지가 않다. 위험이 적으면 보통 투자수익이 낮기 때문에 꼭 좋은 것은 아니다. 일반적으로 투자수익을 높이면 위험이 커지고, 위험을 줄이면 수익이 줄어들게 되는데, 결국 감당할 수 있는 위험의 범위 내에서 수익을 최대로 올리는 방법을 찾아내는 것이 중요하며 이를 위해 파생상품을 이용하기도 한다.

투자에 대한 수익률을 나타내기 위해 금융공학에서는 뒤에 정의할 로그수익률을 주로 사용하는데 다음과 같은 산술수익률도 종종 사용된다.

$$투자수익률 = \frac{현재가치 - 초기투자액}{초기투자액}$$

주식이나 채권에 투자한 경우, 수익률을 어떻게 하면 높일 수 있을까 하는 것은 투자자의 입장에서는 매우 중요한 일이다. 그런데 현재의 투자에 대한 투자수익률은 미래에 결정되기 때문에 지금 정확히 알 수는 없고 많은 경우 정규분포를 따른다고 근사적으로 가정한다. 정규분포는 평균과 표준편차만 구하면 유일하게 결정되므로 변수가 2개밖에 없고 관련 성질들이 많이 연구되어 있기 때문에 사용하기 매우 편리하다. 즉, 과거데이터나 시장상황을 반영하여 통계적인 방법이나 수학적 이론을 이용하여 평균과 표준편차의 추정치를 구한다. 실제로 관찰된 과거의 자료를 살펴보면 실제의 수익률 분포는 정규분포보다 꼬리가 훨씬 두꺼운 분포(fat tail)를 보인다고 알려져 있고 이와 관련된 많은 연구가 진행 중이나 본 교재에서는 대부분 정규분포를 가정하는 모델을 소개할 예정이다.

1.4 ▶ 위험

어떤 곳에 투자를 했다면 최고의 관심사는 기대수익률이라고 할 수 있다. 기대수익률을 알고 있다면 그 다음 중요한 일은 위험을 이해하는 일이다. 돈을 모아서(예금을 받아서) 빌려주는 금융산업을 영위하는 데에는 위험이 따르기 마련이다. 빌려준 돈을 못 받게 될 위험, 투자한 돈에 대해 생각했던 것만큼 수익이 나지 않거나 손해가 발생할 위험, 돌려줘야 할 돈을 제때에 돌려주지 못하게 될 위험 등이 있고, 이러한 위험을 잘 컨트롤 하지 못하면 아무리 큰 은행이라도 경영이 어려워지거나 심지어는 망하게 될 수도 있다. 사람들은 수학을 이용한 계량화를 통하여 이러한 위험의 크기를 계산해낸다.

계량화란 어떤 현상의 성질이나 내용 등을 수량으로 표시하는 것을 말한다. 예를 들어 '키가 크다', '작다', '보통이다'와 같은 키에 대한 성질을 '키가 175 cm이다'와 같이 숫자로 나타내는 것이다. 두 명의 학생이 있는데 '한 명은 보통이고 다른 한 명은 크다'라고 말하면 키가 정확히 얼마인지 알 수 없다. 그러나 한 명은 173 cm, 다른 한 명은 182 cm라고 말한다면 두 명의 키가 얼마인지 정확히 알 수 있다. 이와 같이 키에 대한 정확한 정보를 알게 되는 것은 키에 대한 성질을 계량화해서 표현했기 때문이고, 계량화는 수량으로 표시하는 것을 말한다.

　은행은 계량화를 통해 위험을 수량으로 나타내어 정확한 위험의 크기를 측정하고 이를 바탕으로 위험을 컨트롤 하게 된다. 수익률이 정규분포를 따른다고 가정할 때 정규분포의 표준편차를 이용해 위험을 계량화하는 전통적인 방법이 있다.

　1년 후의 수익률의 분포가 평균 m 표준편차 σ인 정규분포를 따른다고 하자. 이 경우 1년 후의 수익률이 평균에서 표준편차를 뺀 $m-\sigma$보다 크고 평균에 표준편차를 더한 $m+\sigma$보다 작을 확률은 약 68.3 %가 된다. 아래 그림에서 x축은 1년 후의 수익률, y축은 확률밀도함수의 값을 나타낸다. 이때 확률은 이 확률밀도함수의 면적으로 주어지게 된다.

　예를 들어 그림 (a)의 경우 수익률이 0.1에서 0.2 사이로 주어질 확률은 색칠한 부분의 면적인 68.3 %가 된다. 기대수익률은 이 종모양의 중간값인 0.15가 된다.

　수익률이 25 % 보다 높을 확률이 그림 (a)에 비해 그림 (b)의 경우가 훨씬 크지만, 대신 수익률이 5 % 보다 작을 확률도 훨씬 크게 되어, 표준편차를 곧 위험이라고 볼 수 있다. 표준편차가 크면 위험이 크고 표준편차가 작으면 위험도 작아진다.

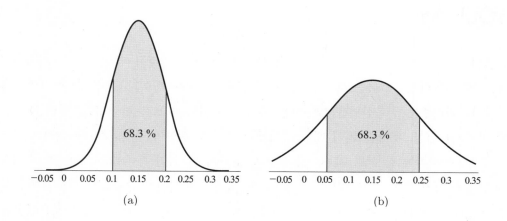

　실제 금융시장에서 수익률의 과거 데이터를 살펴보면 앞에서 가정한 정규분포와는 상당한 거리가 있다는 것이 알려지면서 1990년대 이후 위험에 대한 새로운 형태의 계량화가 이루어졌다. 실무에서 많이 쓰이는 바(VaR)는 수익률이 비대칭이고 꼬리가 정규분포보다 두꺼운 형태를 보이는 수익률분포에서 손실에 대한 위험을 계량화하는 데

매우 유용하다.

예를 들어, 투자해놓은 자산의 바(VaR) 값이 1억 원이라는 말은 앞으로 10일 동안 1억 원 이상의 손실이 발생할 확률이 1％라는 말이다. 99％의 확률로 1억 원 이상의 손실을 보지 않는다는 말과 같다. 만일 투자금액이 10억 원이라면 이러한 정도의 손실은 발생한다고 해도 별로 걱정할 필요가 없겠지만, 만일 투자금액이 1억 원이라면 비록 1％의 확률이긴 하지만 1억 원 이상의 손실이 발생한다면 투자해놓은 돈을 모두 잃게 된다. 위험한 투자라고 판단할 수 있다. 이런 경우는 투자자산을 조절해서 VaR 값을 낮출 필요가 있는데, 파생상품은 이러한 과정에서 매우 편리하고 유용하게 활용될 수 있다.

현대의 금융기관들은 투자수익률에 대한 표준편차와 VaR를 이용하여, 위험을 컨트롤 한다. 표준편차와 VaR가 크면 위험이 크므로 투자 대상의 일부를 바꿔서 좀 더 안전한 곳으로 투자를 하거나 파생상품을 이용해서 위험을 줄이는 작업을 하고, 표준편차와 VaR가 작고 수익률이 작아 만족스럽지 못하면 수익률이 좀 더 큰 곳으로 투자해서 수익을 높이는 작업을 할 수 있게 된다.

1.5 파생상품

전통적으로 금융시장에서는 주식, 채권, 외환 등 기본적인 금융상품이 있었는데 앞에서 설명한 바와 같이 파생상품이라고 불리는 새로운 금융상품이 출현하게 되었다.

파생상품의 기본적인 역할은 현재 가지고 있는 금융상품의 가치가 앞으로 떨어질 위험을 줄이는 것이다. 이를 '위험을 헤지한다'라고 말하는데 위험이란 무조건 줄인다고 좋은 것은 아니므로 스스로 감당할 수 있는 위험 범위 안에서 적당한 금융상품을 선택하고, 투자를 할 경우에 적절한 위험과 수익의 수준을 유지하려 하게 되는데 이러한 방법을 제공하는 것이 파생상품이다. 파생상품이 등장하면서 금융시장은 폭발적으로 성장할 수 있었지만 오히려 투기적 거래로 인한 대형 손실이 발생하기도 한다.

대표적인 파생상품에는 선도거래, 선물거래, 옵션, 스왑 등이 있다. 선도거래는 미래에 사고 팔 수량과 가격을 미리 정해놓는 거래를 말하며, 사람들은 선도거래를 통해 미래에 거래할 가격을 미리 정하여 가격의 변동에 대한 위험을 헤지한다. 이러한 선도계약을 공공장소인 거래소에서 거래할 수 있도록 표준화시킨 것이 선물거래이다.

옵션에 관해서는 다음 사항을 고려해 보자. 어떤 투자자가 현재 주가가 10,000원인 주식 1억 원어치를 1년간 꼭 보유하고 있어야 한다고 가정하자. 이 투자자는 현재는 1억 원이지만 1년 후의 가치는 1억 원보다 훨씬 높을 수도 있고 1억 원보다 훨씬 낮을 수도 있는 자산을 가지고 있으며 미래의 가치가 불확실하므로 위험을 안고 있는 셈이 된다. 이러한 위험이 현실화되는 것은 다음과 같은 경우이다. 만일 1년 후에 이 주식을 팔아서 9,000만 원의 부채를 갚아야 한다면 주식 가격이 9,000원 이하로 떨어지게 되면 문제가 발생한다. 부채를 갚지 못해 자칫 신용불량자로 전락할 수도 있고, 기업의 경우는 부도가 날 수도 있다. 이러한 위험을 가진 상황에서 만일 현재 갖고 있는 주식을 1년 후에 가격이 9,000원 이하로 떨어지더라도 9,000원에 사주겠다는 사람(A라 하자)이 나타났다고 하자. 이 경우 투자자는 이러한 위험에서 해방될 수 있다. 주가가 오르면 그 수익을 챙길 수 있고, 주가가 떨어지면 9,000원에 팔아버릴 수 있기 때문이다. 이렇게 주식을 미리 정해진 가격으로 정해진 시점에 다른 사람에게 팔 수 있는 권리를 풋옵션이라 부른다.

그러나 이러한 풋옵션이 공짜일 리가 없다. 처음 계약을 할 때, 위험이 없어지는 대가로 옵션 프리미엄(옵션 가격)이라 부르는 현금을 A에게 지불해야 한다. 일종의 보험을 드는 셈이고 보험료를 지불해야 하는 셈이다.

풋옵션과 반대로 정해진 가격에 살 수 있는 권리를 콜옵션이라 부르며 통상 옵션은 콜옵션과 풋옵션을 통칭한다. 1970년대 이후 폭발적인 거래가 서구 금융시장에서 이루어졌으며, 쉽게 예상할 수 있듯이 이러한 옵션은 금융시장의 복잡한 위험형태와 이들을 회피하려는 시장의 수요에 따라 다양한 형태로 발전하였다.

배리어 옵션, 룩백 옵션, 아시안 옵션, 디지털 옵션 등 이색 옵션이라 불리는 옵션들과 두 종류 혹은 여러 종류의 주가와 연동되어 수익률이 결정되기도 하는 ELS 상품 등이 주가를 기초로 하는 파생상품이다.

옵션이라는 금융상품에 복잡하고 난해한 수학적 구조가 숨어있다는 사실을 알게 되면서 본격적인 금융공학(또는 금융수학)이 태동되었다고 말할 수 있다. 옵션에서 수학적인 관심사는 무엇일까? 먼저 공정한 옵션 프리미엄을 결정하는 일이라고 할 수 있다. 다시 말해 위험을 회피할 수 있는 권리인 옵션을 얼마에 사고팔아야 거래 쌍방 간에 공정한 계약이 되는 걸까 하는 문제이다. 과거 데이터를 이용해 주식 가격이 어떻게 움직여 갈지 알게 되면(뒤에 설명할 확률과정이라는 것을 따르게 됨), 미래의 시점에서의 가격의 분포를 알 수 있게 되고, 옵션의 가격은 그때 주어질 이득의 기댓값을 구해 이 자율을 이용해 현재의 가치를 구해주면 될 것이라는 직관적인 해답을 얻을 수 있다.

그러나 이러한 방식으로 가격이 결정되면 아비트리지라 불리는 '전혀 위험이 없이 이득을 취할 수 있는 방법'이 있다는 사실을 알게 되면서 프리미엄 결정의 중요성을 인식하게 되었다. 다행히 금융과는 전혀 별개로 발전되어 온 확률론의 깊은 이론이 이에 대한 해답을 주게 되었다.

미국의 피셔 블랙은 하버드대학교에서 응용수학으로 박사학위를 받고, 시카고대학교 와 매사추세츠공과대학교의 교수를 지낸 금융수학자다. 1973년 마이런 숄즈와 로버트 머튼과 함께 개발한 옵션 가격을 구하는 공식은 금융계의 뉴턴방정식이라 불리기도 한 다. 이 공로로 숄즈와 머튼은 1997년 노벨 경제학상을 받았다. 하지만 블랙은 1995년 암으로 세상을 떠났다.

1.6 ▌ 화폐의 시간가치

금융시장을 이해하기 위한 가장 기본적인 개념은 화폐의 시간가치이다. 화폐는 시 간에 따라 그 가치가 달라진다. 즉, 현재의 100만 원과 1년 후의 100만 원과는 가치가 다르며 일반적으로 현재의 100만 원을 선호한다. 소비자들이 미래의 현금보다 현재의 현금을 선호하는 이유는 미래에 대한 불확실성 때문이며, 이러한 가치 차이는 이자율에 반영되고 이자율을 이용하여 금액의 각 기간별 가치를 산출해낼 수 있다. 현재가치를 P라 하면 n년 후의 미래가치 P_n은

$$P_n = P(1+r)^n \qquad r : \text{연간이자율}$$

로 나타낼 수 있고, n년간 이자액은

$$P_n - P = P(1+r)^n - P$$
$$= P\big((1+r)^n - 1\big)$$

이다. 또한 P_n식의 양변을 $(1+r)^n$으로 나눠

$$P = \frac{P_n}{(1+r)^n}$$

을 얻을 수 있고, 이는 n년 후의 가치로부터 현재의 가치를 구하는 공식이다. 이러한 과정을 할인(discount)한다고 말하며 이때의 r을 할인율(discount rate)이라고 부른다. 여기서 주의할 것은 위의 식들이 매년 복리 계산된 경우라는 점이다. 즉, 1년마다 이자를 계산하여 그 이자를 원금에 재투자했다고 가정한 것이다.

일반적으로 1년에 m번 복리계산 된다면, 복리계산 기간, 즉 이자를 계산하여 원금에 재투자하는 기간이 $1/m$년이 되고, 따라서 n년 후의 미래가치는

$$P_n = P\left(1+\frac{r}{m}\right)^{n\,m}$$

이 된다.

이 식에서 m이 무한대로 가는 경우, 다시 말해 복리계산 기간이 월, 일, 시간, 분, 초로 작아지는 경우 P_n은 어떤 특정한 값으로 수렴하며 이 경우의 복리계산을 연속복리(continuous compounding)라 한다. 즉,

$$
\begin{aligned}
P_n &= \lim_{m\to\infty} P\left(1+\frac{r}{m}\right)^{nm} \\
&= \lim_{m\to\infty} P\left(1+\frac{r}{m}\right)^{\frac{m}{r}rn} \\
&= Pe^{r\,n}
\end{aligned}
$$

을 얻는다. 여기에서 e는 약 $2.71828\cdots$인 무한소수이며

$$e = \lim_{m\to\infty}\left(1+\frac{r}{m}\right)^{m/r} = \lim_{m\to\infty}\left(1+\frac{1}{m}\right)^{m}$$

을 만족한다. 연속복리의 경우 보통 n 대신 시간을 나타내는 t를 사용하여

$$P_t = Pe^{rt}$$

로 나타낸다. 이 식을 e^{rt}로 나누면

$$P = \frac{P_t}{e^{rt}} = P_t e^{-rt}$$

이 되고 이를 이용하여 화폐의 현재가치를 구한다. 화폐의 현재가치를 구하는 방법을 이용하면 다음과 같이 채권이나 주식의 현재가치를 구할 수 있다.

1.6.1 주식의 현재가치

주식의 현재가치는 이 주식을 보유함으로써 생기는 미래 현금 흐름의 현재가치와 같다. 이러한 현금흐름은 주식 보유 기간 중 받는 배당금과 주식 매각으로 생기는 매각대금이고 이를 적정할인율로 할인한 주식의 현재가치 P는 다음과 같이 주어진다.

$$P = \frac{d_1}{(1+r)} + \frac{d_2}{(1+r)^2} + \cdots + \frac{d_n}{(1+r)^n} + \frac{P_n}{(1+r)^n}$$

$$= \sum_{k=1}^{n} \frac{d_k}{(1+r)^k} + \frac{P_n}{(1+r)^n}$$

d_k : k해 말의 배당금
P_n : 매각할 때의 주가
r : 요구수익률(적정할인율)

여기에서 r을 주주의 요구수익률이라고 한다. 즉, 주주가 주식에 투자해서 기대하고 있는 기대수익률이며, 이 이자율로 현금흐름을 할인해서 주식의 현재가치를 구할 수 있다.

1.6.2 채권의 현재가치

채권은 일정한 기간 동안 이자를 지급하고 만기에 원금을 상환키로 약속한 채무증서이다. 채권에는 액면가(M), 만기까지 기간(n) 등이 표시되어 있고, 남은 기간 동안 매년 표면이자율로 $I_1, I_2, \cdots, I_n$ 의 이자를 받으며, 마지막 해에 원금 M을 돌려받는다. 채권의 현재가치 P를 수식으로 나타내면

$$P = \frac{I_1}{(1+r)} + \frac{I_2}{(1+r)^2} + \cdots + \frac{I_n}{(1+r)^n} + \frac{M}{(1+r)^n}$$

$$= \sum_{k=1}^{n} \frac{I_k}{(1+r)^k} + \frac{M}{(1+r)^n}$$

이 되고, 이 식에서의 할인율 r은 채권자들이 이 채권의 위험수준에 상응한다고 생각하는 이자율, 즉 요구수익률이 사용된다. 연속복리인 경우는 $(1+r)^k$ 대신에 e^{rk}를 사용하면 된다.

1.6.3 투자안의 평가

화폐의 시간가치를 이용하면 다음과 같이 투자안에 대한 평가를 할 수 있다.

1. 순현가법(NPV 법)

어떤 투자안의 경제적 가치를 분석하는 방법으로 투자로부터 발생하는 미래 현금흐름의 현가에서 투자액의 현가를 차감하여 순현가(NPV)를 계산한다. 모든 투자나 현금흐름이 투자기간의 각 년도 말에 결정된다면

$$NPV = (\text{미래 현금의 현재가}) - (\text{투자액의 현가})$$

$$= \sum_{k=1}^{n} \frac{F_k}{(1+r)^k} - \sum_{k=0}^{n} \frac{I_k}{(1+r)^k}$$

F_k : k년도의 현금흐름

I_k : k년도의 투자액 $k \geq 1$

I_0 : 최초투자액

n : 투자기간

r : 적정할인율(요구수익률, 자본비용)

이다. 만일 NPV가 양수이면 투자하고 음수이면 투자하지 않는 쪽으로 의사결정을 하게 된다. 많은 투자안이 있다면 그중에서 NPV가 가장 높은 것을 택하게 된다.

2. 내부수익률법(IRR 법)

내부수익률(IRR)이란 투자로 발생하는 미래 현금흐름 현가와 투자액의 현가를 같게 해주는 할인율이다. 만일 NPV법에서 자본비용 혹은 요구수익률이 내부수익률과 같다면 NPV는 0이 된다. 내부수익률법이란 자본비용과 IRR을 비교하여 의사 결정하는 기법이다. 즉, IRR이 자본비용보다 크면 투자하고 그 반대이면 투자하지 않는 방법이다. 여러 투자 안에서는 내부수익률이 큰 것으로 결정한다. 다음 방정식을 풀어 x를 구하면, x는 IRR이 된다.

투자액의 현가 = 미래 현금흐름의 현재가

$$\sum_{k=0}^{n} \frac{I_k}{(1+x)^k} = \sum_{k=1}^{n} \frac{F_k}{(1+x)^k}$$

$$I_k : k년도의 \ 투자액$$

$$F_k : k년도의 \ 현금흐름$$

x를 구하기 위해서는 고차방정식을 풀어야 하나, 엑셀의 해찾기 프로그램 등 컴퓨터 프로그램을 이용하여 손쉽게 구할 수 있다.

1.7 확률의 기초

금융시장의 불확실성을 다루기 위해서는 기본적인 확률론에 대한 이해가 필요하다. 상세한 내용은 3장에서 다룰 예정이며 여기서는 이산확률변수와 연속확률변수 및 정규분포를 포함한 몇 가지 연속확률분포와 관련된 기본적인 내용을 소개한다.

1.7.1 이산확률변수

이산확률변수 X는 다음과 같이 변수값이 불연속적으로 주어지고 각각의 확률값, 즉 확률질량이 주어진다.

확률변수값	x_1	x_2	x_3	$\cdots$	x_n	합계
확률질량	p_1	p_2	p_3	$\cdots$	p_n	1

이 경우 $\sum_{i=1}^{n} p_i = 1$, $p_i \geq 0$ 을 만족하고 기본 통계량은 다음과 같이 주어진다.

기댓값(평균) $E(X) = \sum_{i=1}^{n} x_i p_i$

분산 $Var(X) = \sum_{i=1}^{n} (x_i - E(X))^2 p_i$

표준편차 $\sigma(X) = \sqrt{Var(X)}$

누적분포함수(cumulative distribution function, CDF) $F(x)$는 다음과 같이 정의되며

$$F(x) = \text{Prob}\{X \leq x\}$$

다음과 같은 성질을 갖는다.

a. $\lim_{x \to -\infty} F(x) = 0$, $\lim_{x \to -\infty} F(x) = 1$을 만족한다.
b. $F(x)$는 확률변수가 가지는 값에서만 증가하는 계단형 함수이다.

이산확률변수의 종류

이항확률변수

이항확률변수는 매 시행마다 성공확률이 같은 실험을 독립적으로 반복하는 버눌리 (혹은 베르누이, Bernoulli) 시행을 n번 수행하였을 때 몇 번의 성공이 있었는지를 나타내는 확률변수를 말한다. 성공할 확률을 p, 시행횟수를 n, 성공횟수를 X라고 하면 X는 0, 1, 2, $\cdots$, n의 값을 가질 수 있으며 이항분포 $B(n, p)$를 따른다고 말한다. 확률질량함수는 다음과 같이 주어진다.

$$p_i = \text{Prob}\{X = i\} = \binom{n}{i} p^i (1-p)^{n-i}, \ i = 0, \ 1, \ 2, \ \cdots, \ n$$

여기에서 $\binom{n}{i}$는 조합을 나타내며 $\binom{n}{i} = \dfrac{n!}{i!(n-i)!}$을 만족한다.

이항분포의 특성

$$E(X) = np$$
$$Var(X) = np(1-p)$$
$$\sigma(X) = \sqrt{np(1-p)}$$

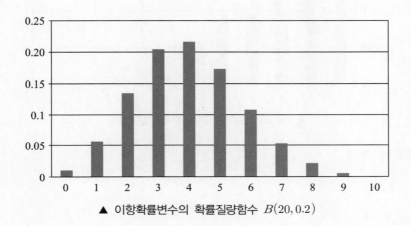

▲ 이항확률변수의 확률질량함수 $B(20, 0.2)$

포아송 확률변수

　일정한 시간이나 공간에서 독립된 사건이 무작위로 발생하는 경우 사건의 성공 횟수를 확률변수 X라 할 때, X는 포아송 확률분포가 되고 이 경우 X는 포아송분포 P를 따른다고 말한다. X는 0, 1, 2, …의 값을 가질 수 있으며 확률밀도함수는 다음과 같이 주어진다.

$$p_i = \mathrm{Prob}\{X=i\} = \frac{e^{-\lambda}\lambda^i}{i!},\ i = 0,\ 1,\ 2,\ 3,\ \cdots$$

　여기에서 λ는 성공 횟수의 크기와 관련된 모수(parameter)로 단위시간당 발생하는 성공 횟수의 기댓값과 같다. 이항분포 $B(n, p)$가 $np = \lambda$ 이고 p가 매우 작은 경우 모수 λ를 갖는 포아송 분포와 매우 유사하다.

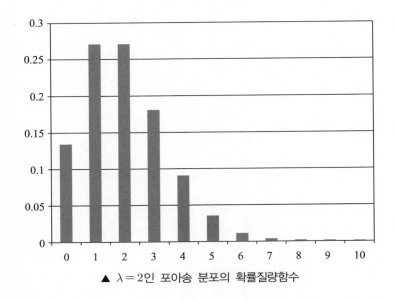

▲ $\lambda = 2$인 포아송 분포의 확률질량함수

포아송 분포의 특성

$$E(X) = \lambda$$
$$Var(X) = \lambda$$
$$\sigma(X) = \sqrt{\lambda}$$

| 예 1.7.1 |

어느 나라의 BBB등급에 속해있는 기업 중에서 1년에 평균 4개의 기업이 부도가
나며, 그 횟수는 포아송 분포를 따른다고 한다. 이 경우 1년간 일어날 부도 횟수에
대한 기댓값, 분산, 표준편차 및 부도가 하나도 발생하지 않을 확률을 구하시오.

|풀이| $\lambda = 4$로 주어지므로 기댓값과 분산은 4, 표준편차는 $\sqrt{4} = 2$가 된다. 또한 부도가
하나도 발생하지 않을 확률은

$$P_0 = \frac{e^{-4}4^0}{0!} = e^{-4} = 0.0183$$

이 된다. ∎

1.7.2 연속확률변수

연속확률변수는 변수값이 연속함수로 나타나게 되며 확률밀도함수(probability density

function, pdf) $f(x)$가 존재하여 X의 값이 a와 b 사이에서 일어날 확률은

$$\text{Prob}\{a \leq X \leq b\} = \int_a^b f(x)dx$$

로 주어진다.

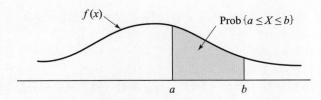

▲ X의 값이 a와 b 사이에서 일어날 확률

확률밀도함수는 다음과 같은 성질을 갖는다.

---

a. $f(x) \geq 0$

b. $\displaystyle\int_{-\infty}^{\infty} f(x)dx = 1$

c. $\text{Prob}\{X = a\} = \displaystyle\int_a^a f(x)dx = 0$, 즉, 연속확률변수가 어떤 값 a를 가질 확률은 0이다.

누적분포함수 $F(x)$는 이산확률변수와 마찬가지로 다음과 같이 정의되며

$$F(x) = \text{Prob}\{X \leq x\}$$

pdf $f(x)$와 $F(x)$는 다음 관계를 만족한다.

$$F(x) = \int_{-\infty}^x f(t)dt$$

또한, 기본 통계량은 다음과 같이 주어진다.

기댓값 $\quad E(X) = \displaystyle\int_{-\infty}^{\infty} xf(x)dx$

분산 $\quad Var(X) = \displaystyle\int_{-\infty}^{\infty} (x - E(X))^2 f(x)dx$

표준편차 $\quad \sigma(X) = \sqrt{Var(X)}$

연속확률변수의 종류

정규분포

연속확률분포 중에서 가장 많이 쓰이는 것은 정규분포(normal distribution)이다. 변수 X가 평균이 m이고 표준편차가 σ인 정규분포를 따르는 경우

$$X \sim N(m, \sigma)$$

로 나타내며, 이 중 $m = 0$이고 $\sigma = 1$인 정규분포를 특히 표준정규분포라고 한다. 정규분포는 평균을 중심으로 대칭이며 종모양(bell-shape)의 형태를 가진다.

1. 정규분포 $N(m, \sigma)$의 특성

$$f(x) = \frac{1}{\sqrt{2\pi}\,\sigma} e^{-\frac{(x-m)^2}{2\sigma^2}}$$

$$E(X) = m$$

$$Var(X) = \sigma^2$$

$$\sigma(X) = \sigma$$

정규분포의 CDF는 특정한 함수로 표시할 수 없으나 엑셀을 이용하여 쉽게 구할 수 있다. 예를 들어 X가 표준정규분포를 따르는 경우 $F(0.5)$를 구하기 위해서는 엑셀의 빈칸에 $= Normsdist(0.5)$라고 입력하고 Enter를 치면 된다.

▲ 빈칸에 $= Normsdist(0.5)$ 입력　　　　　▲ Enter를 실행

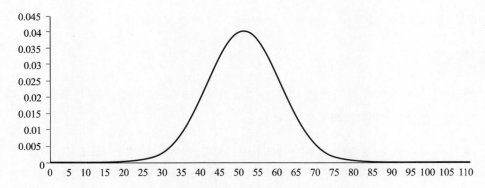

▲ $N(56, 10)$을 따르는 정규분포의 확률밀도함수

X가 $N(m, \sigma)$인 정규분포를 따르는 경우 $F(5)$를 구하기 위해서는 마찬가지로 엑셀의 빈칸에 $= Normdist(5, m, \sigma, 1)$이라고 입력하고 Enter를 치면 된다. 이를 이용하여 구간 $[a, b]$가 일어날 확률 $F(b) - F(a)$를 구한다.

확률변수 X가 $N(m, \sigma)$를 따른다고 할 때

$$Z = \frac{X - m}{\sigma}$$

이라 하면, Z는 정규분포를 따르고 평균이 0, 표준편차가 1이 됨을 알 수 있으므로 $Z \sim N(0, 1)$이 됨을 알 수 있고 이를 이용하여 일반 정규분포를 표준정규분포로 전환할 수 있다. 이를 표준화한다고 말하며

$$\mathrm{Prob}\{m - n\sigma \leq X \leq m + n\sigma\} = \mathrm{Prob}\left\{-n \leq \frac{X - m}{\sigma} \leq n\right\}$$
$$= \mathrm{Prob}\{-n \leq Z \leq n\}$$

를 만족하게 된다. 이 확률은 $n = 1$일 경우 0.683, $n = 2$일 경우 0.954, $n = 3$일 경우

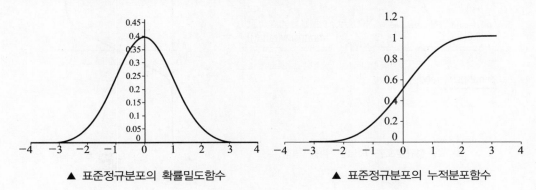

▲ 표준정규분포의 확률밀도함수   ▲ 표준정규분포의 누적분포함수

0.997로 잘 알려져 있다.

> **예 1.7.2**

어떤 기업의 주식에 투자했을 경우 수익률이 $N(10\,\%, 5\,\%)$인 정규분포를 따른다고 할 때, 손실이 발생할 확률을 구하시오.

> |**풀이**| 손실이 발생하는 경우는 수익률이 0보다 작아지는 경우이므로 $\text{Prob}\{X \le 0\}$ $= F(0)$를 구하면 된다. 엑셀을 사용하여 $= Normdist(0, 10, 5, 1)$을 입력한 후 Enter를 쳐서 0.02275를 얻는다. 또는 표준정규분포로 전환하여 구할 수도 있다.
>
> ∎

정규분포를 따르는 변수들의 선형결합(linear combinations)도 정규분포를 따르게 되며, 여러 종목에 투자를 한 투자포트폴리오에서 각 자산수익률이 정규분포를 따르면 포트폴리오의 수익률도 정규분포를 따르게 된다.

2. 정규분포 $N(m, \sigma)$를 따르는 샘플 뽑기

금융상품의 가치평가나 위험측정을 위해서 시뮬레이션을 하는 경우가 많이 있다. 시뮬레이션은 보통 특정한 확률분포를 따르는 샘플을 뽑는 것으로부터 시작한다. 어떤 분포를 따르는 샘플을 뽑기 위해서는 먼저 0과 1 사이에서 랜덤하게 숫자를 뽑은 후 이 숫자를 원하는 분포의 누적분포함수의 역함수에 대입하면 된다. 엑셀을 이용하면 이 과정을 쉽게 수행할 수 있는데 표준정규분포의 경우 누적분포함수의 역함수는 엑셀에서 Normsinv() 라는 함수로 정의되어 있다. 또한 Rand() 함수는 0과 1 사이에서 랜덤하게 숫자를 뽑아주는 역할을 한다. 따라서 아래 그림과 같이 =normsinv(rand())를 쓰

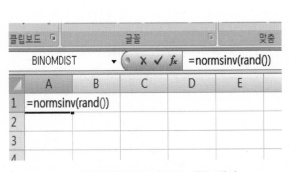

▲ 표준정규분포를 따르는 샘플 생성

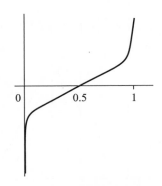

▲ $N(0,1)$의 누적분포함수의 역함수

고 Enter키를 치면 표준정규분포를 따르는 샘플이 생성된다. 아래로 드래그(drag)하여 원하는 만큼의 샘플을 얻을 수 있다.

$N(m, \sigma)$을 따르는 샘플을 뽑기 위해서는 앞에서 생성한 표준정규분포의 샘플에 σ를 곱한 후 m을 더해주면 된다.

대수정규분포

대수정규분포(log-normal distribution)는 금융이론에서 매우 중요하다. 왜냐하면 뒤에서 배울 Black-Sholes 모형을 비롯하여, 금융이론에서 관심이 있는 주가나 이자율 등 주요 변수들이 주로 대수정규분포를 따르는 것으로 가정하기 때문이다.

대수정규분포는 자연로그를 취했을 때 정규분포를 이루는 분포이다. 즉, X가 대수정규분포를 따른다면 어떤 값 m과 σ에 대하여

$$\ln X \sim N(m, \sigma)$$

를 따른다. 이 경우 $Y \sim N(m, \sigma)$인 Y를 사용하여

$$X = e^Y$$

라고 표현할 수도 있다. 이 경우 X는 $\ln N(m, \sigma)$를 따른다고 한다. 지수 함수 형태로 표현되기 때문에 항상 양수의 값을 가지며 다음 그림과 같은 확률밀도함수를 갖는다.

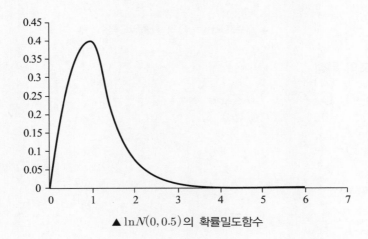

▲ $\ln N(0, 0.5)$의 확률밀도함수

■ $\ln N(m, \sigma)$를 따르는 대수정규분포의 특성

$$f(x) = \frac{1}{\sqrt{2\pi}\,\sigma x} \exp\left(-\frac{(\ln x - m)^2}{2\sigma^2}\right), \quad x > 0$$

$$E(X) = \exp(m + \sigma^2/2)$$

$$Var(X) = (\exp(\sigma^2) - 1)\exp(2m + \sigma^2)$$

$$\sigma(X) = \sqrt{\exp(\sigma^2) - 1}\,\exp(2m + \sigma^2)$$

지수분포

지수분포(Exponential distribution)는 어떤 사건이 발생할 때까지 걸리는 시간에 대한 확률분포로 포아송 분포에서 단위시간당 발생하는 기댓값 λ를 모수로 사용하여 나타낸다. 지수분포의 평균은 $1/\lambda$로 포아송 분포의 평균인 λ의 역수가 되도록 정의된다.

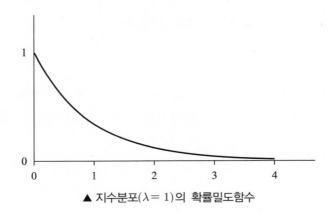

▲ 지수분포($\lambda = 1$)의 확률밀도함수

■ 지수분포의 특성

$$f(x) = \begin{cases} \lambda e^{-\lambda x} & 0 \le x < \infty \\ 0 & x < 0 \end{cases}$$

$$E(X) = \frac{1}{\lambda}$$

$$Var(X) = \frac{1}{\lambda^2}$$

$$\sigma(X) = \frac{1}{\lambda}$$

예 1.7.3

어느 나라의 BBB등급에 속해 있는 기업 중에서 1년에 평균 4개의 기업이 부도가 나며, 그 횟수는 포아송 분포를 따른다고 한다. 이 경우 부도가 처음 3개월 동안 발생하지 않을 확률을 구하시오.

|풀이| X를 첫 번째 부도가 일어날 때까지 걸리는 시간이라고 하면 $\lambda = 4$(개/year)로 주어지므로 지수함수의 pdf는

$$f(x) = \begin{cases} 4e^{-4x} & (0 \leq x < \infty) \\ 0 & (x < 0) \end{cases}$$

를 만족한다. 3개월은 0.25년이므로

$$\text{Prob}\{X \geq 0.25\} = 4\int_{0.25}^{\infty} e^{-4x}dx$$
$$= -e^{-4x}|_{x=0.25}^{\infty}$$
$$= 0.3679$$

가 된다는 것을 알 수 있다. ■

공분산

두 확률변수 X, Y의 공분산(covariance)은 $Cov(X, Y)$로 나타내며 이는 두 변수간의 상관관계(종속관계)를 나타낸다.

예를 들어 X가 커질 때 Y도 커지면 두 변수는 양의 상관관계를 갖고 있으며 이때의 공분산은 양이다. 반대로 X가 커질 때 Y가 작아지면 두 변수는 음의 상관관계를 갖고 있으며 이때의 공분산은 음이 된다. 이러한 공분산은 다음 식으로 나타내진다.

$$Cov(X, Y) = E[(X - E(X))(Y - E(Y))]$$
$$= E(XY) - E(X)E(Y)$$

두 확률변수 X, Y가 서로 독립인 경우에는 $E(XY) = E(X)E(Y)$가 되고 결과적으로 $Cov(X, Y) = 0$이 된다.

1. 이산확률변수인 경우

확률변수 X가 가질 수 있는 값을 $x_1, x_2, \cdots, x_n$이라고 하고, Y가 가질 수 있는 값을

$y_1, y_2, \cdots, y_m$이라고 하면 아래 표에 주어진 바와 같이

$$\text{Prob}\{X = x_i, \, Y = y_j\} = p_{ij}$$

를 만족하는 $\{p_{ij}\}$ $(i = 1, 2, \cdots, n, \;\; j = 1, 2, \cdots, m)$를 결합확률질량함수라고 한다.

확률변수	x_1	x_2	$\cdots$	x_n
y_1	p_{11}	p_{12}	$\cdots$	p_{1n}
y_2	p_{21}	p_{22}	$\cdots$	p_{2n}
$\vdots$	$\vdots$	$\vdots$	$\vdots$	$\vdots$
y_m	p_{m1}	p_{m2}	$\cdots$	p_{mn}

X의 확률질량함수를 p_i^X, Y의 확률질량함수를 p_j^Y라 하면 공분산은 다음과 같이 주어진다.

$$
\begin{aligned}
Cov(X, \, Y) &= \sum_{i=1}^{n} \sum_{j=1}^{m} (x_i - E(X))(y_j - E(Y)) p_{ij} \\
&= \sum_{i=1}^{n} \sum_{j=1}^{m} x_i y_j p_{ij} - \left(\sum_{i=1}^{n} x_i p_i^X \right) \left(\sum_{j=1}^{m} y_j p_j^Y \right)
\end{aligned}
$$

2. 연속확률변수인 경우

연속확률변수의 경우는 결합누적분포함수 $F(x, y)$를

$$F(x, y) = \text{Prob}\{X \le x, \, Y \le y\}$$

로 정의하고 이를 각각 x와 y로 미분하여 결합확률밀도함수 $f(x, y)$를 구한다. 즉,

$$f(x, y) = \frac{\partial^2}{\partial y \partial x} F(x, \, y)$$

를 만족하고 공분산은

$$Cov(X, \, Y) = \int_{-\infty}^{\infty} (x - E(X))(y - E(Y)) f(x, y) \, dy \, dx$$

로 주어진다.

두 확률변수 X, Y의 합의 평균과 분산은

$$E(aX+bY) = aE(X)+bE(Y)$$

$$Var(aX+bY) = a^2 Var(X)+2ab\, Cov(X, Y)+b^2 Var(Y)$$

로 주어지며 X, Y가 서로 독립인 경우는 $Cov(X, Y)=0$이 되어

$$Var(aX+bY) = a^2 Var(X)+b^2 Var(Y)$$

를 만족한다.

상관계수

두 확률변수 X, Y의 값이 크면 공분산은 크게 나타나고, 값이 작으면 공분산은 작게 나타나게 되어 상관관계의 정도를 공분산의 크기로 나타내기 어렵다. 따라서 상관관계 만을 나타내기 위해 다음과 같은 상관계수(Correlation coefficient)를 정의한다.

$$\rho(X, Y) = \frac{Cov(X, Y)}{\sigma_X \sigma_Y}$$

상관계수는 $-1 \leq \rho(X, Y) \leq 1$을 만족하며, X, Y가 완전한 정의 선형관계에 있을 때 1, 서로 아무런 관계가 없을 때 0, 완전한 부의 선형관계에 있을 때 -1이 되도록 만들어졌다.

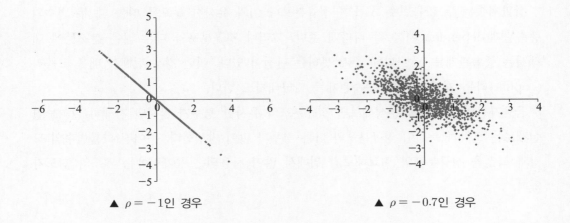

▲ $\rho = -1$인 경우   ▲ $\rho = -0.7$인 경우

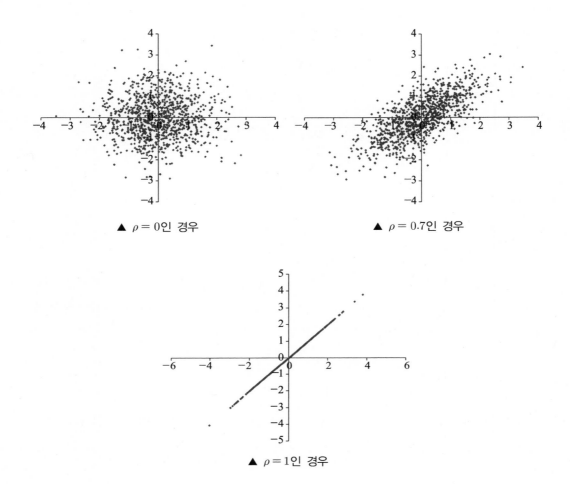

▲ $\rho = 0$인 경우   ▲ $\rho = 0.7$인 경우

▲ $\rho = 1$인 경우

상관계수는 두 확률변수 X, Y가 정규분포나 이와 유사한 분포를 따를 때 두 변수의 종속관계(dependence)를 잘 나타내 준다. 그러나 정규분포와 다른 많은 분포들에 대해서는 종속관계를 잘 나타내 주지 못하는 단점이 있다. 이런 경우 뒤에서 배울 코퓰러(copula)라는 개념을 써서 종속관계를 나타내기도 한다.

금융자산의 수익률을 분석해보면 정규분포와 유사한 경우가 많지만 자세히 살펴보면 실제로는 모양과 특성이 정규분포와 다른 경우가 많이 발생한다. 주어진 확률변수의 모양과 특성을 정규분포와 비교해보기 위해서 많이 사용되는 통계량에는 왜도와 첨도가 있다.

왜도

왜도(Skewness)는 확률변수의 모양과 특성을 나타내는 척도의 하나로 분포가 왼쪽이나 오른쪽으로 치우쳐 있는 정도를 말한다. 왜도는 다음과 같이 정의된다.

$$\text{왜도} = E\left(\frac{(X-m)^3}{\sigma^3}\right)$$

Skewness < 0 인 경우 : 왼쪽으로 긴 꼬리를 갖는 분포이다.
Skewness = 0 인 경우 : 좌우 대칭인 분포이다.
Skewness > 0 인 경우 : 오른쪽으로 긴 꼬리를 갖는 분포이다.

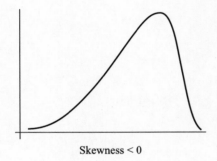

Skewness < 0

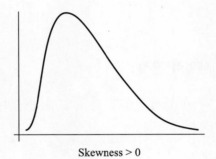

Skewness > 0

첨도

첨도(Kurtosis)도 확률변수의 모양과 특성을 나타내는 척도의 하나로 분포의 봉우리가 얼마나 뾰족한가를 나타낸다. 정규분포와 같은 봉우리의 첨도는 0으로 주어진다. 첨도는 다음과 같이 정의되나 경우에 따라서 −3 없이 정의되기도 한다.

$$\text{첨도} = E\left(\frac{(X-m)^4}{\sigma^4}\right) - 3$$

Kurtosis < 0인 경우 : 정규분포보다 완만한 봉우리를 가진다.
Kurtosis = 0인 경우 : 정규분포와 동일한 봉우리를 가진다.
Kurtosis > 0인 경우 : 정규분포보다 뾰족한 봉우리를 가진다.

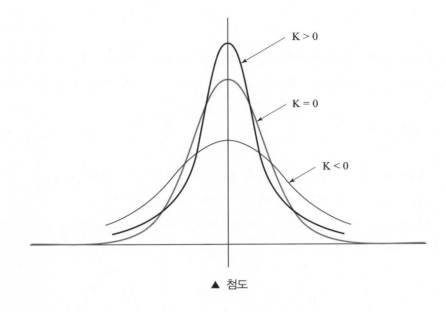

▲ 첨도

테일러 전개

어떤 함수 f를 다음과 같이 급수(series)로 나타낼 수 있다고 하자.

$$f(x) = a_0 + a_1 x + a_2 x^2 + \cdots + a_n x^n + \cdots$$

만일 함수를 이와 같은 형태로 표현할 수 있다면 여러 가지 이점이 생긴다. 예를 들어, 함수가 적당한 조건을 만족한다면 미분과 적분을 쉽게 행할 수 있다. 각 항별로 미분 또는 적분을 행할 수 있기 때문이다. 또한, 미분방정식의 해가 위와 같은 급수로 나타낼 수 있다고 가정하고 방정식에 대입하여 각 계수를 구하는 방법으로 미분 방정식을 풀 수 있다.

그렇다면 위 식에서 각 계수들을 어떻게 구할 수 있을까? 먼저 a_0은 x에 0을 대입한 $f(0)$이 된다. a_1은 f를 미분한 후 x에 0을 대입한 $f'(0)$이 된다. $2a_2$는 f를 두 번 미분한 후 x에 0을 대입한 $f''(0)$이 되므로 $a_2 = f''(0)/2$가 됨을 알 수 있다. 이와 같은 과정을 반복하여 a_n을 구하면

$$f(x) = f(0) + f'(0)x + \frac{1}{2}f''(0)x^2 + \cdots \frac{1}{n!}f^{(n)}(0)x^n + \cdots$$

가 되는 것을 알 수 있다. 이번에는 0이 아니라 일반적인 a 근방에서 전개해 보자. 즉

$$f(x) = a_0 + a_1(x-a) + a_2(x-a)^2 + \cdots a_n(x-a)^n + \cdots$$

에서 계수를 결정해 보면

$$f(x) = f(a) + f'(a)(x-a) + \frac{1}{2}f''(a)(x-a)^2 + \cdots \frac{1}{n!}f^{(n)}(a)(x-a)^n + \cdots$$

가 되는 것을 알 수 있다. 이 식에서 x가 a 근방의 값이면 $(x-a)^2$ 항부터 매우 작아지므로

$$f(x) \approx f(a) + f'(a)(x-a)$$

라고 할 수 있고 이를 일차 근사(linear approximation)라고 부른다.

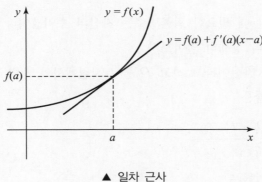

▲ 일차 근사

조금 더 정확한 근사식을 구하기 위해서는 다음과 같은 이차 근사(quadratic approximation)를 생각할 수도 있다.

$$f(x) \approx f(a) + f'(a)(x-a) + \frac{1}{2}f''(a)(x-a)^2$$

$f(a)$를 반대로 넘기고 증분을 나타내는 Δ를 써서 다음과 같이 표현할 수 있다.

$$\Delta f(x) = f'(a)\Delta x + \frac{1}{2}f''(a)(\Delta x)^2$$

테일러 전개에 의한 일차와 이차 근사는 뒤에 나올 채권에서의 듀레이션과 컨벡시티, 옵션에서의 델타, 감마 및 그릭스(Greeks)들을 이해하는 데에 필수적이다.

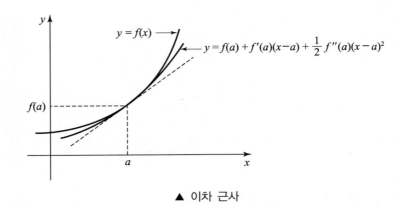

▲ 이차 근사

1.8 ▶ 자산수익률

시장 위험을 측정할 때 필요한 확률변수는 자산의 수익률이다. 앞에서 간단히 소개했던 수익률을 조금 더 상세히 알아보자.

P_k를 t_k시점에서의 자산이라고 하고 D_k를 t_k시점에서의 배당 또는 이자소득이라 하자. 이때 산술수익률은

$$r_t = \frac{P_t + D_t - P_{t-1}}{P_{t-1}}$$

로 정의되고, 기하수익률은

$$R_t = \ln\left(\frac{P_t + D_t}{P_{t-1}}\right)$$

로 정의한다. 단순화하기 위해 $D_t = 0$이라 가정하자.

금융공학에서는 보통 산술수익률보다는 기하수익률을 사용하게 되는데 기하수익률을 사용하면 다음과 같은 이점이 있다 [J].

1. 수익률이 정규분포를 따른다는 가정을 많이 하는데 이 경우 기하수익률은 가격이 음이 되지 않지만, 산술수익률은 가격이 음이 될 수도 있어 기하수익률이 산술수익률보다 경제적으로 의미가 있다: 기하수익률의 경우

$$P_k = P_{k-1}e^{R_t}$$

가 되어 항상 양수가 되는 반면, 산술수익률의 경우

$$P_k = r_k P_{k-1} + P_{k-1}$$

가 되어 만일 $r_k < -1$ 이면 P_k가 음수가 되는 현상이 발생한다.

2. 기하수익률의 경우 위험 또는 수익률 측정치를 다른 통화 기준으로 전환하는 데 편리하다. 예를 들어 S_k를 1달러당 원화라고 하면 달러에 대한 한국 투자자는 다음과 같은 기하수익률을 갖는다.

$$R_k = \ln\left(\frac{S_k}{S_{k-1}}\right)$$

반면 원화에 대한 미국 투자자는

$$R_k^A = \ln\left(\frac{1/S_k}{1/S_{k-1}}\right) = \ln\left(\frac{S_k}{S_{k-1}}\right)^{-1} = -R_k$$

인 기하수익률을 갖게 되어 서로의 수익률이 상반되게 나옴을 알 수 있다. 산술수익률의 경우는 이러한 관계가 성립되지 않는다.

3. 기하수익률의 경우는 다기간으로 쉽게 확장이 가능하다. 예를 들어 2기간 동안의 기하수익률은 다음과 같이 1기간 동안의 수익률의 합으로 표시된다.

$$\ln\left(\frac{P_{k+2}}{P_k}\right) = \ln\left(\frac{P_{k+2}}{P_{k+1}}\frac{P_{k+1}}{P_k}\right) = \ln\left(\frac{P_{k+2}}{P_{k+1}}\right) + \ln\left(\frac{P_{k+1}}{P_k}\right) = R_k + R_{k-1}$$

산술수익률의 경우는 이러한 관계가 성립하지 않는다.

그러나 기간이 짧은 경우 두 방법의 오차는 크지 않다. 왜냐하면 테일러 전개를 통해 $e^x \approx 1+x$ 임을 알 수 있으므로

$$P_k = e^{R_k}P_{k-1} \approx (1+R_k)P_{k-1}$$

가 되어

$$R_k \approx \frac{P_k - P_{k-1}}{P_{k-1}} = r_k$$

가 되는 것을 알 수 있다.

██ 연습문제

1. 직접금융과 간접금융의 차이를 설명하시오.

2. 연리 4 %로 1,000,000원을 저축할 때, 복리계산 기간이
   (a) 3개월
   (b) 6개월
   (c) 1년
   (d) 연속
   인 경우 2년 후의 미래 가격을 각각 구하시오.

3. 동일한 액수를 저축하여 연 이자율 5 %로 1년에 2번 복리로 할 경우와 연 이자율 x %로 연속복리로 할 경우 2년 후에 동일한 액수를 받는다고 할 때 x를 구하시오.

4. (a) 20,000달러를 연 이자율 10 %로 예금하였다. 연 2회 복리를 적용할 경우, 5년 후의 액수를 구하시오.
   (b) 5년 후의 액수가 위의 경우와 동일한 연 1회 복리 및 연속복리의 이자율을 각각 구하시오.

5. 연 이자율이 6 %이고, 복리계산 기간이 다음과 같을 때, 10년간 매년 말 1,000,000원씩 받는 연금의 현재가치를 구하시오.
   (a) 3개월
   (b) 6개월
   (c) 1년
   (d) 연속

6. 만기까지의 기간이 3년, 액면 가격 100만 원, 표면이자율 2 %인 채권의 요구수익률이 10 %일 때 이 채권의 현재가치를 연 1회 복리를 이용하여 구하시오.

7. 다음과 같은 현금흐름을 갖는 투자안은 투자 적격인지 (a) NPV 법과 (b) IRR 법을 각각 적용하여 평가하시오. 현재 투자액은 80,000달러이고 연 이자율은 연속복리 기준 8 %이다.

   1년 후 10,000; 3년 후 50,000; 6년 후 60,000달러

8. 연초에 A주식을 매입하려 할 때, 연말에 500원의 배당금이 기대되고 그때의 가격은 12,000원으로 예상된다. 주주의 요구수익률이 10 %라면 이 주식의 현재가치를 구하시오.

9. 어떤 주식의 1년 후의 주가 S의 기댓값이 10,000원, 표준편차가 1,000원인 정규분포를 따를 것으로 예상된다. 이때,

$$\mathrm{Prob}\{S \le 9{,}500원\}$$

를 구하시오.

10. 다음은 석유회사와 운송회사의 수익률을 나타낸 표이다.

유가	확률	석유회사 수익률	운송회사 수익률
상승	0.3	0.3	−0.2
보합	0.5	0.1	0.1
하락	0.2	−0.2	0.4

(a) 각 회사의 기대수익률, 수익률의 표준편차를 구하시오.
(b) 두 회사 수익률의 공분산 및 상관계수를 구하시오.

11. 현재의 주가가 5,000원인 주식이 3개월 후 경제 상황에 따라 다음과 같은 확률분포를 갖는다. 이때 3개월 간의 기대수익률(로그수익률), 수익률의 표준편차를 구하시오.

경제 상황	확률	주가(원)
불황	0.3	4,500
정상	0.5	5,100
호황	0.2	5,600

12. 함수 $f(x) = \exp(2\,x)$를 $x = 0$에서 3차 항까지 테일러 전개하시오.

13. 함수 $f(x) = \ln x$를 $x = e$에서 3차 항까지 테일러 전개하시오.

14. 기하수익률의 경우 위험 또는 수익률 측정치를 다른 통화 기준으로 전환하는 데 편리하다. 그러나 산술수익률의 경우는 이러한 관계가 성립하지 않음을 예를 들어 설명하시오.

15. 산술수익률의 경우는 다기간으로 확장이 가능하지 않음을 예를 들어 설명하시오.

16. 연속확률분포 X의 확률밀도함수가

$$f(x) = \begin{cases} a(x^2 - 1) & (-1 \leq x \leq 1) \\ 0 & (x \leq -1 \ \text{또는} \ x \geq 1) \end{cases}$$

를 만족할 때

a. a의 값을 구하시오.

b. X의 평균, 분산, 표준편차, 왜도, 첨도를 구하시오.

c. $\text{Prob}\{-0.5 \leq X \leq 0.5\}$를 구하시오.

d. X의 누적분포함수 $F(x)$를 구하시오.

17. 어느 나라의 AA등급에 속해 있는 기업 중에서 10년에 평균 5개의 기업이 부도가 나며, 그 횟수는 포아송 분포를 따른다고 한다.

a. 10년간 일어날 부도 횟수에 대한 기댓값, 분산, 표준편차를 구하시오.

b. 10년간 부도가 하나도 발생하지 않을 확률을 구하시오.

c. 부도가 하나 일어날 때까지 걸리는 시간의 기댓값, 분산, 표준편차를 구하시오.

|부록| 우리나라 금융기관의 구성

 우리나라의 금융기관은 크게 '은행과 비은행 예금취급기관', '증권회사와 기타 투자 관련 회사', '보험회사와 공제기관', '기타 금융기관 및 금융중개 보조기관'으로 구분된다. 다음은 백과사전의 내용을 요약한 것이다 [한].

1. 은행과 비은행 예금취급기관

 은행은 일반 국민으로부터 예금을 받아 기업, 가계 등에 대출을 해주는 중개자 역할을 하며, 지급결제업무, 외국환 관련 업무, 신용카드업무 등도 수행한다. 일반은행과 특수은행으로 분류할 수 있다.

 일반은행은 영업지역에 따라 전국을 대상으로 하는 시중은행과 주로 특정지역에서만 영업을 하는 지방은행으로 구분되며, 특수은행은 정부가 특정 정책 목적을 위해 설립한 은행으로서 산업은행, 기업은행, 수출입은행 등이 있다.

 비은행 예금취급기관은 법적으로 은행은 아니지만 예금 및 대출업무를 주로 영위하는 소규모 금융기관들을 말하며, 서민과 영세자영업자, 농어민들이 소액의 가계생활자금이나 영업자금, 영농자금 등을 쉽게 대출받을 수 있도록 하기 위해 정책적으로 육성한 신용협동기구 또는 상호금융 형태의 지역서민 금융기관이다. 상호저축은행, 신용협동조합, 새마을금고와 단위농협·수협, 산림조합 등이 있다.

2. 증권회사와 기타 투자 관련 회사

 증권회사는 자본시장에서 주식·채권 등 기업이 발행한 증권을 매개로 하여 투자자의 자금을 기업에게 연결시켜 주는 것을 업으로 하는 대표적인 직접금융기관이다. 증권회사의 업무에는 크게 자기매매, 위탁매매, 인수주선 등이 있다. 자기매매는 증권회사의 자기명의와 자기계산으로 유가증권을 매매하는 업무이고, 위탁매매는 고객의 매매주문을 성사시키고 수수료를 받는 업무이다. 인수주선은 신규 발행된 유가증권을 증권회사가 매출할 목적으로 취득하는 업무(인수업무), 증권회사가 자기명의로 일반투자자에게 이미 발행된 유가증권의 매매의 청약을 권유하는 업무(매출업무), 증권회사가 제3자의 위탁에 의해 모집·매출을 주선하는 업무(모집·매출 주선)를 말한다. 증권회사는 이외에도 증권저축, 신용공여 등을 겸영업무로 영위하고 있다.

자산운용회사는 투자신탁 또는 투자회사 방식으로 구성되는 간접투자기구의 재산을 운용하는 것을 주된 업무로 하는 회사이다. 간접투자기구의 재산으로 운용할 수 있는 자산은 투자증권, 장내파생상품, 장외파생상품, 부동산, 실물자산 등이다. 자본시장에서 유가증권 매매와 관련된 업무를 하는 투자 관련 회사로는 이외에도 선물회사, 투자자문 회사 등이 있다.

3. 보험회사와 공제기관

보험회사는 생명보험사과 손해보험사로 구분된다. 생명보험은 사망, 질병 등에 대비한 보험의 인수·운영이 주된 업무로서 장기저축 기능과 상호보장 기능이 혼합되어 있다. 손해보험은 화재, 자동차 사고, 해상 사고 등에 대비한 보험의 인수·운영이 주된 업무로서 각종 사고발생에 따른 재산상의 손실위험에 공동 대처하기 위한 상호보장적인 성격을 갖고 있다.

이외에도 보험업을 영위하는 회사로는 재보험사, 보증보험사가 있다. 재보험은 보험에 보험을 듦으로써 보험회사의 위험을 분산·공유하는 것을 말하며, 보증보험은 공사입찰, 신원 등을 보증해 주는 것을 말한다. 그리고 엄격한 의미에서 보험회사는 아니지만 유사보험기관으로 공제기관이 있다. 공제는 특정 직종 또는 조직에 소속된 구성원들 사이에서 상호부조를 목적으로 운영되는 간이보험서비스를 말한다. 교원공제회, 건설공제조합, 택시공제 등이 이에 해당한다. 신용협동조합 등 일부 상호금융기관들도 부분적으로 공제사업을 하고 있다.

4. 기타 금융기관 및 금융중개 보조기관

기타 금융기관으로는 체신금융, 여신전문회사, 벤처캐피탈회사 등이 있다. 체신금융은 정부가 운영하는 우체국 예금 및 보험을 말한다. 여신전문회사에는 리스사, 신용카드사, 할부금융사, 신기술사업금융회사가 있고, 벤처캐피탈회사에는 중소기업창업투자회사, 기업구조조정전문회사가 있다.

금융중개 보조기관으로는 신용보증기관, 신용정보사, 자금중개회사, 한국거래소(증권선물거래소) 등이 있다. 신용보증기관은 신용이 낮고 담보력도 부족한 개인 또는 기업에 대하여 채무의 이행을 보증해 주는 기관으로서 신용보증기금, 기술신용보증기금이 있다. 신용정보사는 신용조회, 신용조사, 채권추심 또는 신용평가를 업으로 하는 회사를 말하는데, 채권추심사와 신용평가사가 주축을 이루고 있다.

[연원 및 변천]

1950년 금융기관의 근간이 되는 「한국은행법」과 「은행법」을 제정·공포하고 1950년 6월 한국은행을 설립

1951년 농업부문의 지원을 위해 농업금융을 담당하는 농업은행을 설립

1954년 개정된 은행법에 따라 은행의 민영화를 진행하는 동시에 전후 복구 및 장기개발금융 사업을 위해 산업은행을 설립

1959년 순수 민간 조직인 서울은행이 지방은행으로 출범

1956년 대한증권거래소가 설립되면서 거래소를 통한 증권거래가 시작된 한편 증권사 및 보험회사도 다수 신설

1960년대 특정 부문의 금융지원을 담당하는 특수금융회사로 수산업협동조합, 한국외환은행, 한국주택은행 등을 설립

1961년 중소기업 지원을 목적으로 하는 중소기업은행을 설립

1962년 서민금융을 지원하기 위해 국민은행을 설립

1962년 증권거래법을 제정하였고 그 결과 증권사의 수가 급격히 증가

1962년 증권파동이 일어나면서 그 여파로 증권시장은 장기간 침체를 면치 못함

1962년 상법의 보험편과 함께 보험 관련 3대 법령(보험업법, 보험모집단속법, 외국보험사업자에 관한 법률)이 제정

1967년부터 1971년 사이에는 지역금융 활성화를 위해 지방은행을 설립. 정부는 막대한 산업자금을 조달하기 위한 다양한 방안을 모색하는 과정에서 주식시장을 이용

1972년 사채동결을 주요 내용으로 하는 8.3조치를 단행하고 사금융의 양성화를 위한 3법을 제정하여 투자금융회사, 상호신용금고, 신용협동조합, 종합금융조합 등 다양한 형태의 금융기관을 설립하는 등 사금융시장을 제도권시장으로 유인

1972년 증권시장 육성 및 수요기반 확충을 위해 「기업공개촉진법」을 제정하여 투자신탁회사 등을 설립하는가 하면 보험관계법령도 전면 개정함으로써 증권 및 보험시장의 육성에도 노력

1980년대 정부소유의 시중은행을 단계적으로 민영화하였으며 자율화 및 규제완화 정책을 실시함으로써 은행경영에의 간섭을 줄여나감. 이 과정에서 신한·한미·동남·대동은행 등 신규 은행이 설립

1990년대 국제화, 개방화의 세계적 추세에 부합하고자 금융기관의 개방이 본격화 됨. 외국은행의 지점 증설이 허용되었고, 보험시장이 본격적으로 개방되면서 외국 생명보험회사의 지점, 합작회사, 현지법인이 설립되었으며, 외국증권사 및 투자 신탁회사의 진입이 본격화 됨

1995년 OECD에 가입

1997년 은행의 경우 외환위기 이후 33개에 달했으나 주로 중소은행과 지방은행이 퇴출 되면서 2001년 말 20개만 남았고, 30개에 달하던 종합금융회사는 대부분 퇴출 되고 일부 타업종으로 전환되어 2001년 말 3개만 남음. 증권 및 보험 투신사 등에도 강도 높은 구조조정이 진행되어 2,101개였던 전체 금융기관수가 1,548 개로 급감

1997년 투자신탁회사는 판매회사와 투자신탁운용회사로 분리됨에 따라 사라지게 되었 고, 그 대신 증권투자회사가 도입됨으로써 기존의 수익증권과 함께 뮤추얼펀드 를 통한 간접증권투자 시대가 개막됨

2000년대 온라인 거래 및 사이버 거래가 증가하면서 새로운 형태의 금융서비스가 제공 되었으며, 금융권역별로 겸업화가 진행됨에 따라 타금융부문과의 경쟁도 치열 해짐. 또한 외국 금융기관들이 국내에 대거 진입하면서 은행의 지배구조가 크 게 변화하고 은행을 중심으로 여러 금융기관을 연결하는 금융지주회사와 복합 금융그룹이 탄생. 또한 방카슈랑스가 도입되면서 국내 보험시장이 양적·질적 으로 성장하게 됨

2007년 자본시장과 금융투자업에 관한 법률(자본시장법)이 공포됨에 따라 증권사, 자산 운용사, 선물회사, 종금회사, 신탁회사 등 자본시장 관련업이 금융투자업으로 일원화 됨

2008년 우리나라 바젤II 본격도입, 리만브라더스 파산으로 인해 국제금융시장 불안과 미국의 양적완화 지속

2009년 미소금융 출범

2010년 햇살론 출시, G20 서울 정상회의 개최, 그리스 구제금융으로 촉발된 유럽 금융 위기 시작

2011년 한국형 헤지펀드 출범

2012년 한미 FTA 발효, 하나금융지주의 외환은행 인수

Chapter 2

파생상품의 개요

전통적으로 금융시장에서는 주식, 채권, 외환 등이 거래되고 있다. 이러한 자산으로 부터 파생되어 나온 자산을 파생상품이라 부르며, 주어진 주식, 채권, 이자율, 외환을 기초자산이라고 부른다. 대표적인 파생상품에는 선도계약, 선물, 옵션, 스왑 등이 있다.

┃ 파생상품의 종류

기초자산	파생상품
• 주식	• 선도, 선물, 옵션, 이항 옵션, 장애물 옵션, 룩백 옵션, ELS 등
• 채권	
− 이자율	• 스왑, 채권 옵션, 캡, 플로어, 선도스왑, 스왑션, 구조화 채권 등
− 부도관련	• 신용파생상품(CDS, CDO, CLN 등)
• 외환	• 선물환, 통화 옵션 등
• 에너지, 상품	• 에너지파생상품, 상품선물, 상품 옵션 등

2.1 ┃ 선도거래

선도계약은 거래당사자 간에 미래의 특정한 시점에 미리 정해놓은 가격으로 정해진 양 만큼의 기초자산을 사고팔기로 미리 약정하는 계약을 말하고, 선도거래는 선도계약을 통해 이루어지는 거래를 말한다. 여기에서 기초자산은 주식, 채권, 이자율, 주가지수, 환율, 상품(금, 원유, 농작물 등), 파생상품 등 다양하며, 특정한 시점을 만기, 정해놓은 가격을 행사 가격(strike price)이라고 부른다. 또한, 선도계약에서 미래에 기초자산을 매입하기로 하는 경우 선도계약을 매입했다고 하고, 기초자산을 매도하기로 하는 경우 선도계약을 매도했다고 말한다.

예를 들어, 어떤 사람이 현재 10,000원짜리 주식 10,000주를 1년 후에 11,000원에 팔고 상대방은 11,000원 사기로 계약하는 것은 주식을 기초자산으로 하는 선도계약이다. 1년 후에 주가가 오를 수도 있고 내릴 수도 있지만, 그 가격에 상관없이 두 당사자는 11,000원에 주식 10,000주를 교환해야 한다. 두 사람은 이익을 볼 수도 있고, 손해를 볼 수도 있는 상황에서 가격을 11,000원으로 미리 확정해 놓아서 미래의 불확실성을 해소하고 이에 따른 자금운용을 할 수 있게 된다. 선도계약의 장점은 이와 같이 기초자산의 가격이 미래에 얼마가 될지 모르는 불확실한 상황에서 미래시점의 가격을 미리 정해놓는 방법으로 이에 대한 위험을 줄이거나 없애는, 즉 헤지하는 것이다.

선도계약 자체만 고려할 경우, 만일 주가가 13,000원으로 올랐다면 11,000원에 사기로 한 사람은 13,000원 짜리 주식을 11,000원에 살 수 있게 되어 2,000만 원의 이익을 보게 되고, 팔기로 한 사람은 2,000만 원의 손해를 보게 된다. 반대로 9,000원으로 떨어졌다면 팔기로 한 사람이 9,000원짜리 주식을 110,000원에 팔 수 있으니 2,000만 원의 이익을 보게 되고, 사기로 한 사람은 2,000만 원의 손해를 보게 된다.

만기시점에서의 기초자산의 가격을 S_T 라고 하고, 행사 가격을 X라 하면, 선도계약 당사자의 만기시점에서의 이득(Payoff)은 다음과 같다.

매수: $S_T - X$

매도: $X - S_T$

그림에서 보는 바와 같이 선도계약의 매도자와 매수자는 손익이 서로 정반대인 제로섬(zero-sum) 게임을 하고 있다고 볼 수 있다.

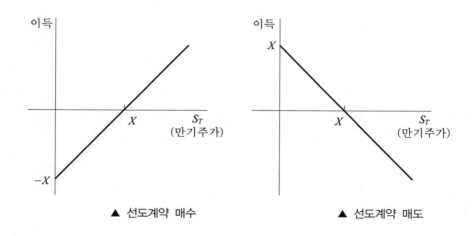

▲ 선도계약 매수　　　　　　　▲ 선도계약 매도

선도계약은 미래에 사고 팔 것을 약속만 해놓는 것이라서 계약한 시점에서는 현금을 교환하지 않고 시간이 흐른 뒤 만기 시점에 현금과 기초자산을 교환하게 된다. 그런데 만기 시점에서 기초자산을 인도하는 번거로움이 있기 때문에 현금으로 결제하기도 한다. 위의 예에서 주가가 13,000원이 되었다면 주식을 주는 대신에 주당 현재주가 13,000원과 약정한 금액 11,000원의 차이인 2,000원 곱하기 10,000주를 해서 얻은 총 2,000만 원의 현금을 지불하는 것이다.

선도거래의 경우, 거래상대방이 부도가 나거나 지급불능인 상태에 빠질 수 있는 위험이 있다. 이를 거래상대방위험(counter-party risk)이라고 부르며, 이러한 위험을 보완하고 거래를 활성화시키기 위하여 만들어진 제도가 선물계약제도이다.

2.1.1 선도가격 및 평가

선도계약의 주요 이슈는 선도계약을 체결하는 시점에 만기에 지불해야 할 가격을 얼마로 정해야 거래당사자 간에 서로 공평할까 하는 문제이다. 이러한 가격을 선도가격이라고 부르며 문제를 단순하게 하기 위해 시장상황을 다음과 같이 정의한다.

1. 거래하는 데 들어가는 비용이나 세금은 없다.
2. 거래당사자는 무위험이자율(risk free interest rate)로 돈을 빌리거나 빌려줄 수 있다.
3. 아무런 위험이 없이 수익을 올릴 수 있는 차익거래(아비트리지, arbitrage)는 빠른 시간 내에 소멸한다.
4. 무위험이자율 r은 계약기간 동안 상수이다.

이러한 가정은 현실과 매우 달라 보이지만 꼭 그렇지는 않다. 금융시장에는 개인투자자 이외에도 기관투자자라고 불리는 거대한 금융기관들이 참여하고 있는데, 기관투자자들은 개인투자자와 달리 위의 가정을 어느 정도 만족시키고 있어 이러한 가정하에 만들어진 이론의 실제 적용에 큰 무리가 없다.

거래당사자 간에 공정한 선도가격을 도출하기 위해 다음과 같이 정의하자.
1. T : 선도계약의 만기
2. S_0 : 기초자산의 현재 가격

3. S_t : t 시점에서의 기초자산의 가격

4. S_T : 만기시점에서의 기초자산의 가격

5. r : 무위험이자율 (연속복리로 주어진 연 이자율)

6. $F(0, T)$: 0에서 계약한 만기 T인 선도가격

7. $V_t(0, T)$: 0에서 계약한 만기 T인 선도계약의 t시점에서의 가치

2.1.2 선도가격

선도가격에 영향을 미치는 요인에는 기초자산의 현재 가격, 무위험이자율 및 만기가 있으며 다음과 같이 주어진다.

$$F(0, T) = S_0 e^{rT}$$

선도가격 결정식에 기초자산의 기대수익률이 반영되지 않고 단지 무위험이자율에 의해서만 결정된다는 사실은 매우 놀라운 일이다. 이러한 현상은 뒤에서 배울 옵션의 가격결정 메커니즘을 이해하면 근본적인 이유를 알게 될 것이다. 여기에서는 통상적으로 다루어지는 방법, 즉 위의 식과 다르게 선도가격이 결정되면 차익거래가 일어난다는 사실을 보임으로써 증명하려 한다. 기본적인 아이디어는 높은 가격의 자산을 매도하고 낮은 자산을 매입하는 방법으로 차익거래를 할 수 있다는 것이다.

1. $F(0, T) > S_0 e^{rT}$인 경우

차익거래를 위해 0시점에서 무위험이자율로 S_0 만큼의 돈을 은행에서 빌려 기초자산을 매입하고, 동시에 선도계약을 $F(0, T)$에 매도한다. 만기 T시점에서는 미리 매입해 놓은 기초자산을 인도하고 대금으로 선도가격인 $F(0, T)$를 받고 $S_0 e^{rT}$ 만큼의 이자를 포함한 현금을 은행에 되갚는다. 결론적으로 $F(0, T)$가 $S_0 e^{rT}$보다 크므로 아무런 위험 없이 $F(0, T) - S_0 e^{rT}$ 만큼의 이익을 보게 된다.

2. $F(0, T) < S_0 e^{rT}$인 경우

차익거래를 위해 0시점에서 기초자산을 빌려 S_0에 팔아 이 돈을 은행에 무위험이자율로 예금을 하고, 한편으로 선도계약을 $F(0, T)$에 매입한다. 여기에서 기초자산을 빌려서 매도하는 것은 공매도(short selling)라고 한다. 이 경우, 만기 T시점에 은행에서

이자를 포함한 $S_0 e^{rT}$ 만큼의 돈을 인출하여 선물 가격 $F(0, T)$을 지불하고 현물을 인도받은 뒤, 이 현물을 빌린 사람에게 되돌려 준다. 이 경우에도 $S_0 e^{rT}$가 $F(0, T)$보다 크므로 아무런 위험 없이 $S_0 e^{rT} - F(0, T)$ 만큼의 이익을 보게 된다.

이와 같이 $F(0, T)$와 $S_0 e^{rT}$가 다르면 차익거래를 얻게 되므로, 아비트리지가 없으려면

$$F(0, T) = S_0 e^{rT}$$

를 만족해야만 한다는 사실을 알 수 있다. 증명의 편리를 위하여 공매도가 가능하다고 가정하였지만, 현실에서는 비용이 많이 들거나 불가능한 경우가 많다. 그렇다고 하더라도 기초자산을 투자목적으로 가지고 있는 사람들이 많이 있기 때문에 갖고 있던 기초자산을 팔면서 차익거래를 수행할 수 있게 되므로 위의 증명은 유효하게 된다.

Remark 2.1.1

실제 금융시장에서는 보유하고 있던 주식을 손해를 조금 보더라도 팔아야 하는 경우가 생기기도 하고, 반대로 매입을 해야 하는 경우가 생기기도 한다. 또한 기초자산을 매입하거나 매도하는 경우 가격을 올리거나 내리는 역할을 하여 가격이 변하게 된다. 궁극적으로 가격은 기초자산에 대한 수요와 공급(수급)이 영향을 미치게 되며 이론가와 다르게 매순간 변동하고 있다는 사실에 유의하자.

기초자산을 보유할 때 현금흐름이 발생하는 경우

위에서 차익거래를 구성할 때, 현물을 매입하거나 공매도 한 경우 현물을 가지고 있음으로써 생기는 이익이나 비용을 고려하지 않았다. 기초자산의 종류에 따라서 + 혹은 −의 현금흐름이 발생하는 경우가 많다. 주식의 경우는 배당을 받게 될 수 있고, 채권의 경우는 쿠폰, 곡물이나 원유와 같은 상품의 경우는 오히려 보관비용이 들어가기도 한다. 이런 경우에는 보정을 해주어야 한다. 즉, 기초자산을 만기까지 보유하는 동안 발생한 총 이득의 현재가를 f_0 라고 하고 발생한 총 비용의 현재가를 C_0 라고 하면 선물 가격은 다음과 같이 수정되어야 한다.

$$F(0, T) = (S_0 - f_0 + C_0)e^{rT}$$

발생하는 이득이나 비용이 연속복리의 비율로 주어지는 경우에는

$$F(0, T) = S_0 e^{(r - r_f + r_c)T}$$

로 주어진다. 여기에서 r_f는 연속복리의 비율로 주어진 이득이고 r_c는 연속복리 비율로 주어진 비용이다. 기초자산이 환율인 경우 r_f는 상대국가의 무위험이자율이다.

이 식에 대한 증명은 앞의 경우에서 현물을 S_0 대신 $S_0 - f_0 + C_0$ 만큼 보유하는 것으로 대체하면 된다. 상세한 증명은 독자에게 맡긴다.

2.1.3 선도계약의 가치

선도계약은 위와 같이 차익거래가 존재하지 않도록 결정되어 계약시점에서는 가치가 0이 된다. 그러나 시간이 흐르면서 기초자산의 가격이 변하게 되어 가치는 양이 될 수도 있고 음이 될 수도 있다. 현물로부터의 현금흐름이 없다고 가정한 경우, 계약 후 만기 이전의 시점 t에서 매입자의 선도계약 가치 $V_t(0, T)$는 다음과 같이 주어진다.

$$V_t(0, T) = (F(t, T) - F(0, T))e^{-r(T-t)}$$
$$= S_t - F(0, T)e^{-r(T-t)}$$

만일 $t = T$이면

$$V_T(0, T) = S_T - F(0, T)$$

가 되어 만기시점의 이득(payoff)이 된다.

t시점에서의 가치는 0시점에 이미 결정해 놓은 선도가격 $F(0, T)$와 t시점에서의 선도가격 $F(t, T)$와의 차이로 결정한다. 계약시점에 선도가격 10,000원으로 매입한 경우 t시점에서 선도가격이 11,000원이 되었다면 만기시점에서 $F(t, T) - F(0, T)$ 즉 $11,000 - 10,000 = 1,000$원의 이득을 보고 있는 셈이다. 이 이득의 t시점의 현가를 구하면

$$(F(t, T) - F(0, T))e^{-r(T-t)}$$

가 되고 $F(t, T)e^{-r(T-t)} = S_t$ 이므로 위의 선도계약 가치 공식을 얻게 된다.

예제 2.1.1

어떤 투자자가 현재 주가가 7,000원인 주식의 위험을 헤지하기 위해 만기 1년짜리 선도계약을 매도하려고 한다. 무위험이자율은 3.2 %이다.

(a) 주식에 대한 배당이 없다는 가정하에 선도가격을 구하시오.

(b) 추후 1년간 주식 1주당 주어질 배당의 현재가가 200원이라고 할 때, 선도가격을 구하시오.

(c) 계약을 체결한 후 3개월 후의 주가가 8,000원이라면, 이 시점에서의 투자자의 선물계약의 가치를 구하시오? 배당은 없다고 가정한다. ∎

2.1.4 선도계약의 문제점

선도거래는 미래의 가격을 미리 결정함으로써 미래의 불확실성을 제거하는 역할을 하며 발전하여 왔지만, 거래상대방이 부도가 나거나 계약을 이행할 수 없게 되는 위험, 즉 거래상대방 위험이 상존하고 있다. 이러한 위험 없이 미래의 가격을 고정시킬 수 있는 계약이 선물계약이다.

2.2 선물거래

선물계약은 선도거래의 거래상대방 위험을 없애고 거래를 활성화시키려는 목적에서 만들어졌다. 거래상대방 위험을 없애는 방법은 거래소라는 공공장소에서 거래를 하며, 거래를 위한 일정량의 증거금(margin)을 납부하고, 선물거래에 따른 손익을 매일매일 정산하는 일일정산제도(mark to market)를 도입하는 것이다. 선물거래를 하려면 증권사에서 거래를 위한 자신의 계좌를 만들고, 계약하려는 액수의 일정 비율로 주어지는 증거금을 계좌에 입금시켜야 한다. 이를 개시증거금(initial margin)이라고 하는데 보통 거래소가 10 % 정도로 정한다. 유지증거금은 이 개시증거금의 일정 비율로 정해지는데 일일정산 후, 계정의 액수가 만일 이 유지증거금 아래로 하락하게 되면, 추가로 증거금을 내라는 마진콜(margin call)을 당하게 되고, 거래를 계속하기 위해서는 손실분을 납입하여 계좌의 액수가 개시증거금 이상을 유지하여야만 한다. 만일 이익이 발생하여 계좌의 액수가 개시증거금을 상회한다면 상회하는 액수만큼 인출하여 마음대로 사용할 수 있다. 계약자는 손실이 아무리 많이 발생해도 일일정산을 통해 항상 유지증거금 이상의 금액을 계좌에서 유지하고 있으므로 거래소는 자동적으로 거래상대방의 부도위험에서 벗어나게 된다.

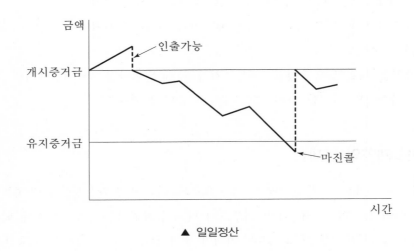

▲ 일일정산

하지만 다양한 형태의 사적인 거래를 할 수 있는 선도거래에 비해 거래소에서 다양한 사람들에 의해 거래되기 위해서는 정형화된 거래만 가능하다. 즉, 기초자산이 KOSPI200이고 만기는 3, 6, 9, 12월의 두 번째 목요일과 같이 규격화된다.

선물거래의 장점은 위와 같은 규격화와 거래상대방 위험 제거 등을 통한 거래시장의 형성에 따라 상당한 유동성을 확보할 수 있다는 점이다. 많은 사람들이 참여하여 유동

▌선도거래와 선물거래의 차이점

구분	선도거래	선물거래
종류	거래당사자간의 사적인 거래	거래소에서 거래
유형	개별적 맞춤형	정형화, 표준화, 규격화
정산	만기에 정산	일일정산
청산	중도청산의 어려움	반대거래를 통한 중간청산이 상시 가능
유동성	유동성이 적음	유동성이 큼
위험	거래상대방의 부도위험	거래상대방의 부도위험이 없음

성이 높고, 거래가 활발하기 때문에 계약을 체결한 후, 선물계약을 매입한 경우는 매도, 매도한 경우는 매입, 즉 반대매매를 통해 포지션을 손쉽게 청산할 수 있어 매우 편리하다.

하지만 선도거래는 개별적 맞춤형이어서 헤지를 위해 원하는 기초자산, 만기 및 원하는 양만큼의 계약을 수행할 수 있는 편리함이 있으나, 선물계약의 경우는 거래소에서 거래되는 종목만 거래할 수 있다는 제약이 있다.

선물계약의 가격이나 가치는 일일정산의 영향으로 선도계약의 가격이나 가치와 다를 수 있다. 그러나 보통은 편의를 위하여 같은 것으로 가정하는 경우가 많고 본 교재에서도 같은 것으로 가정한다.

2.2.1 현물과 선물 가격의 관계

현물과 선물 가격은 보통 일치하지 않고 기초자산의 형태, 시장의 수요와 공급(수급) 상황에 따라 변한다. 예를 들어 기초자산에서 아무런 현금흐름이나 비용이 발생하지 않는다면 보통 선물 가격이 현물 가격보다 높고 이를 콘탱고(contango)라고 부른다. 반면에 기초자산에서 많은 현금흐름이 발생한다면 현물 가격보다 선물 가격이 낮아지는 현상이 발생하기도 하며, 이를 백워데이션(backwardation)이라고 한다. 하지만 만기가 되면 현물 가격과 선물 가격은 서로 수렴하게 되고 만일 그렇지 않으면 높은 쪽은 팔고 낮은 쪽은 사는 전략으로 아비트리지를 얻을 수 있게 된다.

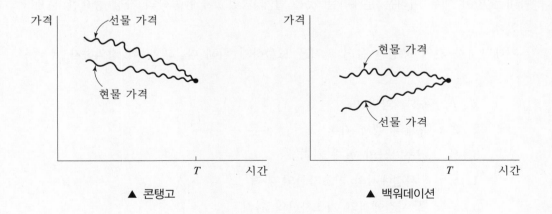

▲ 콘탱고   ▲ 백워데이션

2.3 ▶ 옵션계약

옵션은 앞에서 다룬 선도 또는 선물 계약과 유사하게 위험을 헤지할 수 있는 매우 중요한 도구이다. 그러나 옵션계약으로 얻어지는 이득구조는 매우 다르다. 선도계약은 미래시점의 약속이기 때문에 유리하건 불리하건 미리 정해놓은 약속을 이행해야만 한다. 이러한 이유로 선물이나 선도계약을 통한 헤지는 매우 신중해야 한다. 헤지하려던 리스크가 선도나 선물계약 중간에 사라지거나 축소되는 경우가 생기면 오버헤지라고 불리는 현상이 발생하기도 한다. 즉, 헤지하려는 물량보다 많은 선도계약을 맺고 있는 상태가 되어 오히려 선도거래나 선물거래에서 손실이 크게 발생하게 되기도 한다.

옵션은 선도나 선물 계약의 이러한 약점을 보완해주는 또 다른 헤지 도구로 광범위하게 쓰이고 있다. 그러면 옵션의 어떤 구조가 다른 형태의 헤지 메커니즘을 제공할까?

옵션은 기본적으로 권리이다. 즉, 옵션은 미래의 정해진 시점에 정해진 가격으로 정해진 양만큼의 기초자산을 사거나 팔수 있는 권리를 의미한다. 여기에서 팔 수 있는 권리를 콜옵션, 살 수 있는 권리를 풋옵션이라고 부른다.

이 권리는 내가 유리하면 행사하여 이득을 취하고 불리하면 행사를 하지 않을 수 있다는 이점이 있다. 옵션계약은 이러한 권리를 사고파는 것을 말한다. 선도계약은 계약 당시 계약당사자 간에 아무런 현금교환이 없는 데 반해서 옵션계약은 권리를 사는 사람이 권리를 파는 사람에게 옵션 프리미엄이라고 불리는 금액(옵션 가격)을 지불한다. 주어진 상황에 알맞은, 그리고 계약 당사자 모두에게 공정한 옵션 가격이 얼마인지 알아내는 일이 매우 어려운 문제라는 것을 알게 되었고 금융공학의 가장 중요한 문제가 되었다.

거래당사자 간의 공정한 옵션 가격을 도출하기 위해 다음과 같이 정의하자.

1. T : 옵션계약의 만기
2. X : 옵션의 행사 가격
3. S_0 : 기초자산의 현재 가격
4. S_t : t 시점에서의 기초자산의 가격
5. S_T : T 시점에서의 기초자산의 가격
6. r : 무위험이자율(연속복리로 주어진 연 이자율)

7. σ : 변동성

8. d : 배당

여기에서 변동성은 수익률 분포의 표준편차를 나타내는 것으로 뒤에 상세히 소개될 것이다. 현실과 유사하게 가정한 상황하에서 옵션 가격에 영향을 미치는 주요 요인은 현재주가, 행사 가격, 만기, 무위험이자율, 변동성, 배당이다.

2.3.1 옵션의 종류와 Moneyness

옵션에는 옵션을 만기에만 행사할 수 있는 유러피언 옵션과 만기 이전 아무 때나 행사할 수 있는 아메리칸 옵션이 있다. 콜옵션과 풋옵션이 결합되어 유러피언 콜옵션, 유러피언 풋옵션, 아메리칸 콜옵션, 아메리칸 풋옵션으로 나뉜다.

현재의 주가와 옵션의 행사 가격과의 관계를 나타내는 Moneyness에 의해 다음과 같이 분류하기도 한다.

1. 내가격(In the Money, ITM): 콜옵션의 경우는 현재 주가가 행사 가격보다 높은 경우, 풋옵션의 경우는 현재 주가가 행사 가격보다 낮은 경우를 말한다.
2. 외가격(Out of The Money, OTM): 콜옵션의 경우는 현재 주가가 행사 가격보다 낮은 경우, 풋옵션의 경우는 현재 주가가 행사 가격보다 높은 경우를 말한다.
3. 등가격(At the Money, ATM): 현재 주가와 행사 가격이 같은 경우를 말한다.

내가격의 경우는 당장 행사한다고 해도 이익을 보고 있는 경우를 말하며, 외가격의 경우는 당장 행사한다고 하면 아무런 이득을 얻을 수 없는 구간에 있는 경우를 말한다.

2.3.2 옵션의 이득

만기시점에서 주가 S_T에 따라 유러피언 옵션은 옵션보유자에게 다음과 같은 콜옵션 이득 C_p와 풋옵션 이득 P_p를 제공한다.

$$C_p = \mathrm{Max}\,(S_T - X, 0)$$
$$P_p = \mathrm{Max}\,(X - S_T, 0)$$

이 이득을 옵션의 내재가치라고 부르며, 그래프로 나타내면 다음과 같다.

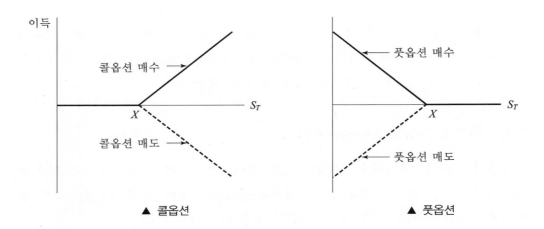

▲ 콜옵션   ▲ 풋옵션

만기 T 이전의 시간 t에서는 S_t가 X보다 작더라도 만기에 기초자산의 가격이 X보다 높아질 확률이 있으므로 이득이 0보다 크게 된다.

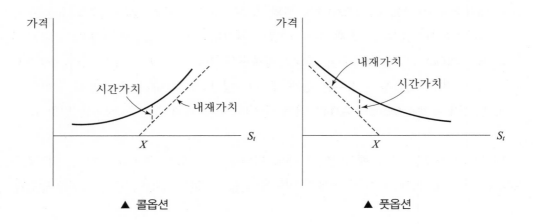

▲ 콜옵션   ▲ 풋옵션

만기 이전 t시점에서의 가격에서 내재가치를 뺀 부분을 시간가치라고 하며, 시간가치는 시간이 지나면서 줄어들게 되고 만기가 되면 0으로 소멸된다.

풋-콜 패리티

콜옵션과 풋옵션 이득의 대칭적 유사성 때문에 둘 사이에는 특별한 관계식이 존재한다. 만일 주식을 1주 매수하고, 만기와 행사 가격이 T와 X로 동일한 콜옵션과 풋옵션을 각각 매도·매수하였다면, 이러한 포트폴리오의 현재가치는 $S_0 - c + p$가 된다. 이 포트폴리오는 만기 시점에 어떠한 경우라도 가치가 X가 되는 것을 알 수 있다. 즉,

1. $S_T \geq X$인 경우는

> 주식의 가치 : S_T
> 콜옵션의 가치 : $-(S_T - X)$
> 풋옵션의 가치 : 0

가 되어 전체 포트폴리오의 가치는 이들의 합인 X가 된다.

2. $S_T < X$인 경우는

> 주식의 가치 : S_T
> 콜옵션의 가치 : 0
> 풋옵션의 가치 : $X - S_T$

가 되어 전체 포트폴리오의 가치 역시 이들의 합인 X가 된다.

따라서 이 포트폴리오는 위험이 없어진 상태이며 선도가격 도출과정과 마찬가지로 차익거래가 발생하지 않으려면 무위험이자율만큼의 수익을 얻어야 한다. 따라서 만기 시점에서의 가치가 X가 되려면 현재는 Xe^{-rT} 만큼의 가치를 가져야 하므로

$$S_0 - c + p = Xe^{-rT}$$

를 만족하는 풋옵션과 콜옵션의 관계식을 얻을 수 있다. 이 관계식을 우리는 풋-콜 패리티(parity)라고 부른다.

2.3.3 옵션의 가격 결정: 1기간 이항트리 모델

옵션의 가격을 결정하기 위해서는 먼저 기초자산의 움직임을 모델링해야 한다. 예를 들어 주식 옵션의 경우, 주가의 움직임을 현실과 유사하도록 확률모형으로 나타낸 후 옵션계약에 따른 이득이 일어날 기댓값을 구하는 과정을 거쳐야 한다. 이 기댓값은 현

실세상이 아닌 위험중립세상 혹은 마팅게일 상에서 이루어져야 하며, 이에 관한 상세한 내용은 3장에서 다룰 예정이다.

이항트리 모델은 주가의 움직임을 단순화하여 나타낸 것으로 옵션 가격의 결정 메커니즘을 이해하는 데 도움이 될 뿐만 아니라, 다기간 모델로 확장하여 옵션의 가격을 근사적으로 구할 수 있게 된다.

먼저, 주가는 현재 S이고 1기간 후에 $Su\,(u>1)$로 오르거나 $Sd\,(0<d<1)$로 내리는 두 가지 경우 밖에 없다고 가정한다. 미래의 불확실성을 반영하여 Su로 오를 확률이 p, Sd로 내릴 확률이 $1-p$라고 하자. 행사 가격이 X인 콜옵션의 경우, 주가가 올랐을 경우의 이득을 f_u라 하면

$$f_u = \mathrm{Max}(Su - X,\, 0)$$

주가가 내렸을 경우의 이득을 f_d라고 하면

$$f_d = \mathrm{Max}(Sd - X,\, 0)$$

으로 주어지게 되며 이를 그림으로 나타내면 다음과 같다.

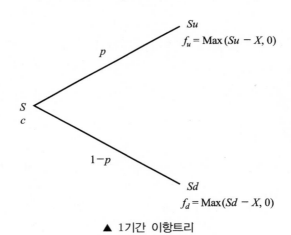

▲ 1기간 이항트리

현재 시점에서의 콜옵션 가격 c를 구하기 위해서는 n개의 주식과 콜옵션 1개로 구성된 헤지 포트폴리오라고 불리는 투자 포트폴리오를 고려한다. 여기에서 n은 뒤에서 적당한 값으로 결정될 것이며, 선도가격 결정을 위한 상황과 유사하게 주식을 사고파는 데 비용이 들지 않으며 무위험이자율로 현금을 빌리거나 은행에 예금할 수 있다고 가

정한다.

이 경우 최초의 포트폴리오의 가치를 H, 1기간 후 주가가 올랐을 경우의 가치를 H_u, 주가가 내렸을 경우의 가치를 H_d라고 하면

$$H = nS - c$$
$$H_u = nSu - f_u$$
$$H_d = nSd - f_d$$

가 성립된다. 이 식들을 잘 관찰해보면 $H_u = H_d$가 되도록 하는 n이 존재한다는 사실을 알 수 있다. 즉

$$nSu - f_u = nSd - f_d$$

로부터

$$n = \frac{f_u - f_d}{S(u - d)}$$

를 구할 수 있게 되는데, 이는 만일 콜옵션을 1개 매도한 후 n개의 주식을 매입하여 포트폴리오를 구성하면 주가가 오르거나 내리거나 상관없이 동일한 가치를 갖게 된다는 것을 의미한다. 결국 포트폴리오 H는 미래의 불확실성이 제거된 상태, 즉 무위험 상태에 놓이게 되고, 이 포트폴리오는 시장에서 구성될 수 있으므로 수익률이 무위험수익률과 다르다면 아비트리지가 발생하게 된다. 따라서

$$H_u = He^{rT}, \ H_d = He^{rT}$$

가 성립되어야 하며, 이로부터

$$(nS - c)e^{rT} = nSu - f_u$$
$$(nS - c)e^{rT} = nSd - f_d$$

를 얻게 된다. 위의 식을 정리하여

$$nSe^{rT} - ce^{rT} = nSu - f_u$$

를 얻고, 이를 정리하면

$$ce^{rT} = nSe^{rT} - nSu + f_u$$
$$= nS(e^{rT} - u) + f_u$$

가 되고, 앞에서 구한 n을 대입하면

$$ce^{rT} = \frac{e^{rT} - u}{u - d}(f_u - f_d) + f_u$$
$$= \frac{e^{rT} - d}{u - d}f_u - \frac{e^{rT} - u}{u - d}f_d$$
$$= \frac{e^{rT} - d}{u - d}f_u + \left(1 - \frac{e^{rT} - d}{u - d}\right)f_d$$

가 성립됨을 알 수 있다. 여기에서

$$q = \frac{e^{rT} - d}{u - d}$$

라고 하고 정리하면

$$c = \{qf_u + (1 - q)f_d\}e^{-rT}$$

가 되고, 이는 콜옵션 가격을 구하는 공식이 된다.

한 가지 놀라운 사실은 원래 주어진 확률 p나 $1 - p$는 결과에 아무런 영향을 미치지 않으며 q와 $1 - q$라는 새로운 확률로 주가가 오르고 내린다고 가정하고 옵션 이득의 기댓값을 구한 후 현재의 가격으로 할인한 것과 동일한 결과를 얻게 된다. 이 확률 q와 $1 - q$를 위험중립확률 또는 마팅게일메저 혹은 마팅게일측도 라고 부르며 3장에서 상세히 다룰 예정이다. 실제 적용을 위해서는 u와 d를 알아야 하는데 Cox-Ross-Rubinstein은 계산의 편의상

(1) $u = 1/d$이다.

(2) T가 매우 작다.

(3) 주가의 기댓값은 무위험이자율로 변한다.

는 가정과 주가의 기댓값의 표준편차에 대한 적당한 가정하에

$$u = e^{\sigma\sqrt{T}}, \quad d = e^{-\sigma\sqrt{T}}$$

가 되는 것을 보였다 [CRR].

예 2.3.1

다음 이항트리 모형에서 이자율이 0.03이고 1기간이 1년이라고 할 때 martingale measure를 구하시오.

|풀이| $u = 10,000/8,000 = 1.25$, $d = 6,400/8,000 = 0.8$이므로

$$q = (e^{rT} - d)/(u - d) = (e^{0.03 \times 1} - 0.8)/(1.25 - 0.8) = 0.512$$

를 만족한다. 따라서 마팅게일측도는 (0.512, 0.488)이 된다.　　　　　　■

1기간 이항트리 모형은 다기간 이항트리 모형으로 쉽게 확장할 수 있으며, 먼저 2기간 이항트리 모형의 예를 살펴보자.

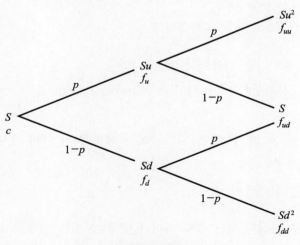

▲ 2기간 이항트리

2기간 이항트리는 1기간 이항트리 3개로 구성되어 있음을 알 수 있다. 각 트리마다 증가할 때는 u가 곱해지고 감소할 때는 d $(d = 1/u)$가 곱해지므로 모든 트리에서 동일한 마팅게일메저 q와 $1-q$를 얻게 되고, 옵션의 행사 가격에 따라 f_{uu}, f_{ud}, f_{dd} 를 구하면 1기간 이항트리 모형을 이용하여 f_u와 f_d를 각각 구하고, 이를 이용하여 c를 구한다. 이러한 방법은 다기간 모형으로 쉽게 확장할 수 있다. 2기간 이항트리에서 주가가 움직이는 경로(path)는 모두 네 가지가 되며, n기간 이항트리에는 2^n개가 됨을 알 수 있다. 만일 T를 작게 하고 n을 증가시키면 주가의 경로가 엄청나게 많아지고 3장에서 다룰 연속확률과정 모델로 수렴하게 된다.

아메리칸 옵션의 경우

아메리칸 옵션의 경우는 매 상황마다 행사할 수 있으므로 그 시점에서의 옵션의 가치와 행사했을 경우의 이득을 비교하여 큰 쪽을 택하면 된다.

예를 들어, 위의 그림에서 f_u 대신 $\text{Max}(f_u, Su - X)$를 이용하여 계산한다.

2.3.4 블랙-숄즈 모형

블랙-숄즈는 주가가 기하 브라운운동이라는 확률과정을 따른다고 가정하고 주식 옵션의 가격을 구하는 공식을 도출하였다. 상세한 과정은 3장에서 소개될 예정이다. 공식을 도출하기 위해서 다음 사항을 가정한다.

1. 거래하는 데 들어가는 비용이나 세금은 없다.
2. 거래당사자는 무위험이자율(risk free interest rate)로 돈을 빌리거나 빌려줄 수 있다.
3. 위험이 없이 돈을 벌 수 있는 차익거래는 빠른 시간 내에 소멸한다.
4. 무위험이자율 r은 계약기간 동안 상수이다.
5. 옵션 만기일까지 배당이 없다.

블랙-숄즈 공식은 현실과 어느 정도 괴리가 있을 수 있는 가정을 하고 있고, 또한 옵션의 가격은 시장의 수요와 공급에 따른 변화에 의해 결정되기 때문에 시장에서 거래되고 있는 실제 가격을 정확하게 반영하지는 않는다. 그럼에도 불구하고 블랙-숄즈 공식이 중요한 이유는 옵션의 가격이 얼마인지 계량적으로 계산하므로 거래를 위한 참고 자료로 매주 중요하게 쓰일 뿐만 아니라, 가격에 영향을 미치는 요인들이 어떤 것들이며 이러한 요인들이 조금씩 혹은 많이 변했을 때 가격이 어떻게 변하는지 알 수 있어서 자산을 운용하는 사람들이 위험관리를 위한 도구로도 편리하게 사용할 수 있기 때문이다. 또한 위의 가정을 완화시켜 실제와 더욱 유사하도록 공식을 발전시켰는데 본 교재에서는 소개하지 않는다.

블랙-숄즈 옵션 가격 결정 공식

콜옵션의 가격을 c, 풋옵션 가격을 p라고 하면, 블랙-숄즈 옵션 가격 결정 공식은 다음과 같이 주어진다.

$$c = S_0 N(d_1) - X e^{-rT} N(d_2)$$

$$p = X e^{-rT} N(-d_2) - S_0 N(-d_1)$$

여기에서

$$d_1 = \frac{\ln(S_0/X) + (r + \sigma^2/2)T}{\sigma \sqrt{T}}$$

$$d_2 = \frac{\ln(S_0/X) + (r - \sigma^2/2)T}{\sigma \sqrt{T}} = d_1 - \sigma \sqrt{T}$$

이고, $N(x)$는 표준정규분포의 누적분포함수(CDF)로 표준정규분포를 따르는 확률변수가 x보다 작을 확률을 말한다.

예 2.3.2

무배당주식 1만주에 대한 콜옵션을 매도한 상황을 고려하자. 현재주가는 7,800원, 콜옵션의 행사 가격은 8,000원, 무위험이자율 연 3 %, 주가 변동성 30 %, 주식의 기대수익률은 연 10 %라고 가정하자. 그리고 1년 동안 총 252일 영업을 한다고 가정하고 콜옵션의 만기는 15영업일이 남아있다고 하자. 이 경우 블랙-숄즈 공식을 사용하여 옵션 가격을 구하시오.

|풀이| $S_0 = 7,800$, $K = 8,000$, $r = 0.03$, $\sigma = 0.3$, $T = 15/252$이므로 블랙-숄즈 공식에 넣어 계산한 후 총 개수 10,000을 곱하여 1,493,548원의 옵션 가격을 얻는다.

■

배당이 있는 경우는 선도가격 결정과정에서 현금흐름에 대한 보정 방법을 그대로 적용한다. 만일 배당률이 연속복리로 q라고 하면

$$c = S_0 e^{-qT} N(d_1) - X e^{-rT} N(d_2)$$

$$p = X e^{-rT} N(-d_2) - S_0 e^{-qT} N(-d_1)$$

이 되고

$$d_1 = \frac{\ln(S_0/X) + (r - q + \sigma^2/2)T}{\sigma\sqrt{T}}$$

$$d_2 = \frac{\ln(S_0/X) + (r - q - \sigma^2/2)T}{\sigma\sqrt{T}} = d_1 - \sigma\sqrt{T}$$

로 바뀐다.

2.3.5 그릭스

앞에서 설명한 바와 같이 블랙-숄즈 공식이 중요한 이유 중의 하나는 옵션 가격 결정에 영향을 미치는 요인이 무엇이고, 또 이 요인들이 변할 때 옵션의 가격이 어떻게 변하는지 알 수 있게 해준다는 것이다. 이러한 정보는 옵션 가격을 주어진 요인들로 미분해서 얻을 수 있고 다음과 같이 그리스 문자로 나타내며 이를 '그릭스(Greeks)'라고 부른다. 그릭스에 관한 정보는 옵션을 거래할 때의 가격민감도에 대한 중요한 정보를 제공하며 위험관리에 많은 도움이 될 수 있다.

블랙-숄즈 공식에 따르면 유러피언 콜옵션의 가격은 다음과 같이 6개의 변수에 의한 함수로 주어진다. 즉,

$$c = c(S, r, \sigma, t, X, d)$$

로 나타낼 수 있다. 여기에서

S : 주가

r : 이자율

σ : 변동성

t : 현재의 시간

X : 행사 가격

d : 배당률

이다. 만일 다른 변수의 값들에 거의 변화가 없고 순간적으로 주가가 변한다면 콜옵션의 가격은 어떻게 변할까? 다른 변수들의 변화가 거의 없으므로 상수로 가정하면, $c = c(S)$, 즉 콜옵션의 가격은 주가만의 함수로 표현되고 현재의 주가를 S_0라 하면 테일러(Taylor) 전개를 통해

$$c(S) \approx c(S_0) + \frac{dc}{dS}(S_0)(S - S_0)$$

로 일차 근사를 할 수 있다. 여기에서

$$\Delta c \doteq c(S) - c(S_0)$$
$$\Delta S \doteq S - S_0$$

라 하면

$$\Delta c \approx \frac{dc}{dS}(S_0)\Delta S$$

가 되고, $\frac{dc}{dS}(S_0)$를 델타라고 부른다. 델타는 블랙-숄즈 공식을 S로 미분하여 S_0를 대입한 값으로 이를 계산해보면 $N(d_1)$으로 주어진다. 여기에서 $d = 0$인 경우

$$d_1 = \frac{\ln(S_0/X) + \left(r + \dfrac{\sigma^2}{2}\right)T}{\sigma\sqrt{T}}$$

을 만족한다. 델타 $\approx \dfrac{\Delta c}{\Delta S}$를 만족하므로 델타는 주가가 변할 때 콜옵션의 가격이 변하는 비율이다.

1. 델타(Δ)

주가가 오를수록 행사가보다 주가가 높아질 확률이 커지기 때문에 현재주가가 상승하면 유러피언 콜옵션의 가격이 상승한다. 델타는 주식 가격의 변화에 대한 옵션 가격

의 변화율로 정의하는데, 콜옵션의 델타는

$$\Delta = \frac{\partial c}{\partial S} = N(d_1)$$

로 주어지며 양의 값을 갖는다.

풋옵션의 경우는 반대로 주가가 상승하면 행사 가격 이하로 떨어질 확률이 감소하므로 하락한다. 이 경우

$$\Delta = \frac{\partial p}{\partial S} = N(d_1) - 1$$

이 되며, 풋옵션의 델타는 0 보다 작음을 알 수 있다.

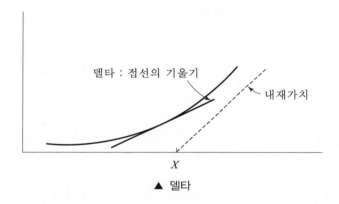

▲ 델타

2. 감마(Γ)

주가의 변화에 따른 델타의 변화, 즉 옵션 가격의 주가에 대한 2차도함수는 옵션 가격의 변화에 대한 보다 상세한 정보를 제공해준다. 이를 감마라고 하며 다음과 같이 콜옵션과 풋옵션에 관계없이 동일하게 주어진다.

$$\Gamma = \frac{\partial^2 c}{\partial S^2} = \frac{\partial^2 p}{\partial S^2} = \frac{N'(d_1)}{S_0 \sigma \sqrt{T}} = \frac{\exp(-d_1^2/2)}{S_0 \sigma \sqrt{2\pi T}}$$

주가와 감마의 관계를 그래프로 그리면 다음과 같다.

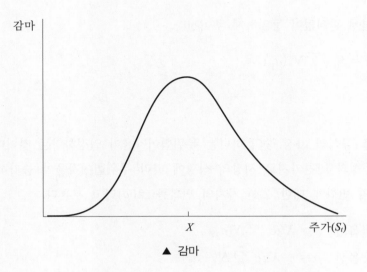

▲ 감마

주가가 행사 가격과 유사할 경우 감마가 가장 크다. 이는 등가격일 경우 델타가 가장 많이 변한다는 뜻이다.

3. 세타(Θ)

시간의 경과에 대한 옵션 가격의 변화는 세타로 주어지며, 시간이 흐를수록 시간가치가 감소하므로 음수의 값을 갖는다.

$$\text{콜옵션} \quad \Theta = -\frac{S_0 N'(d_1)\sigma}{2\sqrt{T}} - rXe^{-rT}N(d_2)$$

$$\text{풋옵션} \quad \Theta = -\frac{S_0 N'(d_1)\sigma}{2\sqrt{T}} + rXe^{-rT}N(-d_2)$$

4. 베가(ν)

블랙-숄즈 공식을 유도하기 위한 중요한 가정 중의 하나는 변동성이 일정하다는 것이다. 그러나 실제로는 시장의 상황에 따라 변동성이 증가하거나 감소한다. 변동성이 높아지면 주가가 오르거나 내릴 확률이 커지게 되므로 콜옵션이나 풋옵션 모두 가치가 증가하게 된다. 다른 한편으로는 변동성이 증가하면 위험이 증가하므로 옵션을 통한 헤지비용도 증가하게 되어 콜과 풋옵션 모두 가치가 증가한다고 설명할 수 있다. 변동성의 증가에 따른 옵션 가격의 변화는 베가로 나타낸다. 베가는 감마와 마찬가지로 콜옵선과 풋옵션에 관계없이 동일하게 주어진다.

$$\nu = S_0 \sqrt{T} N'(d_1)$$

5. 로(ρ)

블랙-숄즈 공식의 가정 중의 하나는 무위험이자율이 일정하다는 것이다. 그러나 실제로는 변동성과 마찬가지로 시장의 상황에 따라 무위험이자율이 증가하거나 감소한다. 이자율의 변화에 대한 옵션 가치의 변화를 로(ρ)라고 부른다.

$$\text{콜옵션} \quad \rho = XTe^{-rT} N(d_2)$$
$$\text{풋옵션} \quad \rho = -XTe^{-rT} N(-d_2)$$

포트폴리오의 델타

주식과 옵션으로 구성된 포트폴리오의 전체 가격을 $f(S)$라고 하면 위와 같은 방법으로

$$f(S) = f(S_0) + \frac{df}{dS}(S_0)(S-S_0)$$

즉

$$\Delta f = \frac{df}{dS}(S_0) \Delta S$$

가 되며, $\frac{df}{dS}(S_0)$를 포트폴리오의 델타라고 부른다. 만일 이 포트폴리오의 델타가 0이라면 주가가 ΔS 만큼 변해도 포트폴리오의 전체 가격은 변하지 않는다. 이와 같이 포트폴리오의 델타를 0으로 만드는 것을 델타헷징이라고 한다. 또한, 델타값이 0이 된 경우 우리는 델타중립이 되었다고 말한다. 시간이 흐르면 다른 변수의 값들도 변하고 주가도 변하므로 델타값이 변하게 된다. 따라서 델타헷징을 하기 위해서는 시간이 변함에 따라 포트폴리오를 변화시켜 델타를 다시 0으로 만들어 주어야 하는데, 이를 동적헷징(dynamic hedging)이라고 부른다.

동적헷징

동적헷징(dynamic hedging)은 파생상품을 거래할 때 꼭 알아야 할 개념이다. 콜옵션을 매도한 경우 보유 주식의 수를 변경시켜서 델타헷징을 수행할 수 있다. 즉, 포트폴리오가 1개의 콜옵션 매도와 a개의 주식매입으로 구성되어 있다면

$$f(S) = -c(S) + aS$$

가 된다. 양변을 S로 미분하면

$$\frac{df}{dS}(S_0) = -\frac{dc}{dS}(S_0) + a$$

가 되어 $\frac{df}{dS}(S_0)$를 0으로 만드는 a는 $\frac{dc}{dS}(S_0)$, 즉 콜옵션의 델타값이 된다. 즉 콜옵션의 델타만큼 주식을 보유함으로써 델타헷징을 수행할 수 있다. 완벽한 델타헷징을 수행하기 위해서는 연속적으로 주식을 사고팔아야 하지만 현실에서는 이산시간에서만 조정할 수밖에 없다. 또한 조정을 자주하게 되면 거래비용도 많이 발생하므로, 거래비용을 0으로 가정해서 얻은 블랙-숄즈 공식을 사용하는 것은 모순이 된다. 하루에 한 번씩 델타헷징을 수행하는 예를 살펴보자. 편의상 단위를 천원으로 하고 백자리에서 반올림하였다.

예 2.3.3

예 2.3.2와 같이 무배당주식 1만주에 대한 콜옵션을 매도한 상황을 고려해 보자. 현재주가는 7,800원, 콜옵션의 행사 가격은 8,000원, 무위험이자율 연 3%, 주가변동성 30%, 주식의 기대수익률은 연 10%이다. 만기는 3주(15 영업일)이고 이 경우 블랙-숄즈 공식에 의한 콜옵션의 가격이 1,493,548원임을 알 수 있다. 주식의 기대수익률 및 변동성을 알고 있으므로, 우리는 기하 브라운운동을 이루는 주가를 시뮬레이션 할 수 있다. 만기일에 주가가 외가격으로 끝나는 경우와 내가격으로 끝나는 경우의 헷징과정을 살펴보자.

헷징은 현재 조건을 이용하여 델타값을 구하는 것으로 시작된다. 델타값에 매도한 콜옵션의 수를 곱하여 보유해야 할 주식의 수를 구하고, 현재 보유하고 있는 주식의 수

와 비교하여 주식을 매입하거나 매도한다. 매입이나 매도할 주식의 수가 정해지면 당시의 주식 가격을 곱해 주식매입비용을 구하고 이를 전날까지의 누적비용에 하루 이자를 더해서 그날까지의 누적비용을 구한다.

이와 같은 방법을 만기까지 반복해서 시뮬레이션하여 아래 표와 같은 결과를 얻었다. 이 표에서 비용 계산에서는 매입주식수에서 나타나지 않은 소수점 이하도 매입한다고 가정하여 계산하였다. 이 표는 주가가 다르게 나타나면 결과도 달라진다는 점에 유의하자.

만기인 3주일 후의 총 누적비용은 외가격인 경우는 헷징비용이 1,476,000원이고 이 비용의 현재가는 1,473,000원이다. 이는 블랙-숄즈 옵션 가격 1,493,548원과 유사하다. 내가격인 경우에는 보유하고 있는 주식 1만주를 주당 행사 가격인 8,000원에 양도해야 하므로 총 8,000만 원의 수익이 발생하고 이를 총 누적비용 81,609,000원에서 차감하면 총 비용 1,609,000원이 발생했음을 알 수 있다. 이 비용의 현재 가격은 1,606,000원이 되어 이 경우도 블랙-숄즈 가격 1,493,548원과 큰 차이가 없음을 알 수 있다. 만일 동적헷징을 더 자주한다면 더욱더 가까운 근사치를 구할 수 있다.

▌외가격으로 끝나는 경우의 동적헷징비용

남은 날짜	주가(원)	델타	보유주식수 (개)	매입주식수 (개)	주식매입비용 (천원)	누적비용 (천원)	이자비용 (천원)
15	7,800	0.3879	3,879	3,879	30,253	30,253	3.6
14	7,856	0.4213	4,213	334	2,626	32,882	3.9
13	7,914	0.4597	4,597	384	3,036	35,923	4.3
12	8,021	0.5377	5,377	780	6,257	42,184	5.0
11	7,734	0.3131	3,131	−2,246	−17,368	24,821	3.0
10	7,594	0.2055	2,055	−1,076	−8,172	16,652	2.0
9	7,749	0.3031	3,031	976	7,566	24,220	2.9
8	7,796	0.3307	3,307	276	2,153	26,376	3.1
7	7,826	0.3453	3,453	146	1,144	27,522	3.3
6	7,970	0.4834	4,834	1,380	11,000	38,525	4.6
5	8,110	0.6402	6,402	1,568	12,717	51,247	6.1
4	7,844	0.3121	3,121	−3,280	−25,731	25,522	3.0
3	7,835	0.2717	2,717	−404	−3,167	22,358	2.7
2	7,749	0.1210	1,210	−1,507	−11,677	10,685	1.3
1	7,612	0.0045	45	−1,166	−8,872	1,814	0.2
0	7,561	0.0000	0	−45	−338	1,476	
		헷징비용의 현가(1,000원)	1,473	B-S 가격 (1,000원)	1,494		

▌내가격으로 끝나는 경우의 동적헷징비용

남은 날짜	주가(원)	델타	보유주식수 (개)	매입주식수 (개)	주식매입비용 (천원)	누적비용 (천원)	이자비용 (천원)
15	7,800	0.3879	3,879	3,879	30,253	30,253	3.6
14	8,050	0.5584	5,584	1,705	13,725	43,982	5.2
13	8,133	0.6172	6,172	588	4,784	48,771	5.8
12	8,134	0.6209	6,209	37	299	49,076	5.8
11	8,124	0.6173	6,173	−36	−289	48,793	5.8
10	8,283	0.7363	7,363	1,190	9,855	58,654	7.0
9	8,605	0.9087	9,087	1,724	14,839	73,500	8.8
8	8,313	0.7771	7,771	−1,316	−10,941	62,567	7.4
7	8,202	0.7058	7,058	−713	−5,852	56,723	6.8
6	8,217	0.7315	7,315	257	2,114	58,844	7.0
5	8,396	0.8808	8,808	1,493	12,535	71,386	8.5
4	8,534	0.9592	9,592	784	6,695	78,089	9.3
3	8,580	0.9848	9,848	256	2,194	80,292	9.6
2	8,527	0.9920	9,920	72	614	80,916	9.6
1	8,472	0.9989	9,989	68	580	81,506	9.7
0	8,207	1.0000	10,000	11	94	81,609	

헷징비용의 현가(1,000원)	1,606	B−S 가격(1,000원)	1,493

　동적헷징을 자주하지 못하는 경우에는 주가가 많이 변할 수 있다. 이러한 경우 이차 근사를 고려해 보자. 이차 근사의 경우 일차 근사보다 오차가 작은데 콜옵션의 경우

$$\Delta c \approx \frac{\partial c}{\partial S}(S_0)\Delta S + \frac{1}{2}\frac{\partial^2 c}{\partial S^2}(S_0)(\Delta S)^2$$

가 되고. 여기에서 $\frac{\partial^2 c}{\partial S^2}(S_0)$가 감마이므로 감마까지 고려한 동적헷징이 된다. 포트폴리오의 경우

$$\Delta f \approx \frac{\partial f}{\partial S}(S_0)\Delta S + \frac{1}{2}\frac{\partial^2 f}{\partial S^2}(S_0)(\Delta S)^2$$

이 되어 델타와 감마가 0이 되면 ΔS가 변할 때 포트폴리오의 가치는 크게 변하지 않는다. 만일 감마의 절댓값이 크다면 포트폴리오의 가치는 주가의 변동에 민감하고 감마

가 주가의 변화에 대해 델타값의 변화의 민감도를 나타내기 때문에 델타값도 주가의 변화에 민감해짐을 알 수 있다. 따라서 이 경우는 델타헷징을 자주해야만 위험을 줄일 수 있다. 특히, 만기가 가깝고 주가가 행사가와 비슷한 등가격의 경우에는 감마가 크기 때문에 유의하여야 한다.

2.3.6 역사적 변동성

그동안 옵션이론을 다루면서 변동성은 주어진 상수로 가정하였다. 다른 변수와 달리 변동성은 시장에서 직접 관찰할 수 있는 양이 아니기 때문에 변동성을 어떻게 구할까 하는 문제는 매우 중요하다. 가장 쉽게 변동성을 추정할 수 있는 방법은 과거의 주가 데이터를 이용하는 것이다.

과거 $n+1$일 동안의 주가를 S_0, S_1, S_2, $\cdots$, S_n이라고 하면, 먼저 이 데이터를 이용해 로그수익률 u_i를 구한다.

$$u_i = \ln\left(\frac{S_i}{S_{i-1}}\right), \ i = 1, 2, \cdots, n$$

이렇게 구한 매일의 수익률은 하루의 수익률을 지배하는 어떤 분포(모분포라고 하자)에서 샘플들이 추출된 것이라고 가정한다. 이 모분포가 정규분포를 따른다고 가정하면 표본으로부터 평균과 표준편차를 구해서 모집단의 평균과 표준편차를 추정하는 통계학의 기본 이론을 적용할 수 있다. 즉, 수익률의 평균 μ와 표준편차 σ를 다음과 같이 추정한다.

$$\mu_{day} = \frac{1}{n}\sum_{i=1}^{n} u_i$$

$$\sigma_{day} = \sqrt{\frac{1}{n-1}\sum_{i=1}^{n}(u_i - \mu_{day})^2}$$

여기에서 σ_{day}는 1일 변동성이고 연변동성 σ을 구하기 위해서는 1년에 보통 252 영업일이 있다고 가정하여

$$\sigma = \sigma_{day}\sqrt{252}$$

로 구한다. 일반적인 기간 T에 대한 변동성을 구하기 위해서는

$$\sigma_T = \sigma_{day} \sqrt{T}$$

를 구하면 된다. 이와 같은 변동성을 역사적 변동성(historical volatility)이라고 한다.

역사적 변동성은 미래의 변동이 과거의 변동과 유사할지, 또한 변동성을 구하기 위하여 과거의 어느 시점까지의 데이터를 사용해야 할지 알기 어려운 단점이 있다.

이러한 단점을 보완하는 방법에는 최근의 데이터에 보다 많은 가중치를 주는 지수가중이동평균 모형(Exponentially weighted moving average model, EWMA), GARCH 모형(generalized autoregressive conditional heteroskedasticity model) 등이 있다.

2.3.7 주식 옵션 및 변동성 미소

1973년 블랙(Black), 숄즈(Scholes), 머튼(Merton)에 의해 만들어진 블랙-숄즈 (Black-Scholes) 옵션 가격 결정 공식은 여러 가지 비현실적인 가정 때문에 현실과 많은 괴리가 있음에도 불구하고 40여 년이 지난 지금에도 가장 많이 쓰이고 있다. 아직 이 공식을 대체할 만큼 쉽고 간편한 공식이 개발되지 않고 있기 때문이다. 실제로는 이 공식이 옵션의 가격을 산출하는 본래의 의미에서 벗어나 옵션의 내재 변동성(implied volatility)을 구해서 미래의 옵션 가격을 알아낸다거나 유사한 다른 파생상품의 가격을 추정하기 위해서 많이 쓰이고 있다. 앞에서 설명한 바와 같이 블랙-숄즈의 방정식에는 6개의 변수가 있다. 즉, 콜옵션의 가격은 6개의 변수의 함수

$$c = f(S_0, \ T, \ r, \ X, \ \sigma, \ d)$$

로 주어진다. 여기에서 S_0는 기초자산의 현재 가격, T는 만기, r은 무위험이자율, X는 행사 가격, σ는 변동성, d는 배당률을 나타낸다. 주목할 점은 다른 모든 변수는 시장에서 관찰될 수 있는 반면에 변동성은 그렇지 못하다는 것이다. 과거의 데이터를 이용해 역사적 변동성을 추정하는 경우, 과거의 어느 시점까지 반영할지, 최근 데이터에 어느 정도의 가중치를 둘지, 그리고 현재 혹은 미래의 변동성이 과거의 형태를 지속해 나갈지 판단하기 어렵다. 이러한 상황에서는 시장에서 현재 변동성을 얼마로 보고 있는지가 매우 중요해지며 시장에서 거래되고 있는 옵션의 가격을 알고 있기 때문에 변동성이 얼마로 주어져야 그 가격이 나오는지를 거꾸로 산출해낼 수 있다. 다시 말해 변동성 σ 를 제외한 다른 모든 변수의 값을 알고 있다면 콜옵션 가격은

$$c = BS(\sigma)$$

와 같이 σ만의 식으로 나타낼 수 있게 되며, 콜옵션 가격 c_{market}을 시장으로부터 알 수 있다면 $c_{market} = BS(\sigma)$를 만족한다. 블랙-숄즈 공식이 σ에 관한 단순증가 함수이므로 역함수를 이용하여

$$\sigma = BS^{-1}(c_{market})$$

을 구해낼 수 있고 이를 내재변동성이라고 부른다.

시장에는 행사 가격이 서로 다른 많은 종류의 옵션들이 동시에 거래되고 있으므로 행사 가격이 다른 각각의 옵션들에 대하여 내재변동성을 구할 수 있고, 행사 가격이 X인 경우의 내재변동성을 다음과 같이

$$\sigma(X) = BS^{-1}(c_{market}, X)$$

로 표현할 수 있다.

만일 블랙-숄즈의 공식대로 시장 가격이 형성된다면 $\sigma(X)$는 X의 값에 상관없이 상수로 일정해야 한다. 블랙-숄즈 공식에서는 σ를 X에 상관없는 상수라고 가정하기 때문이다. 하지만 실제 시장 가격은 그렇지 않고 대부분 다음 그림과 같은 변동성 미소(volatility smile) 혹은 변동성 스큐를 보여준다.

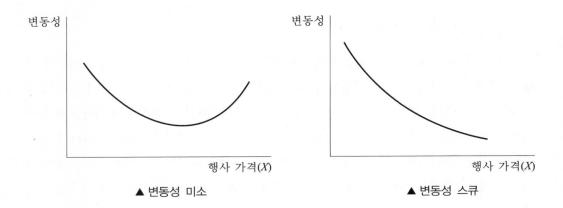

▲ 변동성 미소   ▲ 변동성 스큐

미국의 S&P500 인덱스 옵션의 경우 1987년을 전후로 변동성 미소에서 변동성 스큐로 바뀌었음이 루빈슈타인(Rubinstein)에 의해 알려졌다 [Ru]. 루빈슈타인은 이러한

변화에 대하여 1987년 10월에 있었던 주가 대폭락 이후 폭락에 대한 공포(crash-o-phobia)가 옵션 가격에 반영되어 행사 가격이 낮은 풋옵션에 높은 프리미엄이 첨가되었다고 설명한다. 또한 확률변동성 모델(stochastic volatility model), 정규분포보다 꼬리가 두꺼운 분포를 갖는 fat tail 모델로도 이러한 현상들이 설명이 되고 있지만 모델이 복잡해지는 단점이 있다.

아래 그림은 국내 KOSPI200 옵션시장에서 만기에 따라 달라지는 내재변동성의 모습을 살펴본 예이다.

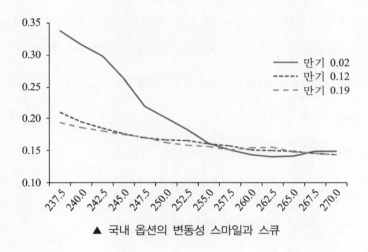

▲ 국내 옵션의 변동성 스마일과 스큐

2.4 ▌ 이자율 파생상품

국제적으로 통용되는 대표적인 변동금리에는 LIBOR가 있다. LIBOR는 London Inter Bank Offer Rate의 약자로 런던 국제금융시장에서 은행들 간에 자금을 빌려줄 때 적용하는 연 이자율로 환산된 이자율이다. 3M LIBOR는 3개월 동안 빌리는 경우의 이자율을, 6M LIBOR은 6개월 동안 빌리는 경우의 이자율을 말한다. 이 이자율은 시장의 자금수급상황에 따라 매순간 변동하게 된다. 국제 금융거래에서는 자금을 차입하는 국가나 기업의 신용상태에 따라 LIBOR 금리에 일정금리를 가산하여 실제 적용 금리가 정해진다. 또한, 이자율은 특별한 언급이 없는 한 1년간의 이자로 표준화되어 나타내진다.

2.4.1 선도이자율

현재를 $t = 0$ 시점이라고 하고 어떤 기업이 미래의 t_1시점에서부터 t_2시점까지 자금의 수요가 생길 것으로 예상된다고 하자. 이 기업은 t_1시점에 이자율이 변동되어 높아지는 위험을 헤지하기 위하여 현재 t_1시점에서 자금을 빌리기로 미리 약정을 하려고 한다. 이때 이자율을 얼마로 하는 것이 합리적일까? 연속복리 기준으로 t_1시점까지 빌리는 이자율을 $R(t_1)$, t_2시점까지 빌리는 이자율을 $R(t_2)$라고 하고, t_1에서 t_2까지 적용될 이자율을 $F(t_1, t_2)$라고 하면 자금을 t_2시점까지 빌리는 경우와 t_1시점까지 빌린 후 다시 t_2시점까지 빌리는 경우의 이자 혹은 원리합계가 동일해야 한다. 만일 그렇지 않다면 아비트리지가 발생하게 된다. 따라서 원금을 1원이라고 하면

$$\exp(R(t_2)t_2) = \exp(R(t_1)t_1)\exp(F(t_1, t_2)(t_2 - t_1))$$

을 만족해야 한다. 이를 정리하면

$$\exp(R(t_2)t_2) = \exp(R(t_1)t_1 + F(t_1, t_2)(t_2 - t_1))$$

이 되고

$$R(t_2)t_2 = R(t_1)t_1 + F(t_1, t_2)(t_2 - t_1)$$

즉,

$$F(t_1, t_2) = \frac{R(t_2)t_2 - R(t_1)t_1}{t_2 - t_1}$$

를 만족하게 되며, 이 경우 $F(t_1, t_2)$를 선도이자율(forward interest rate)이라고 부른다.

2.4.2 스왑

스왑계약은 두 당사자 간에 미래의 현금흐름을 교환하는 것을 말한다. 전형적인 예로는 미래의 일정 기간 동안 고정금리와 변동금리를 교환하는 금리스왑과 원화와 달러화와 같이 서로 다른 통화를 교환하는 통화스왑이 있다. 보통 은행에서 거래되는 파생상품의 절반 이상이 스왑거래라고 해도 과언이 아닐 정도로 스왑이 많이 거래되고 있으므로 스왑 및 스왑과 관련된 파생상품을 잘 알아둘 필요가 있다. 이자율 관련 파생상

품에 대한 상세한 내용은 5장에서 다룬다.

금리스왑

만일 어떤 기업이 은행으로부터 2천만 달러를 LIBOR + 2 %의 이자율로 3년간 빌리고 매 6개월마다 이자를 지급하기로 했다면, LIBOR가 어떻게 변화하는가에 따라 이 기업이 지불해야 하는 이자가 달라지게 된다. 이 경우 LIBOR를 이자로 받고 대신 고정금리를 이자로 지급하는 금리스왑(Interest Rate Swap, IRS)을 체결한다면 변동금리 대출을 고정금리 대출로 바꿀 수 있다. 즉, 3년 동안 LIBOR를 받고 3 %의 고정금리를 지불하기로 스왑계약을 체결하면, LIBOR를 받아서 은행에 지불하고 결국 2 % + 3 % = 5 %의 고정금리로 자금을 빌린 셈이 된다. 일반적으로 금리스왑에서는 원금교환은 일어나지 않고 이자만 교환된다. 우리나라의 경우는 LIBOR 대신에 CD금리가 변동금리로 사용된다. CD금리는 양도성예금증서(certificate of deposit)의 예금금리를 말하며, 양도성예금증서는 제3자에게 양도가 가능한 정기예금증서이다. 보통예금과 달리 통장에 이름을 쓰지 않는 무기명 증서이다.

스왑금리는 변동금리와 교환하는 고정금리를 말하며 위의 예에서 스왑금리는 3 %이다.

스왑금리의 계산

금리스왑에서 변동이자율과 교환되는 고정금리, 즉 스왑금리는 고정금리로 지급하는 경우와 변동금리로 지급하는 경우의 총 지급액의 현재 가격이 같아져야 한다는 사실을 이용하여 구할 수 있다. 스왑금리를 도출하기 위해 다음과 같이 정의하자.

N : 원금

T : 스왑계약기간

Δt : 스왑결제주기

t_i : i 번째 이자지급일

$P(0, t)$: t 시점에 1원을 주는 무이표 채권의 현재 가격으로 중간에 아무런 이자를 지급하지 않기 때문에 t 시점에서의 1원의 현재가치, 즉 할인율을 나타낸다.

$N=1$원이라고 가정하고 만일 t_i 시점마다 고정금리 x를 지급한다면 스왑기간동안 고정금리로 지불하게 될 액수의 현재 가격은

$$xP(0,t_1) + xP(0,t_2) + \cdots + xP(0,t_n) = x\sum_{i=1}^{n} P(0,t_i)$$

가 된다. 한편, 만기가 스왑만기와 동일한 변동금리 채권에 1원을 투자한다면, 스왑기간동안 받게 될 미래의 현금흐름의 현재가치는 1과 동일하다. 만일 그렇지 않다면 앞에서 다룬 선도나 옵션거래의 경우와 마찬가지로 비싼 것을 팔고 싼 것을 사는 방식으로 아비트리지를 얻을 수 있기 때문이다. 즉, 미래의 현금흐름의 현재가치가 1보다 크다면 1원을 빌려서 투자하고, 반대의 경우는 채권을 공매도하여 1원을 받은 후 예금을 하는 방식의 차익거래가 발생한다.

변동금리 채권에 1원을 투자한 경우와 고정금리 x를 지급하는 고정금리 채권에 투자한 미래현금흐름의 현재 가격이 동일해야 하므로 위 식에 만기에서 받을 원금 1원의 현재가치 $P(0,t_n)$을 더한 값은 1이 되어야 한다. 즉

$$x\sum_{i=1}^{n} P(0,t_i) + P(0,t_n) = 1$$

이 된다. 따라서 고정금리 x는

$$x = \frac{1-P(0,t_n)}{\sum_{i=1}^{n} P(0,t_i)}$$

로 주어지게 된다. 보통은 x를 연 이자율로 환산하여 표시한다.

통화스왑

통화스왑(currency swap)의 경우, 금리스왑과 달리 두 나라의 통화를 교환하기 때문에 서로 다른 두 나라의 이자율을 반영해야 한다. 또한 각 나라마다 변동금리와 고정금리가 있기 때문에 다양한 형태의 교환이 존재한다. 즉, 어떤 나라(A)의 고정금리 혹은 변동금리로 다른 나라(B)의 고정금리 혹은 변동금리로 교환할 수 있어서 네 종류의 교환형태가 존재한다.

통화스왑의 고정금리 계산

통화스왑은 네 종류의 교환형태 중 한 나라(A나라라고 하자)에서 고정금리를 지급하고 다른 나라(B나라라고 하자)에서 변동금리를 지급하는 형태가 가장 많이 발생하는데, 이 경우 고정금리 x를 구하는 방법은 금리스왑의 경우와 유사하나 상대국 이자율을 이용해야 하는 점이 다르다.

A나라를 기준으로 생각했을 때 환율이 S_0라면, A나라 통화 기준으로 1에 대한 통화스왑은 B나라 통화 기준으로는 $1/S_0$이 된다. 따라서

$$x = \frac{1 - P(0, t_n)}{\sum_{i=1}^{n} P(0, t_n)} \cdot \frac{1}{S_0}$$

로 주어지며, $P(0, t_i)$는 B나라의 이자율이다. 이를 A나라 통화로 환산하면, S_0를 곱해줘야 하므로

$$x = \frac{1 - P(0, t_n)}{\sum_{i=1}^{n} P(0, t_i)}$$

가 되어 B나라의 금리스왑 이자율과 동일해진다. 현실에서는 해외자금조달의 수급상황에 따라 두 금리 사이에 차이가 존재한다.

연습문제

1. 만기에서 선물 가격과 현물 가격이 같아져야 하는 이유를 설명하시오.

2. 선도거래와 선물거래의 차이점을 설명하시오.

3. 옵션거래와 선물거래의 차이점을 설명하시오.

4. 무위험이자율이 연속복리 기준 연 10 %이고, 주가지수 배당 수익률이 연 4 %이다. 현재 주가지수가 400이고, 4개월 후 인도 가능한 선물의 가격은 405이다. 이때 어떤 차익거래가 발생하는지 설명하시오.

5. F_1과 F_2는 동일한 기초자산에 대해 각각 T_1, T_2 $(T_1 < T_2)$의 만기를 갖는 선물계약의 가격이다. 무위험이자율을 r이라 할 때

$$F_2 \leq F_1 e^{r(T_2 - T_1)}$$

임을 증명하시오.

6. 어떤 무배당 주식의 현재 주가가 100달러이고, 무위험이자율이 연속복리 기준 연 8 %이다. 4개월 후 인도 가능한 선물의 가격은 104달러이다. 이때 차익거래전략을 구성하시오.

7. 지금 현재는 4월 15일이고, 어떤 원유 생산업자가 8월 15일에 원유 100만 배럴을 생산하여 판매하려고 한다. 4월 15일 원유의 현물 가격이 20달러이고 8월 만기의 원유의 선물 가격이 배럴당 18달러일 때 헷징전략을 구성하고, 8월 15일 원유 가격이 배럴당 17달러일 경우와 19달러일 경우의 손익을 구하시오.

8. (a) 옵션 가격에 영향을 미치는 여섯 가지 요인을 쓰시오.
   (b) 위의 각 요인들이 증가할 때 유러피언 콜옵션의 가격은 어떻게 변하는가?

9. 다음 이항트리 모형에서

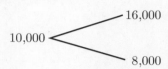

(a) 행사 가격이 12,000원인 콜옵션 가격이 700원에 거래되고 있을 때, 아비트리지를 어떻게 얻을 수 있는지 설명하시오. 단, 무위험이자율은 0으로 가정한다.

(b) 행사 가격이 12,000원인 콜옵션 가격이 1,300원에 거래되고 있을 때, 아비트리지를 어떻게 얻을 수 있는지 설명하시오. 단, 무위험이자율은 0으로 가정한다.

10. 무위험이자율이 5 %인 경우 다음 이항트리 모형에서 martingale measure를 구하고 알맞은 주가 S_1, S_2, S_3를 구하시오.

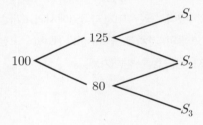

11. 유러피언 콜옵션과 풋옵션의 행사 가격과 만기가 각각 30달러와 3개월로 동일하며 가격도 각각 3달러로 동일하다. 무위험이자율이 연속복리 기준으로 연 10 %, 현재주가는 29달러이다. 이 경우 차익거래 기회가 존재하는가?

12. (a) 무배당 주식 100주에 대한 유러피언 콜옵션을 240달러에 매도한 금융기관의 Dynamic hedging이 다음 표와 같이 이루어지고 있다고 할 때 빈 칸을 채우시오. 무위험이자율은 5 %라고 가정한다.

주	주가	델타	보유주식수	주식매입비용	누적비용	이자
0	100	0.5				
1	110	0.6				
2	90	0.4				

(b) 이 표를 만기까지 완성했을 때 얻을 수 있는 중요한 시사점은 무엇인지 설명하시오.

13. 다음 이항트리 모형에서 S_1, S_2, S_3를 구하고 만기가 2년, 무위험이자율 4 %, 행사 가격이 9,000원인 유러피언 풋옵션의 현재가치를 구하시오.

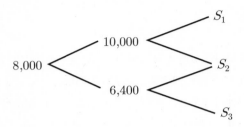

14. 스왑 계약 조건에 의하여 어떤 은행이 3억 달러 원금에 대하여 6개월 LIBOR을 지급하고 연 6 %(반년 복리 기준)의 고정 금리를 받는다고 가정하자. 스왑계약의 존속기간은 1.25년 이다. 그리고 3개월, 9개월, 15개월 만기에 대해 적용할 연속복리 기준의 LIBOR는 반년 복리 기준으로 각각 8.5 %, 9.5 %, 10 %였다. 최근 이자지급일에서의 6개월 LIBOR는 반년복리 기준으로 9.3 %이다. 이 경우 스왑의 가치를 구하시오. (Hint: 고정금리채권 투자 현금흐름 현재가치 − 변동금리채권 투자 현금흐름 현재가치)

확률과정

금융공학에서 다루는 파생상품의 가격 결정에 관한 전반적인 내용을 이해하기 위해서는 먼저 확률과정(stochastic process)에 대한 이해가 필수적이다. 주가, 이자율 등 기초적인 금융 변수들이 확률과정을 따른다고 가정하기 때문이다. 확률과정은 단순히 확률변수들을 시간의 순서에 따라 늘어놓은 것을 말하며, 스토캐스틱(stochastic)하다는 것은 확률적으로 움직인다는 것으로 결정적 과정(deterministic process)과 대응되는 개념이다.

확률과정과 결정적 과정은 모두 동적과정(dynamic process)의 일종이라고 할 수 있는데 동적과정은 어떤 대상이 시간에 따라 변해가는 모습을 수학적으로 모델링한 것이라고 말할 수 있다. 주가, 이자율, 환율 등은 시간에 따라 변해가는 동적과정임을 쉽게 알 수 있다. 여기에서 시간이 불연속적으로 변한다고 가정하는 경우(discrete time model)와 연속적으로 변한다고 가정하는 경우(continuous time model)가 있는데 궁극적으로는 연속시간 모델이 많이 쓰인다. 불연속시간 모델은 다루기가 쉽고 연속시간 모델의 근사치로 생각될 수 있다.

3.1 결정적 과정

결정적 과정(deterministic process)은 수학과 물리학에서 오랫동안 연구되어 왔으며, 발사된 포탄의 궤적, 온도의 변화, 파동의 움직임 등 다양한 형태의 동적 현상을 다루는 데 이용된다. 이러한 움직임은 원하는 양을 시간의 함수로 나타내 기술할 수 있다.

많은 경우, 짧은 시간 동안 주어지는 움직임의 규칙을 이용해 방정식을 만들고, 그 방정식을 풀어서 모든 시간에 적용되는 해를 찾는 방법으로 동적현상을 연구하게 된다.

즉, 어떤 양을 나타내는 P가 시간 t의 함수라면, $P = P(t)$라고 할 수 있고, 정해진 시간 t부터 시간이 Δt만큼 변했을 때 P가 얼마만큼 변하는지를 나타내는 규칙을 찾을 수 있으면 이를 이용하여 방정식을 만들 수 있게 된다.

예를 들어 P의 증분 ΔP가 항상 시간의 증분 Δt의 3배가 된다면 이러한 움직임은 다음과 같이 표현될 수 있다.

$$\Delta P = 3\Delta t$$

엄밀하지는 않지만 Δt가 매우 작아져서 0으로 가까워지면 dt가 되고, ΔP는 dP가 된다고 생각하자. 따라서 이 경우

$$dP = 3dt$$

가 되고 양변을 dt로 나누어 주면

$$\frac{dP}{dt} = 3$$

이라는 방정식을 얻을 수 있다. 이 식은 미분식 $\frac{dP}{dt}$를 포함하고 있기 때문에 미분방정식이라고 한다. 우리가 하고 싶은 것은 이 식을 만족시키는 시간 t의 함수 $P(t)$를 구하는 것이다. 미분방정식이 만들어지면 다양한 방법으로 해를 구할 수 있다. 식의 양변을 적분하면

$$\int dP = \int 3dt$$

가 되어

$$P(t) = 3t + C$$

를 얻는다. 만일 초기 조건이 $P(0) = 2$로 주어졌다면 이를 이용하여 $C = 2$를 얻을 수 있고 이를 대입하여

$$P(t) = 3t + 2$$

라는 해를 구한다. 이를 그래프로 나타내면 다음과 같다.

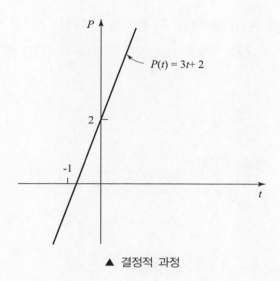

▲ 결정적 과정

위 그래프에서 보는 바와 같이 초기 조건만 알면 미래 또는 과거의 모든 시간에서의 함수값을 알 수 있게 된다.

이번에는 조금 다른 상황을 고려해 보자. 만일 P의 증분 ΔP가 시간의 증분 Δt에 $0.1P$를 곱한 만큼이 된다면 이러한 움직임은 다음과 같이 표현될 수 있다.

$$\Delta P = 0.1P\Delta t$$

앞의 예와 같은 방법으로 Δt를 0으로 보내면

$$dP = 0.1Pdt$$

를 얻게 되고, 양변을 dt로 나누어 주면

$$\frac{dP}{dt} = 0.1P$$

로 주어진 미분방정식이 된다. 원리합계의 순간 변화율이 그 순간의 값에 r이 곱해지는 것으로 주어지는 경우, 원리합계를 $P(t)$라 하면 순간 변화율은 원리합계를 시간으로 미분한 $\frac{dP}{dt}$가 되고 이로부터 미분방정식

$$\frac{dP}{dt} = rP$$

을 만들어낼 수 있으며 앞에서 유도한 식과 동일함을 알 수 있다.

이 방정식은 변수를 분리하는 방법, 즉 등호의 왼쪽에는 P만의 식, 등호 오른쪽에는 t만의 식과 상수들이 오도록 재배열한 후 각각의 항을 적분하는 방법으로 해를 구한다. 그러면 위 식은

$$\frac{dP}{P} = rdt$$

로 변수분리가 되고, 이를 적분하여

$$\int \frac{dP}{P} = \int rdt$$

즉,

$$\ln P = rt + C$$

를 얻는다. C를 다른 상수로 써서

$$P(t) = Ce^{rt}$$

로 나타낼 수 있다. 초기 조건, 즉 $t = 0$인 경우의 P값 $P(0)$를 P_0라고 가정하면, $C = P_0$임을 알 수 있고 이로부터 원리합계가 만족하는 식

$$P(t) = P_0 e^{rt}$$

를 얻을 수 있다. 이를 그래프로 나타내면 다음과 같다.

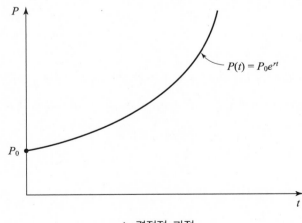

▲ 결정적 과정

그림에서 보는 바와 같이 원리합계가 어떤 형태의 동적법칙(미분방정식)을 따르는 경우 미래의 어떠한 시점에서의 값이라도 현재 시점에서 구할 수 있게 되며, 모든 미래의 상황이 유일하게 정해지므로 결정적 과정이라고 부른다. 즉, 원금 P_0를 연속복리 이자율 r로 이자를 지급하는 예금에 가입한 경우, 원리합계는 시간의 함수로 표현되며 이함수를 $P(t)$라 하면

$$P(t) = P_0 e^{rt}$$

라는 식이 원리합계의 동적 움직임을 나타낸다는 것을 알 수 있다.

이와 같이 어떤 대상이 시간 t의 함수로 나타내지면 이 대상이 미래에 어떤 값을 가지고 변하는지 현재시점 $(t=0)$에 모두 알 수 있게 된다. 그러나 주가의 움직임과 같이 금융시장에서 볼 수 있는 대부분의 동적현상의 경우는 불확실성하에서 움직이게 되므로 미래의 움직임을 현재 시점에서 알아내기가 쉽지 않다.

3.2 ◣ 확률과정

확률과정(Stochastic process)은 미래의 상황이 유일하게 결정되는 것이 아니라 다양한 경우가 가능하며 이들의 상황이 확률로 주어지는 동적과정을 말한다. 예를 들어 P_0 액수의 초기 자금을 가지고 포커게임에 참가한 사람의 경우 포커게임이 진행되는 동안 갖고 있는 액수가 변하는 과정은 결정적 과정일 수가 없다. 미래 시점의 액수가 정확히 하나의 값으로 정해지지 않기 때문이다.

만일 과거의 경험과 포커게임의 카드 분포로부터 승부와 베팅 액수의 확률을 알 수 있다면 미래 특정 시점에서 갖고 있을 액수를 확률로 표시할 수 있을 것이다. 이와 같이 동적과정에 확률적 요소가 작용하여 이루어지는 과정을 확률과정이라고 부른다. 확률과정은 주사위 게임과 같이 매 순간 확률로 주어진 여러 가지 상황 중에서 하나씩 선택하며 진행해 나간다. 이렇게 매 순간 선택되어진 과정을 sample path라고 부르며 확률과정은 수없이 많은 발생 가능한 sample path들에 확률이 주어지는 방법으로 나타내지기도 한다. 이러한 확률과정에서도 각 시간에서의 기댓값은 결정적 과정을 따라 움직인다.

주식, 채권 등 금융상품에 투자한 경우 금융상품의 가격이 미래에 어떻게 변하게 될지 확정적으로 알 수는 없지만 과거의 데이터, 현재의 상황 등을 고려하여 시간에 따른 자산의 변화를 확률과정을 이용하여 근사적으로 표현할 수 있다. 이러한 이유로 금융공학에서 확률과정이 필수불가결한 요소가 되었다.

아래 그림에서 t_0 시점에 어떤 위치에 있었을 경우 미래의 t_2 시점에 어떤 곳에 있을지 정확한 위치를 알지는 못하고 어떤 구간이나 점에 있을 확률을 알 수 있는 경우를 말한다. 만약 t_0에서 출발한 5개의 path의 확률이 모두 1/5이라면 t_1 시간에 a와 b사이에 있을 확률은 3/5이 된다. t_2 시점에서도 이와 같은 방식으로 확률을 알 수 있게 되는데 이러한 동적현상을 확률과정이라고 한다.

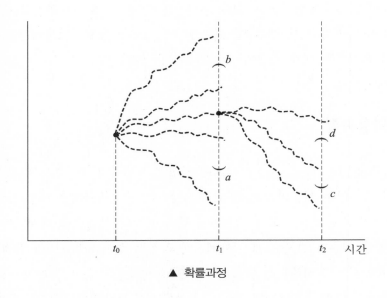

▲ 확률과정

불연속시간 모델에서의 가장 전형적인 확률과정은 랜덤 워크(random walk)라는 동적과정이라 할 수 있고, 연속시간 모델에서 가장 전형적인 모델은 브라운운동(Brownian motion)이라고 할 수 있다.

랜덤하다는 것은 아무런 규칙이 없이 무작위로 일어나는 것을 말한다. 랜덤 워크는 동전을 던져 앞이 나오면 오른쪽으로 한 걸음 가고 뒤가 나오면 왼쪽으로 한 걸음 가는 모습을 수학적으로 모델링한 것이고, 브라운운동은 고요하게 정지된 물 위에 떠 있는 꽃가루의 움직임을 수학적으로 모델링한 것이다. 물 분자는 미세하지만 랜덤하게 진동하고 있어 랜덤하게 꽃가루를 때리게 된다. 그러면 무게가 가벼운 꽃가루는 이리저리 랜덤하게 움직이게 되는데, 1차원 상에서 보면 주식을 사려는 사람들과 팔려는 사람들이 서로 가격을 조금씩 올리거나 내리면서 주가를 랜덤하게 움직이게 하는 것과 유사한 동적현상을 보인다. 움직임이 아주 미세하기 때문에 연속적인 움직임을 보인다고 근사적으로 생각할 수 있다. 이러한 이유로 브라운운동은 주가와 이자율 등을 모델링하는 데 가장 중요한 역할을 하며 뒤에서 자세히 다룰 예정이다.

확률과정도 결정적 과정과 유사하게 짧은 기간 동안 움직이는 규칙을 이용하여 방정식을 만들고, 이 방정식을 풀어 해를 구하여 미래의 값을 구한다. 물론 확률과정이기 때문에 미래의 값이 유일하게 결정되는 것이 아니고 미래에 갖게 될 값들의 확률이 주어지게 된다. 주가나 이자율을 나타내는 확률과정은 짧은 기간 동안 기댓값이 결정적 과정을 따라 움직이고 여기에 브라운운동처럼 움직이는 양을 더해줌으로써 나타내진다. 궁극적으로는 이러한 동적인 움직임을 기술하는 확률미분방정식(stochastic differential equation)을 만들어내고 이 방정식을 풀어 해를 구한다. 자세한 내용을 뒤에서 다룰 예정이므로, 아직은 정확한 이해가 되지 않더라도 다음과 같은 개략적인 내용을 살펴보도록 하자.

확률과정 B_t를 브라운운동이라고 하고 Δt기간 동안의 증분을 ΔB_t라고 하자. 또한 S_t를 주가를 나타내는 확률과정, Δt 기간의 증분을 ΔS_t라고 하면 주식의 수익률은 $\Delta S_t / S_t$로 나타내지고 이 수익률은 Δt의 μ배에 브라운운동의 증분에 σ가 곱해진 양을 더해서 얻어진다고 가정한다. 이를 식으로 나타내면 다음과 같다.

$$\frac{\Delta S_t}{S_t} = \mu \Delta t + \sigma \Delta B_t$$

이러한 가정은 개략적으로 단위시간당의 주식 수익률은 '브라운운동에 σ가 곱해진 정도의 랜덤한 형태를 $\mu \Delta t$에 더해서 얻어진다'라고 이해할 수 있다. 여기에서 μ는 기대수익률, σ는 변동성이라고 부른다.

앞에서 설명한 바와 같이 Δt가 무한히 작아지면 dt가 되고, ΔB_t는 dB_t가 된다. S_t를 양변에 곱하면 S_t가 만족하는 확률미분방정식을 다음과 같이 나타낼 수 있다.

$$dS_t = \mu S_t dt + \sigma S_t dB_t$$

이렇게 주어진 확률미분방정식은 뒤에 배울 이토 공식(Ito formula)을 이용하여 풀게 되는데 초기의 주가를 S_0라 하면 다음과 같은 형태의 해를 갖는다.

$$S_t = S_0 \exp((\mu - \sigma^2/2)t + \sigma B_t)$$

이를 기하 브라운운동(Geometric Brownian Motion)이라고 부르며, 주식 가격이 움직이는 전형적인 sample path는 다음 그림과 같이 주어진다.

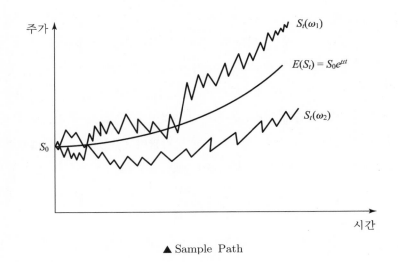

▲ Sample Path

확률과정을 엄밀하게 정의하기 위해서는 이 확률과정이 정의되는 공간부터 알아야 한다. 건물을 지으려면 건물이 들어설 땅을 먼저 확보해야 하는 것과 같은 이치이다. 이렇게 확률과정을 정의할 곳을 확률공간이라고 부른다.

3.3 ▲ 확률공간

확률은 어떤 사건이 일어날 가능성을 숫자로 표현한 것이다. 즉, 항상 일어나는 경우를 1, 절대로 일어나지 않는 경우를 0에 대응시키고, 그 외의 사건들을 그 사이 값에 대응시키는 것이다. 이러한 확률과 사건들의 여러 가지 성질들을 다루려면 엄밀하고 추상적인 정의가 필요하다.

3.3.1 확률공간의 정의

먼저, 확률공간(probability space)이 어떻게 구성되어 있는지 알아보기 위해 두 가지 경우를 살펴보자.

예 3.3.1

동전을 던져서 앞이 나오면 100원을 받고 뒤가 나오면 100원을 주는 게임을 하는 경우, 이러한 게임을 나타내기 위한 여러 가지 구성요소들은 동전의 앞(H)과 뒤(T)를 나타내는 집합 $\{H, T\}$, 앞과 뒤가 나올 확률 각 1/2, 그리고 상금 100과 −100으로 나타내짐을 알 수 있다. ∎

예 3.3.2

길에서 우연히 성인 남자를 만났을 때, 그 남자의 키를 나타내는 경우는 어떠할까? 키를 나타내는 집합(대략 0 m 부터 2.5 m까지의 실수라 하자)과 키가 얼마인지를 나타내 주는 확률로 구성되어 있다. ∎

위의 예는 2개의 확연히 다른 공간을 나타내준다. 동전 던지는 예에서는 표본이 H와 T 2개뿐인 반면에 키의 예는 1.7 m 근방의 어떤 실수 값도 가능하기 때문이다. 뒤의 경우 우연히 만난 사람의 키가 1.7243 m일 확률이 얼마일까 라고 물으면 0이라고 대답해줄 수밖에 없다. 왜냐하면 어떤 사람의 키가 조금의 오차도 없이 1.7243 m일 가능성은 거의 없기 때문이다. 따라서 이 경우는 '키가 1.7 m에서 1.75 m 사이일 확률이 얼마일까'라고 물어보아야 정확한 대답을 할 수 있게 된다.

두 경우의 근본적인 차이점은 확률적으로 가질 수 있는 값들이 '이산적(discrete)으로 주어지느냐 아니면 연속적(continuous)으로 주어지느냐'에 있다. 앞에서 공부한 바와 같이 이산적인 경우는 주로 확률질량함수(probability mass function)로, 연속적인 경우는 확률밀도함수(probability density function)로 확률을 나타내는 것은 이러한 차이에서 비롯된다.

두 경우 모두 공통으로 갖고 있는 것은 동전의 앞과 뒤, 그리고 1.7 m와 같이 키를 나타내는 값을 모아 놓은 샘플들의 집합이다. 이 집합을 보통 Ω라고 표기한다. 여기에 확률값을 주는 규칙(P라 하자)이 있다. 그런데 확률은 샘플 하나하나에 줄 수도 있지만 샘플을 여러 개 모아 놓은 집합에도 줄 수 있다. 즉, Ω의 부분집합에 확률을 줄 수 있다. 그러나 뒤에 다루겠지만 Ω의 부분집합이라 하더라도 확률을 줄 수 없는 경우가 발생한다. 따라서 확률을 줄 수 있는 부분집합(사건(event)라고 부른다)들이 무엇인지 명확히 기술해야 하며, 이는 확률을 줄 수 있는 부분집합들을 모두 모아 놓은 또 다른 집합을 표시해줌으로써 이행된다. 이 또 다른 집합을 시그마 앨지브라($\sigma-algebra$)라고 한다.

당연히 $\sigma-algebra$가 만족해야 할 성질들이 있다. 한 사건이 일어날 확률을 알 수 있다면 그 사건이 일어나지 않을 확률은 1에서 차감하면 되므로 일어나지 않을 확률을 알 수 있게 된다. 따라서 A가 $\sigma-algebra$에 포함되면 A의 여집합 A^c도 $\sigma-algebra$에 포함되어야 한다. 또한 영집합의 확률은 0이므로 $\sigma-algebra$에 들어가야 되고, 사건들 $A_1, A_2, \cdots, A_n, \cdots$의 확률을 알고 있다면 이들 중에 있는 샘플이 하나라도 발생할 확률, 즉 $\bigcup_{n=1}^{\infty} A_n$의 확률도 알 수 있어야 한다. 다시 말해 $\bigcup_{n=1}^{\infty} A_n$도 $\sigma-algebra$에 포함되어야 한다. 이러한 내용을 수학적으로 엄밀히 정의하면 다음과 같다. 이제 어떤 집합 A의 부분집합을 모두 모아놓은 집합을 2^A라고 표시하자.

Definition 3.3.1

Ω를 임의의 집합이라 하고, $\mathcal{F}$가 Ω의 부분집합을 모두 모아놓은 집합 2^Ω의 부분집합, 즉 $\mathcal{F} \subset 2^\Omega$일 때 $\mathcal{F}$가 다음 조건을 만족하면 $\mathcal{F}$를 $\sigma-algebra$라고 부른다.

(1) 공집합 ϕ는 $\mathcal{F}$의 원소이다.
(2) 만일 A가 $\mathcal{F}$의 원소이면, A^c도 $\mathcal{F}$의 원소이다.
(3) 만일 사건들 $A_1, A_2, \cdots, A_n, \cdots$이 $\mathcal{F}$의 원소이면, $\bigcup_{n=1}^{\infty} A_n$도 $\mathcal{F}$의 원소이다.

$\sigma-algebra$를 이용하여 확률공간을 정의하는 방법은 수학을 전공하지 않은 독자들에게는 낯설고 어려운 부분이다. 보통 수학과 고학년에서 다루는 실변수 해석학에 나오는 측도이론(measure theory)을 포함하고 있기 때문이다. 그러나 주가나 이자율 모델을 깊이 있게 이해하기 위해서는 꼭 알아두어야 할 내용이다. 여기에서는 최소한의 수학적인 내용을 포함하도록 노력하였다. 수학적 기초가 약한 독자는 줄거리만 이해했다가 추후 다시 공부하는 것도 좋을 것이다.

$\sigma-algebra$ $\mathcal{F}$가 정의되면 $\mathcal{F}$에서 0과 1사이의 실수로 가는 함수로 확률 P를 정의

할 수 있다. 확률함수 P도 만족시켜야 할 조건들이 있는데 이를 수학적으로 엄밀히 정의하자.

Definition 3.3.2

$\sigma-algebra$ $\mathcal{F}$에 대하여 확률 P는 다음과 같은 조건을 만족하는 함수로 정의된다.

(1) P는 $\mathcal{F}$에서 $[0, 1]$로 가는 함수이다.

(2) $P(\phi) = 0$이고, $P(\Omega) = 1$이다.

(3) $\mathcal{F}$의 원소인 사건들 $A_1, A_2, \cdots, A_n, \cdots$에 대하여 만일 $i \neq j$일 때 $A_i \cap A_j = \phi$를 만족한다면 $P(\bigcup_{n=1}^{\infty} A_n) = \sum_{n=1}^{\infty} P(A_i)$를 만족한다.

P가 확률이 되기 위해서 조건 (1)과 (2)는 당연하다. 조건 (3)은 서로 공통인 표본이 하나도 없는 사건들의 합사건의 확률은 각 사건들의 확률의 합과 같다는 말이다. 확률공간은 위에서 언급한 세 가지로 이루어진 공간 $(\Omega, \mathcal{F}, P)$를 말하고 확률을 다루는 모든 경우는 이 공간을 엄밀히 규정할 수 있어야 한다.

Definition 3.3.3

임의의 집합 Ω, $\sigma-algebra$ $\mathcal{F}$, 그리고 확률 P로 이루어진 $(\Omega, \mathcal{F}, P)$를 확률공간(probability space)이라고 부른다.

예 3.3.3 (동전 한 번 던지기)

공정한 동전을 한 번 던지는 경우의 확률공간은 다음과 같다.

(1) $\Omega = \{H, T\}$

(2) $\mathcal{F} = 2^{\Omega} = \{\phi, \Omega, \{H\}, \{T\}\}$

(3) $P(\phi) = 0$, $P(\Omega) = 1$, $P(\{H\}) = \dfrac{1}{2}$, $P(\{T\}) = \dfrac{1}{2}$　■

예 3.3.4 (동전 두 번 던지기)

공정한 동전을 두 번 던지는 경우의 확률공간은 다음과 같다.

(1) $\Omega = \{(H, H), (H, T), (T, H), (T, T)\}$

(2) $\mathcal{F} = 2^{\Omega} = \{\phi,\, \Omega,\, \{(H,H)\},\, \{(H,T)\},\, \{(T,H)\},\, \{(T,T)\},\, \{(H,H),(H,T)\},$
$\{(H,H),(T,H)\},\, \{(H,H),(T,T)\},\, \{(H,T),(T,H)\},\, \{(H,T),(T,T)\},$
$\{(T,H),(T,T)\},\, \{(H,H),(H,T),(T,H)\},\, \{(H,H),(H,T),(T,T)\},$
$\{(H,H),(T,H),(T,T)\},\, \{(H,T),(T,H),(T,T)\}\}$

(3) $P(\phi) = 0,\ P(\Omega) = 1,\ P(\{(H,H)\}) = P(\{(H,T)\}) = \cdots = \dfrac{1}{4},$
$P(\{(H,H),(H,T)\}) = \cdots = \dfrac{1}{2},\ P(\{(H,H),(H,T),(T,H)\}) = \cdots = \dfrac{3}{4}$ ∎

이와 같이 샘플 공간이 커지면 확률공간이 복잡해지고 $\sigma-algebra$도 매우 복잡해진다. 뒤에 자세히 다루겠지만 특히 $\sigma-algebra$는 정보(information)들의 집합이라고 해석되어 진다. 확률을 알 수 있게 해주기 때문이다. 시간에 따른 정보의 유입을 나타내는 개념을 필트레이션(filtration)이라고 하며 이는 시간이 증가함에 따라 $\sigma-algebra$가 증가하는 것을 말한다.

여기에서 주의할 점은 Ω의 모든 부분집합이 모두 $\sigma-algebra$에 포함되지 않을 수도 있다는 것이다. 다시 말해 모든 부분집합의 확률을 알 수 있는 것이 아닌 경우도 있다. 만일 동전 2개 모두가 약간 찌그러져 있어서 앞이 나올 확률이 정확히 1/2이 되지 않고 정확한 확률을 모르는 경우를 생각해 보자. 이 경우

$$\Omega = \{(H,H),(H,T),(T,H),(T,T)\}$$

가 된다. 그러나 $\{(H,H)\}$, $\{(H,H),(T,H)\}$ 등과 같은 부분집합의 확률은 알 수 없다. 단지 ϕ, Ω만 각각 0과 1의 확률이 주어짐을 알 수 있다. 이 경우 $\sigma-algebra$ $\mathcal{F}$는

$$\mathcal{F} = \{\phi,\, \Omega\}$$

가 되는 것을 알 수 있다. 만일 첫 번째 동전은 앞이 나올 확률이 1/4, 뒤가 나올 확률이 3/4이고, 다른 하나는 확률을 알 수 없는 경우인데

$$\Omega = \{(H,H),(H,T),(T,H),(T,T)\}$$

로 동일하다. 또한 $\{(H,H)\}$, $\{(H,H),(T,H)\}$ 등과 같은 부분집합의 확률은 알 수 없다. 그러나 앞의 예와는 달리 $\{(H,H),(H,T)\}$의 확률은 1/4, $\{(T,H),(T,T)\}$의 확률은 3/4이 됨을 알 수 있다. 왜냐하면 이 사건들은 첫 번째 동전의 값이 무엇인지만 알면 확률을 구할 수 있기 때문이다. 따라서 이 경우 시그마 앨지브라 $\mathcal{F}$는

$$\mathcal{F} = \{\phi, \Omega, \{(H,H),(H,T)\}, \{(T,H),(T,T)\}\}$$

가 된다. 동전 2개의 확률을 모두 알고 있는 경우는 모든 부분집합을 원소로 갖는 $\sigma-algebra$가 된다. 즉,

$$\begin{aligned}\mathcal{F} = 2^{\Omega} = \{&\phi, \Omega, \{(H,H)\}, \{(H,T)\}, \{(T,H)\}, \{(T,T)\}, \{(H,H),(H,T)\},\\ &\{(H,H),(T,H)\}, \{(H,H),(T,T)\}, \{(H,T),(T,H)\},\\ &\{(H,T),(T,T)\}, \{(T,H),(T,T)\}, \{(H,H),(H,T),(T,H)\},\\ &\{(H,H),(H,T),(T,T)\}, \{(H,H),(T,H),(T,T)\},\\ &\{(H,T),(T,H),(T,T)\}\}\end{aligned}$$

가 된다. 위의 예들이 시사하는 또 다른 내용은 앞뒤가 나올 확률을 알고 있는 동전이 많아질수록 $\sigma-algebra$가 커진다는 점이다. 다시 말해 정보가 많아질수록 $\sigma-algebra$가 커진다는 말이다. 이와 같이 정보가 유입되는 과정을 필트레이션(filtration) 개념으로 나타낸다.

Definition 3.3.4

$\mathcal{F}_1 \subset \mathcal{F}_2 \subset \mathcal{F}_3 \subset \cdots \subset \mathcal{F}_n$ 과 같이 증가하는 $\sigma-algebra$들의 집합 $\{\mathcal{F}_i\}$을 필트레이션이라 부른다.

$\sigma-algebra$를 나타내기가 복잡할 경우 $\sigma-algebra$를 이루는 근본적인 사건들만을 이용하여, 다음과 같이 이 사건들을 포함하는 가장 작은 $\sigma-algebra$라는 개념으로 간단히 표현하기도 한다.

Definition 3.3.5

$\mathcal{F}_0$가 $\mathcal{F}_0 \subset 2^{\Omega}$일 때 $\sigma(\mathcal{F}_0)$는 $\mathcal{F}_0$를 포함하는 $\sigma-algebra$ 중에서 가장 작은 $\sigma-algebra$를 말한다. 이것은 $\mathcal{F}_0$를 포함하는 모든 $\sigma-algebra$들의 교집합과 같다. 즉,

$$\sigma(\mathcal{F}_0) = \cap\{\mathcal{F} : \mathcal{F}\text{는 } \mathcal{F}_0\text{를 포함하는 } \sigma-algebra\}$$

라고 할 수 있다. 이 정의를 사용하면 앞에서 주어진 $\mathcal{F}$를

$$\mathcal{F} = \sigma\{\{(H,H)\}, \{(H,T)\}, \{(T,H)\}, \{(T,T)\}\}$$

라고 간단히 표현할 수 있다. 또한 Definition 3.3.2 (3)를 이용하여

$$P(\{(H, H)\}) = P(\{(H, T)\}) = \cdots = \frac{1}{4}$$

만으로도 모든 확률을 나타낼 수 있다.

예 3.3.5 (성인 남자의 키)

앞에서 언급했던 성인 남자의 키의 경우, 키가 0에서 2.5 m 사이라고 가정하고 임의의 a, b에 대하여 키가 개구간 (a, b) 사이에 있을 확률을 인구조사에 의해 알 수있다고 하면 확률공간은 다음과 같이 나타낼 수 있다.

(1) $\Omega = (0, 2.5)$

(2) $\mathcal{F} = \sigma(\Omega$에 포함되는 모든 개구간)

(3) $P((a, b))$는 인구조사에 의해 알 수 있는 확률

이와 같이 확률이 연속인 공간에 주어지는 경우는 확률분포를 사용하여 확률 P를나타내는 것이 일반적으로 더 편리하다. 만일 키의 분포가 평균 1.7, 표준편차 0.05인 정규분포와 유사하다면 키는 확률분포 $N(1.7, 0.05)$를 따른다고 말한다. 이 경우 길을 가다가 우연히 어떤 성인 남자를 만났을 때 그 사람의 키가 a와 b 사이에있을 확률 $P((a, b))$는 다음과 같이 주어진다.

$$P((a, b)) = \frac{1}{0.05\sqrt{2\pi}} \int_a^b e^{-(x-1.7)^2/0.005} dx \qquad \blacksquare$$

Remark 3.3.1

예리한 독자라면 위의 예 (2)에서 $\sigma-algebra$를 2^Ω로 잡으면 편리할텐데 굳이 $\sigma(\Omega$에 포함되는 모든 개구간)로 잡은 이유가 무엇일까 하고 의문을 가질 것이다. 하지만 결론은 '그것이 불가능하다'이다. $\sigma-algebra$를 2^Ω로 잡게 되면 주어진 조건을 만족시키는 확률함수를 잡을 수 없게 되기 때문이다. 이에 대한 자세한 이야기는 실변수 해석학(real analysis)에서 르베그 측도(Lebesgue measure)가 정의되는 과정을 참고하기 바란다. 실제로 우리가 일반적으로 생각할 수 있는 실수의부분집합들은 거의 모두가 $\sigma(\Omega$에 포함되는 모든 개구간)에 포함되므로 수학을 전공하지 않는 한 당분간은 2^Ω와 $\sigma(\Omega$에 포함되는 모든 개구간)이 같은 집합이라고생각해도 큰 무리가 없을 것이다.

3.3.2 확률변수

확률공간이 주어지면 확률변수(random variables)를 다룰 수 있게 된다. 앞에서 예를 든 바와 같이 동전을 던져 앞이 나오면 상금 100원을 받고 뒤가 나오면 100원을 주는 경우, 주고받는 상금의 구조를 어떻게 수학적으로 표현할 수 있을까?

잠시 생각해보면, H인 경우는 100, T인 경우는 -100이 됨을 알 수 있다. 따라서 함수 X를 $X(H) = 100$, $X(T) = -100$이라고 정의하면 상금구조를 수학적으로 표현할 수 있다. 여기에서 함수 X는 Ω에서 실수들의 집합 $\mathbb{R}$로 가는 함수임을 알 수 있다. 일반적으로

$$X: \Omega \to \mathbb{R}$$

을 만족하는 함수를 확률변수라고 부른다. 그러나 주어진 확률공간 $(\Omega, \mathcal{F}, \mathrm{P})$와 확률변수 X에 대하여, 예를 들어 X의 값이 173.5보다 크고 180보다 작을 확률을 모른다면 확률변수 X를 분석할 수 없기 때문에 이런 일이 발생하지 않도록 조건을 하나 첨가한다. 즉 임의의 실수 a, b $(a < b)$에 대하여 X가 (a, b)에 포함될 사건이 $\mathcal{F}$에 들어가도록 정의한다. $\mathcal{F}$에 들어간다는 말은 $\mathcal{F}$가 확률을 알 수 있는 사건들의 집합이기 때문에, 확률을 알 수 있다는 말과 같음을 상기하자. 수학에서 $\doteq$ 는 정의한다는 의미로 사용되는 기호임을 알고 다음 정의를 음미해 보자.

Definition 3.3.6

임의의 실수 a, b에 대하여

$$\{a < X < b\} \doteq \{\omega \in \Omega : X(\omega) \in (a, b)\} \in \mathcal{F}$$

를 만족하는 함수 $X: \Omega \to \mathbb{R}$을 확률변수라고 한다.

이상으로 확률공간과 확률변수를 사용하여 확률적 현상을 다룰 틀을 수학적으로 엄밀하게 정의하였다. 그런데 서로 다른 확률변수 X들에 대한 정의 구역 Ω가 동전을 한 번 던지는 경우와 주사위를 던지는 경우처럼 서로 다른 경우는 두 함수를 더하거나 곱하는 등의 기본적인 연산이 불가능하다. 따라서 확률변수들을 공통 공간인 $\mathbb{R}$에 정의된 확률로 나타내기도 한다. X로부터 유도되어 $\mathbb{R}$에 정의된 확률을 P_X라 하면, 임의

의 $\mathbb{R}$의 부분집합 A에 대하여, $P_X(A)$는 X가 A에 있는 값을 가질 확률을 나타내도록 정의하는 방법이다. 이때 P_X를 distribution이라고 한다.

> **Definition 3.3.7**
>
> 주어진 확률변수 $X\colon \Omega \to \mathbb{R}$로부터 유도되는 distribution P_X는 임의의 $A \subset \mathbb{R}$에 대하여
>
> $$P_X(A) = P\{\omega \in \Omega : X(\omega) \in A\}$$
>
> 로 정의되어지는 확률을 말한다.

이를 그림으로 도식화하면 다음과 같다. 즉, (a, b)의 확률은 (a, b)의 X에 대한 inverse image의 확률로 주어진다.

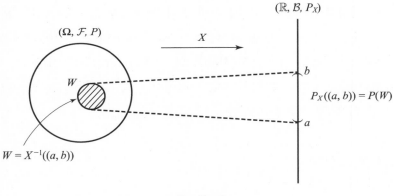

▲ distribution

위 그림에서 X가 확률변수이므로 $W = X^{-1}((a, b)) \in \mathcal{F}$이고, $P(W)$를 알 수 있으므로 $P_X((a, b)) = P(W)$로 정의할 수 있다. 여기에서 $\mathcal{B}$는 $\sigma(\mathbb{R}$에 포함되는 모든 개구간$)$을 말하며 이를 Borel $\sigma-algebra$라고 말한다.

3.3.3 기댓값과 분산

확률공간 $(\Omega,\ \mathcal{F},\ P)$와 확률변수 X가 주어지면 우리는 그동안 익숙하게 사용해 오던 X의 기댓값(expectation)을 다음과 같이 정의할 수 있다.

Definition 3.3.8

(1) 이산확률분포인 경우 : 확률변수 X가 가질 수 있는 값들이 x_i, $i = 1, 2, \cdots$라 하면

$$E(X) = \sum_i x_i P_X(x_i)$$

로 정의된다.

(2) 연속확률분포인 경우

$$E(X) \doteq \int_{\Omega} X dP$$

$$\doteq \int_{-\infty}^{\infty} x dP_X$$

$$\doteq \int_{-\infty}^{\infty} x f_X(x) dx$$

로 정의된다. 여기에서 f_X는 P_X의 확률밀도함수이다. 비슷한 방법으로 분산을 정의한다.

Definition 3.3.9

(1) 이산확률분포인 경우 : X가 가질 수 있는 값들을 x_i, $i = 1, 2, \cdots$라 하면

$$Var(X) = \sum_i (x_i - E(X))^2 P_X(x_i)$$

로 정의된다.

(2) 연속확률분포인 경우 : f_X를 P_X의 확률밀도함수라 하면

$$Var(X) \doteq \int_{\Omega} (X - E(X))^2 dP$$

$$\doteq \int_{-\infty}^{\infty} (x - E(X))^2 dP_X$$

$$\doteq \int_{-\infty}^{\infty} (x - E(X))^2 f_X(x) dx$$

로 정의된다. 표준편차 σ와 공분산은 다음과 같이 정의된다.

(i) $\sigma(X) = \sqrt{Var(X)}$

(ii) $Cov(X, Y) = E(X - E(X))(Y - E(Y)) = E(XY) - E(X)E(Y)$

확률변수 X가 부분 $\sigma-algebra$ $\mathcal{F}_0 \subset \mathcal{F}$에 대하여 조건 $\{a < X < b\} \doteq \{\omega \in \Omega : X(\omega) \in (a, b)\} \in \mathcal{F}_0$을 만족하는 경우, X가 $\mathcal{F}_0$에서 측정가능(measurable)하다고 말하고 $X \in \mathcal{F}_0$라고 표현한다. $\mathcal{F}_0$만큼의 정보를 가지면 X를 모두 알 수 있다는 뜻이다. 이 정의는 $\sigma-algebra$의 성질에 의해 다음 정의와 동치가 된다.

Definition 3.3.10

임의의 $\sigma-algebra$ $\mathcal{F}_0 \subset \mathcal{F}$에 대하여

$$\{X^{-1}((a, b)) : a < b, \quad a, b \in \mathbb{R}\} \subset \mathcal{F}_0$$

를 만족하면 X는 $\mathcal{F}_0$에서 측정가능(measurable)하다고 말하며 $X \in \mathcal{F}_0$라고 나타낸다.

Definition 3.3.11

확률공간 $(\Omega, \mathcal{F}, P)$와 확률변수 X가 주어져 있다고 하자. 이때, X를 측정가능하게 하는 가장 작은 $\sigma-algebra$를 X로부터 생성되는 $\sigma-algebra$ 혹은 $\sigma(X)$라고 정의한다. 이를 수식으로 엄밀하게 표현하면 다음과 같다.

$$\sigma(X) \doteq \sigma\{\{\omega \in \Omega : X(\omega) < a\} : a \in \mathbb{R}\}$$

Remark 3.3.2

만일 X가 $\mathcal{G}$에서 측정가능하다면 $\sigma(X) \subset \mathcal{G}$를 만족한다.

위의 내용에 관한 예를 들기에 앞서 함수 1_A를 다음과 같이 정의하자. $1_A(x)$는 x가 A의 원소이면 1, x가 A의 원소가 아니면 0으로 주어지는 함수이다.

Definition 3.3.12

$$1_A(x) = \begin{cases} 1, & x \in A \text{ 인 경우} \\ 0, & x \notin A \text{ 인 경우} \end{cases}$$

예 3.3.6 확률 공간 $(\Omega, \mathcal{F}, P)$가

$$\Omega = (0, 1)$$

$$\mathcal{F} = \sigma\{(a,b) : a < b, \ a,b \in [0,1]\}$$
$$P((a,b)) = b - a$$

로 주어져 있고, 모든 ω값에 대해 확률변수 X가 1에 대응되는, 즉 $X(\omega) = 1$로 주어진 확률변수를 고려해 보자. $\sigma(X)$를 구하기 위하여 Definition 3.3.11을 이용하면

(1) Case I : 만일 $a > 1$이면 모든 ω에 대하여 $X(\omega) = 1 < a$이므로
   $\{\omega \in \Omega : X(\omega) < a\} = \Omega$가 된다.

(2) Case II : 만일 $a \leq 1$이면 모든 ω에 대하여 $X(\omega) = 1 \geq a$이므로
   $\{\omega \in \Omega : X(\omega) < a\} = \phi$가 된다.

따라서 $X(\omega) = 1$을 측정가능하게 하는 가장 작은 $\sigma - algebra$는 $\{\phi, \Omega\}$가 된다. ∎

예 3.3.7 앞의 예와 동일한 확률공간 $(\Omega, \mathcal{F}, P)$와 이 공간에 주어진 확률변수
   $X(\omega) = 1_{(0,1/2]}(\omega)$를 고려해 보자.

(1) Case I : 만일 $a > 1$이면 $\omega \in (0, 1/2]$ 에 대하여 $X(\omega) = 1 < a$이고
   $\omega \in (1/2, 1)$에 대하여 $X(\omega) = 0 < a$이므로 $\{\omega \in \Omega : X(\omega) < a\} = \Omega$가 된다.

(2) Case II : 만일 $0 < a \leq 1$이면 $\omega \in (0, 1/2]$에 대하여 $X(\omega) = 1 \geq a$이고
   $\omega \in (1/2, 1)$에 대하여 $X(\omega) = 0 < a$ 이므로 $\{\omega \in \Omega : X(\omega) < a\} = (1/2, 1)$가
   된다.

(3) Case III : 만일 $a \leq 0$이면 $\omega \in (0, 1/2]$에 대하여 $X(\omega) = 1 \geq a$이고
   $\omega \in (1/2, 1)$에 대하여 $X(\omega) = 0 < a$이므로 $\{\omega \in \Omega : X(\omega) < a\} = \phi$가 된다.

따라서 $X(\omega) = 1_{(0,1/2]}(\omega)$을 측정가능하게 하는 가장 작은 $\sigma - algebra$는

$$\sigma\{\phi, (1/2, 1), \Omega\} = \sigma\{\phi, (0, 1/2], (1/2, 1), \Omega\}$$

가 된다. ∎

3.3.4 독립

우리가 일반적으로 알고 있는 독립의 개념은 사건들에 관한 독립이다. 즉,

> **Definition 3.3.13**
>
> 두 개의 사건 A, B가 $P(A \cap B) = P(A)P(B)$를 만족하면 두 사건은 서로 독립이라고 말한다.

우리는 이 정의를 $\sigma - algebra$와 확률변수에서의 독립(independence)으로 확장할 수 있다. 한 번 동전을 던졌을 때 앞이나 뒤가 나온 결과가 두 번째 던질 때의 결과에 아무런 영향을 미치지 않는 상황을 설명한다.

> **Definition 3.3.14**
>
> (1) $\mathscr{G}$와 $\mathscr{H}$가 $\mathcal{F}$의 $sub\ \sigma - algebra$, 즉 $\mathcal{F}$의 부분집합이면서 또 다시 $\sigma - algebra$가 될 경우, 만일 임의의 $A \in \mathscr{G}$와 임의의 $B \in \mathscr{H}$에 대하여 $P(A \cap B) = P(A)(B)$를 만족하면 $\mathscr{G}$와 $\mathscr{H}$는 서로 독립이라고 말한다.
>
> (2) 확률변수 X, Y에 대하여, 만일 $\sigma(X)$와 $\sigma(Y)$가 서로 독립이면 X, Y는 서로 독립이라고 말한다.

3.3.5 조건부 기댓값

조건부 기댓값(conditional expectation)은 처음 접했을 때 이해하기가 쉽지 않은 개념이다. 하지만 옵션 가격결정에서 가장 중요한 역할을 하는 마팅게일(martingale)을 이해하려면 꼭 알아야 할 개념이므로 반드시 넘어야 할 산이라는 사실을 상기하자.

확률공간 $(\Omega, \mathcal{F}, P)$와 $\sigma - algebra$ $\mathscr{G}$ $(\mathscr{G} \subset \mathcal{F})$, 확률변수 X가 주어져 있다고 하자. $\sigma(X) \subset \mathscr{G}$인 경우를 제외하고는 X는 $\mathscr{G}$에서 측정가능하다고 말할 수 없다. 그렇다면 만일 $\sigma(X) \not\subset \mathscr{G}$일 때, 즉 X가 $\mathscr{G}$에서 측정가능하지 않을 경우 $\mathscr{G}$에서 측정가능하면서 X와 가장 가까운 확률변수가 무엇일까? 다시 말해, $\mathscr{G}$를 정보들의 집합이라고 할 때, $\mathscr{G}$만의 정보를 가지고 X를 무엇이라고 추측하는 것이 오차가 가장 적을까? 이에 대한 대답이 $\mathscr{G}$에 대한 X의 조건부 기댓값이고 이를 $E(X|\mathscr{G})$라고 표시한다.

예를 들어, 어떤 나라의 성인의 평균 키가 167 cm라고 하고, 성인 남자의 평균 키는 172 cm, 성인 여자의 평균 키는 162 cm라고 가정하자. 이런 경우, 길을 가다가 첫 번째로 만나는 성인의 키를 얼마라고 예측하는 것이 가장 좋을까? 아무런 정보가 없으므로 그냥 성인의 평균 키인 167 cm라고 예측하는 것이 오차가 가장 적을 것이다. 그런데 첫 번째 만나는 사람이 여자라는 사실을 알게 되면(정보 유입) 이제는 167 cm 대신에 여자의 평균 키인 162 cm라고 예측을 하는 것이 오차가 적을 것이다. 즉, 어떤 사람의 키를 알려고 할 때, 그 사람에 대한 정보가 하나도 없는 경우 그냥 평균으로 예측하고, 여자라는 정보가 입수 되었을 때는 주어진 정보 내에서의 평균(162 cm)으로 예측하게 된다. 만일 더 많은 정보가 생겨서 그 사람이 누군지 정확히 알게 되면 정확한 키를 말 할 수 있게 된다.

이와 같이 주어진 조건 내에서의 평균값(기댓값)으로 예측하는 것이 실제와의 오차를 가장 줄이게 되며 이를 수학적으로 엄밀하고 추상적으로 정의하면 다음과 같다.

Definition 3.3.15

확률공간 $(\Omega, \mathcal{F}, P)$, $sub\ \sigma-algebra\ \mathcal{G} \subset \mathcal{F}$, 확률변수 X가 주어져 있다고 하자. 어떤 확률변수 Y가 다음 조건을 만족하면 Y를 X의 $\mathcal{G}$에 대한 조건부 확률이라고 하며 $Y = E(X | \mathcal{G})$로 표기한다.

(1) Y는 $\mathcal{G}$에서 측정가능하다. ($Y \in \mathcal{G}$)

(2) 임의의 $A \in \mathcal{G}$에 대하여

$$\int_A Y dP = \int_A X dP$$

를 만족한다.

여기에서 (1)의 의미는 $\mathcal{G}$가 주어진 상태에서 Y를 알 수 있다는 뜻이고, (2)의 의미는 $\mathcal{G}$로부터 알 수 있는 정보 내에서는 두 확률변수의 기댓값이 같아야 한다는 것이다.

다음에 주어진 예를 살펴보면 더 정확히 개념을 이해할 수 있다. 그 전에 과연 이러한 조건을 만족하는 X가 유일하게 존재할까 라는 의문을 품을 수 있다. 이에 대한 답은 물론 적당한 조건하에서 '그렇다'이다. 실변수 해석학에서 다루는 라돈-니코딤 정리 (Radon-Nykodim Theorem)가 이에 대한 답을 제공한다.

예 3.3.8 예 3.3.6에서와 같이 $(\Omega, \mathcal{F}, P)$가

$$\Omega = (0, 1)$$
$$\mathcal{F} = \sigma\{(a, b) : a < b, \ a, b \in [0, 1]\}$$

$$P((a,b)) = b-a$$

로 주어진 확률공간을 생각하자. $X(\omega) = \omega$로 정의된 확률변수 X에 대하여 $sub\ \sigma-algebra$들이 다음과 같이 주어졌다고 하자.

$$\mathcal{F}_0 = \{0, \Omega\}$$
$$\mathcal{F}_1 = \left\{0, \left(0, \frac{1}{2}\right], \left(\frac{1}{2}, 1\right), \Omega\right\}$$
$$\mathcal{F}_2 = \mathcal{F}.$$

이 경우 $E(X|\mathcal{F}_0)$는 무엇일까? 즉, $\mathcal{F}_0$만 주어졌을 때 우리는 X를 무엇이라고 예측하는 것이 가장 합리적일까 하는 문제이다. 예 3.3.6에서 살펴본 바와 같이 $\mathcal{F}_0$에서 측정가능한 확률변수는 상수함수밖에 없으므로 Definition 3.3.15의 조건 (1)을 만족시키기 위해서는 적당한 상수 c가 존재해서

$$E(X|\mathcal{F}_0) = c$$

가 되어야 한다. 그러면 조건 (2)에 의해서

$$\int_\Omega Y\,dP = \int_\Omega X\,dP$$

가 되므로

$$c = \int_\Omega X\,dP = \int_0^1 \omega\,d\omega = \frac{1}{2}$$

이 됨을 알 수 있다. 그렇다면 $E(X|\mathcal{F}_1)$은 무엇일까? 예 3.3.7에서 $\mathcal{F}_1$에서 측정 가능한 확률변수는 각각의 구간 $\left(0, \frac{1}{2}\right]$, $\left(\frac{1}{2}, 1\right)$에서 상수로 주어지는 함수밖에 없음을 알 수 있고, 조건 (1)을 만족시키기 위해서는 적당한 상수 c_1, c_2가 존재해서,

$$E(X|\mathcal{F}_1)(\omega) = c_1, \quad \omega \in \left(0, \frac{1}{2}\right] \text{인 경우}$$

$$E(X|\mathcal{F}_1)(\omega) = c_2, \quad \omega \in \left(\frac{1}{2}, 1\right) \text{인 경우}$$

가 되어야 한다. 따라서 조건 (2)에 의해서

$$\int_0^{\frac{1}{2}} c_1 d\omega = \int_0^{\frac{1}{2}} \omega d\omega$$

가 되고, 양변을 적분하여 $c_1/2 = 1/8$, 즉 $c_1 = 1/4$를 얻는다. 유사한 방법으로 $c_2 = 3/4$이 됨을 알 수 있다. ∎

3.3.6 조건부 기댓값의 성질

미분이 어떻게 정의되는지는 잘 몰라도 여러 가지 미분 공식을 이용하여 도함수를 구할 수 있듯이 처음에 조건부 기댓값의 의미를 잘 이해하지 못한다 해도 성질을 잘 알고 있으면 응용하는 데에 큰 불편함이 없다. 따라서 설령 앞의 내용을 잘 이해하지 못한다 해도 다음에 주어지는 성질을 꼭 기억하자. 조건부 기댓값은 다음과 같은 성질을 만족시킨다.

Proposition 3.3.1

(1) 단순 $\sigma-algebra$ $\mathcal{F}_0 = \{\phi, \Omega\}$에 대하여 $E(X) = E(X|\mathcal{F}_0)$를 만족한다. 즉, 아무런 정보가 없을 때에는 평균으로 예측하는 것이 가장 오차가 적다는 뜻이다.

(2) 만일 $X \in \mathcal{G}$, 즉 X가 $\mathcal{G}$에서 측정가능하다면 $E(X|\mathcal{G}) = X$이다. X에 대한 정보를 모두 알고 있으면 우리는 X를 예측하는 것이 아니라 X의 정확한 값을 알 수 있다는 뜻이다.

(3) 임의의 실수 a, b에 대하여

$$E(aX_1 + bX_2 |\mathcal{G}) = aE(X_1|\mathcal{G}) + bE(X_2|\mathcal{G})$$

를 만족한다. 이는 조건부 기댓값이 기본적으로 적분으로 정의되기 때문이다.

(4) 만일 $X \geq 0$이면 $E(X|\mathcal{G}) \geq 0$이다.

(5) (Jensen inequality) 만일 $f : \mathbb{R} \to \mathbb{R}$이 볼록함수(convex function)이고 $E(f(X)) < \infty$를 만족하면 다음 부등식이 성립한다.

$$E(f(X)|\mathcal{G}) \geq f(E(X|\mathcal{G}))$$

(6) (작은 $\sigma-algebra$의 승리) 만일 $\mathcal{F}_1 \subset \mathcal{F}_2$라면 다음 식이 성립된다.

$$E(E(X|\mathcal{F}_1)|\mathcal{F}_2) = E(E(X|\mathcal{F}_2)|\mathcal{F}_1) = E(X|\mathcal{F}_1)$$

(7) (아는 변수 앞으로 빼내기) 만일 Z가 $\mathscr{G}$에서 측정 가능한 확률변수라면

$$E(ZX|\mathscr{G}) = ZE(X|\mathscr{G})$$

가 성립되어 확률변수 Z를 기댓값 앞으로 빼낼 수 있다.

(8) (독립) 만일 X와 $\mathscr{G}$가 서로 독립이라면, 즉 $\sigma(X)$와 $\mathscr{G}$가 서로 독립이라면 다음과 같은 식이 성립된다.

$$E(X|\mathscr{G}) = E(X)$$

왜냐하면 정보 $\mathscr{G}$가 X를 결정하는 데 아무런 도움이 되지 않아 그냥 기댓값으로 예측할 수밖에 없기 때문이다.

3.4 확률과정

확률과정(Stochastic Process)은 시간을 나타내는 집합에 확률변수들이 하나씩 대응되어 있는 것을 말한다. 시간이 $\{1, 2, 3, \cdots\}$과 같이 불연속으로 주어진 경우는 $X = \{X_n\}_{n=1,2,\cdots}$, 시간이 $[0, T]$와 같이 연속으로 주어진 경우는 $Y = \{Y_t\}_{t \in [0, T]}$로 나타내진다. 주가나 이자율 모형을 이해하기 위해서는 연속시간으로 정의된 확률과정을 이해하는 것이 필수적이다. 그러나 연속시간의 확률과정은 구체적으로 정립하기가 매우 복잡하므로 불연속 시간의 확률과정을 먼저 다룬 후, 연속시간으로 확장되는 과정을 설명하는 방법으로 접근을 하려고 한다. 이와 같은 설명이 가능하고 또 직관적인 이해를 돕는 이유는 연속시간 모델이 궁극적으로 불연속시간 모델로부터 근사(approximate)되기 때문이다. 확률과정에는 수없이 많은 종류들이 있으나 이 책에서는 주식과 이자율의 모델링에 쓰이는 마팅게일, 랜덤 워크, 브라운운동, 확산운동 등을 다룬다.

3.4.1 마팅게일

마팅게일(Martingale)은 확률과정의 일종으로 공정한 게임을 수학적으로 모델링한 것이다. 확률론이 도박판에서 돈을 벌 수 있을까를 연구하는 것으로부터 시작되었다는 말이 있을 정도로 확률론과 도박과는 뗄 수 없는 관계이다. 옵션의 거래도 실제로는 주가의 변화를 주사위로 하는 두 당사자 간의 도박이라고도 볼 수 있다. 물론 옵션거래를

하면서 주식도 소유할 수 있다는 점이 단순한 주사위 게임과는 다르다. 주식 가격의 변화에 대한 헷지용으로 옵션을 이용할 수 있기 때문이다. 옵션 가격 결정은 이러한 게임이 두 당사자에게 공정한 게임이 되도록 룰을 제공하는 것이기 때문에 공정한 게임을 모델링한 마팅게일이 옵션 가격 결정에 필수적인 역할을 하는 것은 당연하다.

이 장에서는 이산시간에 정의된 확률과정으로서의 마팅게일을 다룰 것이다. 연속시간의 경우는 복잡해지므로 이산시간의 경우부터 직관적인 이해를 한 후 간략히 다루겠다.

Definition 3.4.1

확률 공간 $(\Omega, \mathcal{F}, P)$와 $filtration$ $\{\mathcal{F}_n\}_{n=1,2,\cdots}$이 주어져 있다고 하자. 만일 확률과정 $\{M_n\}$이 다음 조건을 만족하면 우리는 $\{M_n\}$을 $\{\mathcal{F}_n\}$에 대한 마팅게일이라고 부른다.

(1) 모든 n에 대하여 $E(|M_n|) < \infty$

(2) 모든 n에 대하여 $M_n \in \mathcal{F}_n$을 만족한다. 즉, M_n은 $\mathcal{F}_n$ 측정가능하다.

(3) 모든 n에 대하여

$$E(M_{n+1}| \mathcal{F}_n) = M_n$$

을 만족한다.

Remark 3.4.1

1. 어떤 사람이 공정한 게임에 참가하고 있다고 하고 M_n을 n시점에서 갖고 있는 금액의 총 액수라고 하자. 위의 정의에서 조건 (1), (2)는 의미를 갖기 위해 당연한 것이고, (3)은 $\mathcal{F}_n$, 즉 n시점에서의 정보하에서 $n+1$시점의 값에 대한 최상의 기댓값은 M_n이라는 것을 말한다. 즉, 공정한 게임이기 때문에 기댓값이 늘거나 줄거나 하지 않는다는 것을 의미한다.

2. (3)에서 등호 대신에 ' $\leq$ '가 오는 경우를 수퍼 마팅게일(super martingale) ' $\geq$ '가 오는 경우를 서브 마팅게일(sub martingale)이라고 부른다.

3. 마팅게일의 중요한 성질 중 하나는 기댓값이 항상 일정하다는 점이다. (3)에서 양변에 기댓값을 취하면

$$E(E(M_{n+1}|\mathcal{F}_n)) = E(M_n)$$

이 되고 좌변은 조건부 기댓값의 성질에 따라 $E(M_{n+1})$이 되어 결국 모든 n에 대하여

$$E(M_{n+1}) = E(M_n)$$

가 성립한다.

예 3.4.1 동전을 무한히 던지는 세상을 생각해 보자.

Ω는 H와 T의 무한수열의 집합이라고 생각될 수 있다. 즉,

$$\Omega = \{(HHH,\cdots),(THH,\cdots),(HTH,\cdots),\cdots\}$$

가 된다. 주어진 확률공간 $(\Omega, \mathcal{F}, P)$에서 확률변수 $X = (X_1, X_2, X_3, \cdots)$가 임의의 $\omega \doteq (\omega_1, \omega_2, \omega_3, \cdots) \in \Omega$에 대하여

$$X_i(\omega) = \begin{cases} 1, & \omega_i = H \text{인 경우} \\ -1, & \omega_i = T \text{인 경우} \end{cases}$$

를 만족한다고 정의하자. X_i는 i번째 동전을 던졌을 때의 상금, 즉 i번째 던진 동전이 앞이 나올 경우 1의 값을, 뒤가 나올 경우 -1의 값을 주는 확률변수이다. n번째 동전을 던졌을 때까지의 정보를 $\mathcal{F}_n$, 즉

$$\mathcal{F}_n \doteq \sigma(X_1, \cdots, X_n)$$

이라고 하고, n번째 동전을 던졌을 때까지의 모든 상금을 더한 값 S_n을 다음과 같이 정의하면

$$S_n = X_1 + X_2 + \cdots + X_n, \quad S_0 = 0$$

아래 세 가지 중에서 (3)은 오류임을 알 수 있다. $n-1$번째까지의 정보를 가지고 n번째 동전의 결과를 알 수는 없기 때문이다.

(1) $S_n \in \mathcal{F}_n$ (○)

(2) $S_{n-1} \in \mathcal{F}_n$ (○)

(3) $S_n \in \mathcal{F}_{n-1}$ (×)

이제 확률과정 $\{S_n\}$이 $\{\mathcal{F}_n\}$에 대한 마팅게일인지 아닌지 살펴보자.

(1) 모든 n에 대하여 $E(|S_n|) \le n < \infty$

(2) 모든 n에 대하여 $S_n \in \mathcal{F}_n$을 만족한다.

(3) 모든 n에 대하여

$$E(S_{n+1}|\mathcal{F}_n) = E(S_n + X_{n+1}|\mathcal{F}_n) = E(S_n|\mathcal{F}_n) + E(X_{n+1}|\mathcal{F}_n)$$

를 만족하므로 $E(S_n|\mathcal{F}_n) = S_n$이 되고, X_{n+1}과 $\mathcal{F}_n$이 서로 독립인 성질을 이용하여 $E(X_{n+1}|\mathcal{F}_n) = E(X_{n+1})$임을 알 수 있으므로

$$E(S_{n+1}|\mathcal{F}_n) = S_n + E(X_{n+1})$$

이 됨을 알 수 있다. 여기에서

$$E(X_{n+1}) = 1 \times \frac{1}{2} + (-1) \times \frac{1}{2} = 0$$

이므로

$$E(S_{n+1}|\mathcal{F}_n) = S_n$$

이 성립되어 $\{S_n\}$이 $\{\mathcal{F}_n\}$에 대한 마팅게일임을 알 수 있다. 만일 동전 던지기에서 앞이 나올 확률이 3/4, 뒤가 나올 확률이 1/4이었다면

$$E(X_{n+1}) = 1 \times \frac{3}{4} + (-1) \times \frac{1}{4} = \frac{1}{2}$$

이 되어

$$E(S_{n+1}|\mathcal{F}_n) > S_n$$

을 만족하므로 $\{S_n\}$이 $\{\mathcal{F}_n\}$에 대한 서브 마팅게일이 된다. 즉, 참가자에게 유리한 게임이 된다. 반대로 만일 동전 던지기에서 앞이 나올 확률이 1/4, 뒤가 나올 확률이 3/4 이었다면

$$E(X_{n+1}) = 1 \times \frac{1}{4} + (-1) \times \frac{3}{4} = -\frac{1}{2}$$

이 되어

$$E(S_{n+1} | \mathcal{F}_n) < S_n$$

을 만족하므로 $\{S_n\}$이 $\{\mathcal{F}_n\}$에 대한 수퍼 마팅게일이 된다. 이 경우는 참가자에게 불리한 게임이 된다. ∎

현재까지의 정보($\{\mathcal{F}_n\}$)로 미래를 예측($E(S_{n+1}|\mathcal{F}_n)$)해 보았을 때 그냥 현재의 값 ($\{S_n\}$)일 수밖에 없는 경우가 마팅게일, 즉 공정한 게임, 기댓값이 증가하는 경우가 서 브 마팅게일, 기댓값이 감소하는 경우가 수퍼 마팅게일이다. 뒤의 두 경우처럼 기댓값 이 달라진다면 공정한 게임이 아니다.

관심사는 이러한 마팅게일 게임에서 얼마를 벌면 그만두고 나온다든지, 돈을 잃으면 베팅 액수를 바꾼다든지 하는 등의 전략(strategy)을 구사하여 마팅게일을 서브 또는 수퍼 마팅게일로 만들 수 있느냐 하는 것이다. 즉, 작전을 잘 써서 돈을 벌 수 있는 방 법이 있느냐는 것이다. 이를 알아보기 위해서는 전략을 수학적으로 나타내야 하는데 이 렇게 수학적으로 표현된 '베팅 전략'이 예측가능열(predictable sequence)이다. n번째 게임의 전략은 $n-1$번째 게임이 끝날 때까지만의 정보를 가지고 수립된다는 사실을 염두에 두고 다음 정의를 음미해 보자.

Definition 3.4.2

확률공간 $(\Omega, \mathcal{F}, P)$와 *filtration* $\{\mathcal{F}_n\}$이 주어져있다고 하자. 우리는 확률과정 $\{H_n\}_{n=1,2,\cdots}$ 이 모든 n에 대하여 $H_n \in \mathcal{F}_{n-1}$, 즉 $n-1$시점의 정보만으로 H_n을 측정할 수 있는 경우, 이 확률과정을 예측가능열(predictable sequence)라고 부 른다.

그렇다면 주어진 마팅게일 $\{M_n\}$에 전략 $\{H_n\}$을 가지고 게임에 임했을 때 총 자산 의 변화는 어떤 과정을 따르게 될까? 그 답이 다음에 정의되는 마팅게일 변환이다.

3.4.2 마팅게일 변환

마팅게일 변환(Martingale transform)은 다음과 같이 정의된다.

$$(H \cdot M)_n = \sum_{m=1}^{n} H_m (M_m - M_{m-1})$$

주식 가격이 일반적으로 마팅게일은 아니지만 $\{M_n\}$을 주식 가격의 변화, $\{H_n\}$을 구입한 주식수라고 생각하면 마팅게일 변환이 의미하는 바를 쉽게 알 수 있다. $m-1$일에서의 주가는 M_{m-1}이고 그때까지의 가격변화를 고려하여 보유할 주식수(혹은 게임인 경우 베팅 액수) H_m을 정한다. m일의 주가가 M_m이 되면 이 투자에 의한 수익은 $H_m (M_m - M_{m-1})$이 된다. 이러한 수익을 처음부터 n일까지 더하면 총 수익이 되고 이것이 마팅게일 변환이다.

다음 정리에서 증명되는 바와 같이 마팅게일 변환은 항상 마팅게일이 된다. 다시 말해, 어떠한 전략을 구사해도 기댓값을 높이거나 낮출 수 없다는 이야기이다.

마팅게일 변환의 중요성은 이외에도 시간을 연속으로 바꿨을 때 이토적분(Ito integral) 혹은 확률적분(stochastic integral)의 개념으로 바뀐다는 점이다. 이는 연속으로 바뀌면서 $\sum$가 $\int$로 $M_m - M_{m-1}$가 dM_t로 바뀌게 될 것이라고 예측하면 다음과 같은 변화를 예상할 수 있다.

$$\sum_{m=1}^{n} H_m (M_m - M_{m-1}) \to \int_0^T H_t \, dM_t$$

이와 같이 이토적분과 마팅게일 변환과의 유사성을 알면 이토적분 자체에서는 쉽게 이해하기 어려운 (예를 들어 이토적분이 마팅게일이 되는 등의) 성질들을 쉽게 이해할 수 있다.

Theorem 3.4.1

마팅게일 변환은 마팅게일이다.

| 증명 | (1) 모든 n에 대하여, $E\left(\left|\sum_{m=1}^{n} H_m (M_m - M_{m-1})\right|\right) < \infty$

(2) 모든 n에 대하여, $\sum_{m=1}^{n} H_m(M_m - M_{m-1}) \in \mathcal{F}_n$을 만족한다.

(3) 모든 n에 대하여 $H_{n+1} \in \mathcal{F}_n$이므로,

$$
\begin{aligned}
E\left[(H \cdot M)_{n+1} | \mathcal{F}_n\right] &= E\left[(H \cdot M)_n + H_{n+1}(M_{n+1} - M_n) | \mathcal{F}_n\right] \\
&= (H \cdot M)_n + H_{n+1} E(M_{n+1} | \mathcal{F}_n) - H_{n+1} E(M_n | \mathcal{F}_n) \\
&= (H \cdot M)_n
\end{aligned}
$$

를 만족한다. 위 식의 유도과정에서 조건부 기댓값의 성질 (3), (2), (7)을 사용하였다. ∎

3.4.3 연속시간에서의 마팅게일

시간이 연속으로 주어진 연속확률변수에서의 마팅게일은 다음과 같이 정의된다.

Definition 3.4.3

확률공간 $(\Omega, \mathcal{F}, P)$와 $\{\mathcal{F}_t\}_{t \in [0, \infty)}$가 주어져 있다고 하자. 만일 확률과정 $\{X_t\}$가 다음 조건을 만족하면 우리는 $\{X_t\}$를 $\{\mathcal{F}_t\}$에 대한 마팅게일이라고 부른다.

(1) 모든 $t \geq 0$에 대하여 $E(|X_t|) < \infty$

(2) 모든 $t \geq 0$에 대하여 $X_t \in \mathcal{F}_t$을 만족한다.

(3) 모든 $s, t \ (0 \leq s < t)$에 대하여

$$
E(X_t | \mathcal{F}_s) = X_s
$$

를 만족한다.

연속시간으로 주어진 마팅게일도 이산시간으로 주어진 마팅게일의 성질과 유사하다. 예를 들어 기댓값은 항상 일정하여 임의의 $t > 0$에 대하여

$$
E(X_t) = E(X_0)
$$

를 만족한다. (3)에서 양변에 기댓값을 취하면 조건부 확률의 성질 (6)과 (1)에 의해 양변 모두 단순 기댓값이 되기 때문이다.

3.4.4 정지시간

게임 전략 중에는 총 수익이 특정한 양이 되면 그만두는 전략도 있을 수 있는데 정지시간(stopping time)은 이러한 전략을 나타낸다.

먼저 특정량에 처음으로 도달하는 시간을 수학적으로 표현하기 위한 예를 살펴보자. 동전을 던져 앞이 나오면 1, 뒤가 나오면 -1을 주는 게임을 계속 반복 시행할 때, 전체 상금이 2가 되는 시간을 나타내는 확률변수 N을 생각하자. 전체 상금의 합을 나타내는 sample path ω에 대한 확률변수의 값이 2라면, 즉 $N(\omega) = 2$라면 두 번만에 2에 도달했다는 말이다. 즉, 첫 번째도 앞, 두 번째도 앞이 나왔다는 이야기이다. 만일 $N(\omega) = 6$이라면 이 경우는 여섯 번째만에 처음으로 총합이 2가 되었다는 말이다.

이와 같이 특정량에 처음으로 도달하는 시간을 나타내는 확률변수를 정지시간이라 부른다. 위의 설명에서 보듯 정지시간이 2인지 아닌지는 동전을 두 번 던져봤을 때 알 수 있는 사건이고 정지시간이 6인지 아닌지는 동전을 여섯 번 던져봤을 때 알 수 있는 사건이다. 이제 다음과 같이 수학적으로 엄밀하게 정의된 내용을 이해할 수 있을 것이다. 자연수들의 집합을 $\mathbb{N}$이라고 하자.

Definition 3.4.4

자연수 또는 0을 값으로 갖는 확률변수 $N : \Omega \to \mathbb{N} \cup \{0\}$

이 모든 $n = 0, 1, 2, \cdots$에 대하여 만일

$$\{N = n\} \doteq \{\omega : N(\omega) = n\} \in \mathcal{F}_n$$

을 만족시키면 우리는 N을 정지시간이라고 부른다.

정지시간은 아메리칸 옵션이나 배리어 옵션 등과 같이 만기 이전에 행사한다거나 특정한 값에 도달하는지 아닌지에 영향을 받는 파생상품 등의 가격을 계산할 때 쓰인다.

3.5 ▌ 랜덤 워크

이산시간에서의 가장 기본적인 확률과정은 랜덤 워크(random walk)이다. 동전을 던져서 앞이 나오면 한 칸 앞으로 가고 뒤가 나오면 한 칸 뒤로 가는 단순한 동작의 반복을 수학적으로 모델링한 것이다. 실제 확률론에서의 랜덤 워크는 더 넓은 의미로 정

의되는데 이 책에서는 최소한의 정의로 사용하여 연속시간에서의 가장 기본이 되는 브라운운동을 도출하는 과정을 이해하는 도구로만 이용될 것이다.

예 3.4.1에서 주어졌던 동전을 무한히 던지는 세상을 다시 한 번 고려해 보자.

$\Omega = \{(HHH,\cdots),(THH,\cdots),(HTH,\cdots),\cdots\}$로 주어진 확률공간 $(\Omega,\ \mathcal{F},\ P)$에서 확률변수 $X = (X_1,\ X_2,\ X_3,\ \cdots)$가 임의의 $\omega \doteq (\omega_1, \omega_2, \omega_3, \cdots) \in \Omega$에 대하여

$$X_i(\omega) = \begin{cases} 1, & \omega_i = H \text{인 경우} \\ -1, & \omega_i = T \text{인 경우} \end{cases}$$

를 만족한다. X_i는 i번째 동전을 던졌을 때의 상금, 즉 i번째 던진 동전이 앞이 나올 경우 1의 값을, 뒤가 나올 경우 -1의 값을 주는 확률변수이다. n번째 동전을 던졌을 때까지의 모든 상금을 더한 값 S_n을 다음과 같이 정의하자.

$$S_n = X_1 + X_2 + \cdots + X_n, \qquad S_0 = 0$$

Definition 3.5.1

위에서 정의된 $\{S_n\}_{n=1,2,\cdots}$을 랜덤 워크(random walk)라 한다.

각각의 확률변수 S_n은 $\mathbb{R}$상에 distribution P_{S_n}을 정의할 수 있도록 해준다. 이 확률은 다음 그림과 같은 확률 질량 함수로 표시된다.

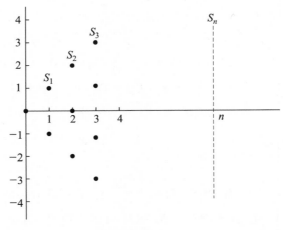

▲ 랜덤 워크

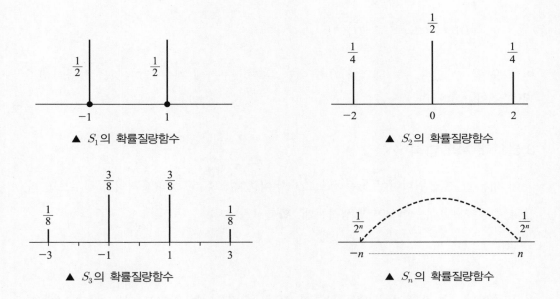

▲ S_1의 확률질량함수   ▲ S_2의 확률질량함수

▲ S_3의 확률질량함수   ▲ S_n의 확률질량함수

S_n이 갖는 값을 선으로 연결한 예는 다음 그림과 같다.

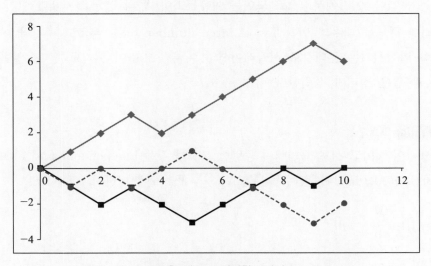

▲ $S_1, S_2, \cdots, S_{10}$을 선으로 연결한 3개의 sample path

랜덤 워크에 관한 중요한 관심사 중의 하나는 n을 무한대로 보냈을 때의 성질에 관한 것이다. 위 그림에서 확률질량함수는 n이 점점 커질 때 어떻게 변할까? 간단한 추론에 의해, 임의의 실수 $a < b$에 대하여

$$\lim_{n\to\infty} P\{a \le S_n \le b)\} = 0$$

이 됨을 알 수 있다. 즉, 랜덤 워크가 어떤 유한한 구간에 계속 남아 있을 확률이 0이 된다는 의미이다.

3.5.1 대수의 법칙

이 내용을 조금 변형하여 S_n을 n으로 나누어준 값, 즉 S_n/n의 움직임을 살펴보면 다음과 같은 재미있는 현상이 발생하는데, 확률 1로

$$\lim_{n\to\infty} \frac{S_n}{n} = 0$$

을 만족한다. 즉, 확률 1로 모든 값들이 0으로 수렴한다는 말이고 이는 y축의 값들에 $1/n$을 곱해 y축 값들을 축소(shrink)시키면 n이 커짐에 따라 확률질량이 모두 0으로 모인다는 뜻이다. 여기에서 0으로 모이는 이유는 0이 X_n의 평균값(기댓값)이기 때문이다. 이러한 현상을 대수의 법칙(law of large numbers)라고 부르고 주가나 이자율을 컴퓨터로 발생시키는 몬테칼로 시뮬레이션의 이론적 기반이 되기도 한다. 일반적으로는 다음과 같은 정리가 성립한다.

Definition 3.5.2

기댓값이 m이고 서로 독립이며 동일한 분포를 갖는(independent and identically distributed, iid) 확률변수들 $X_1, X_2, \cdots, X_n, \cdots$에 대하여, 확률 1로

$$\lim_{n\to\infty} \frac{S_n}{n} = m$$

을 만족한다.

3.5.2 중심극한정리

더욱 흥미로운 현상은 n대신에 S_n을 $\sqrt{n}$으로 나누어주는 경우에 발생한다. 임의의 실수 $a < b$에 대하여

$$\lim_{n \to \infty} P\left\{ a \leq \frac{S_n}{\sqrt{n}} \leq b \right\} = \frac{1}{\sqrt{2\pi}} \int_a^b e^{-x^2/2} dx$$

가 성립하기 때문이다. 즉, S_n을 $\sqrt{n}$으로 나누어서 n을 무한히 크게 하면, 이 값이 구간 $[a, b]$에 들어갈 확률이 표준정규분포 $N(0, 1)$에서 a와 b 사이의 값이 발생할 확률과 똑같아진다는 것이다. 이 정리를 중심극한정리(central limit theorem)라고 하며, 랜덤한 현상으로부터 정규분포가 도출되는 과정을 설명해주는 정리이다.

여기에서 $\sqrt{n}$은 S_n의 표준편차임에 유의하자. 만일 n이 크다면

$$P\left\{ a \leq \frac{S_n}{\sqrt{n}} \leq b \right\} = P\left\{ a\sqrt{n} \leq S_n \leq b\sqrt{n} \right\}$$

이므로 S_n이 표준편차 $\sqrt{n}$의 a배에서 b배 사이에 들어갈 확률이 표준정규분포 $N(0, 1)$에서 a와 b 사이에 들어갈 확률과 유사하다는 사실을 알 수 있다. 일반적으로는 다음과 같은 정리를 만족한다.

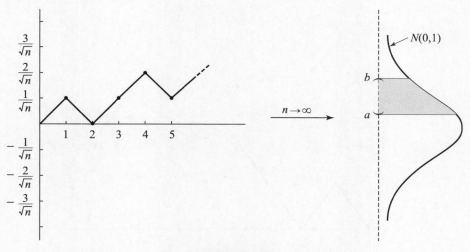

▲ 중심극한정리

Definition 3.5.3

기댓값이 m, 표준편차가 σ이고 서로 독립이며 동일한 분포를 갖는 확률변수들 $X_1, X_2, \cdots, X_n, \cdots$ 에 대하여

$$\lim_{n \to \infty} P\left\{ a \le \frac{S_n - mn}{\sigma \sqrt{n}} \le b \right\} = \frac{1}{\sqrt{2\pi}} \int_a^b e^{-x^2/2} dx$$

가 성립된다.

3.6 브라운운동

랜덤 워크의 각 경로(path) ω를 그림과 같이 직선으로 연결하여 연속시간 $[0, \infty)$에서 정의된 확률과정으로 바꾸어 줄 수 있다. 이러한 확률과정을 S_t^n, $t \in [0, \infty)$라고 하자. 이로부터 각 경로 ω에 대하여 시간이 $1/n$, 공간이 $1/\sqrt{n}$만큼 축소된 새로운 확률과정 B_t^n을 다음과 같이 정의할 수 있다.

$$B_t^n(\omega) = \frac{1}{\sqrt{n}} S_{nt}^n(\omega)$$

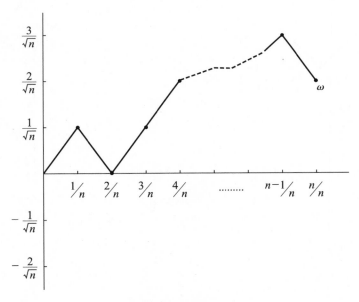

▲ $B_t^n(\omega)$의 sample path

아래 그림은 n의 값이 증가하면서 변하는 샘플의 모습을 나타낸다.

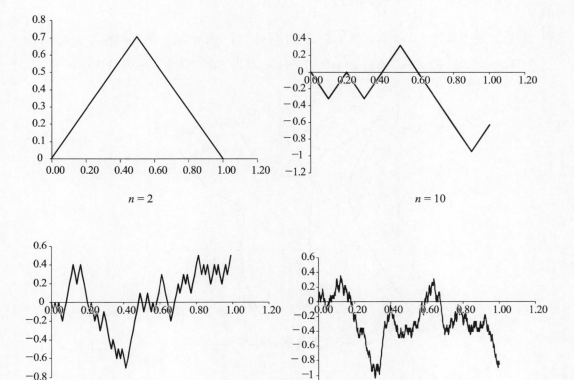

이 확률과정은 n이 점점 커지면 그림과 같이 수많은 첨점들을 포함한 불규칙적인 모습을 보인다. n을 무한대로 보내면 적당한 형태로 수렴함을 보일 수 있으며, 이 수렴한 확률과정 B_t를 브라운운동(Brownian Motion)이라고 말한다. 여기에서는 t가 1보다 작은 경우에만 정의되었지만 동일한 움직임을 1보다 큰 모든 t로 확장한다.

$t=1$인 경우,

$$B_1^n = \frac{1}{\sqrt{n}} S_n^n = \frac{1}{\sqrt{n}} S_n$$

이 되므로 n을 무한대로 보내면 중심극한정리에 의해 표준정규분포로 수렴한다. 따라서 $t=1$에서의 브라운운동 B_1은 $N(0,1)$ 분포를 따르는 것을 알 수 있다. 일반적인 t에서는

$$B_t^n = \frac{1}{\sqrt{n}} S_{nt}^m = \frac{\sqrt{t}}{\sqrt{nt}} S_{nt}^m \approx \frac{\sqrt{t}}{\sqrt{nt}} S_{[nt]}$$

가 되고 중심극한정리에 의해 $\sqrt{t}\,Z$로 수렴한다. 여기에서 Z는 $N(0,1)$을 따르는 표준
정규분포이다. $\sqrt{t}\,Z$가 $N(0,\sqrt{t})$를 따르므로 B_t는 $N(0,\sqrt{t})$ 분포가 된다.

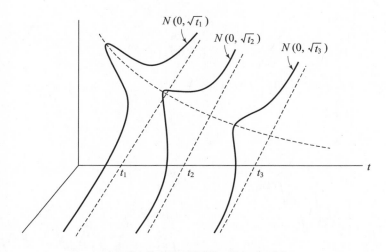

▲ 시간에 따른 확률밀도함수의 변화

▶︎ 참고 수학적으로 엄밀하게 설명하기 위해서는 먼저 $[0,1]$ 사이에 정의된 연속함수를 모두 모아놓은
공간 $C[0,1]$, 즉

$$C[0,1] \doteq \{f : [0,1] \to \mathbb{R} : f \text{는 연속함수}\}$$

를 고려한다. 그러면 앞에 주어진 B_t^n은 $C[0,1]$ 공간상의 확률메저 하나에 대응되는데(Q^n이
라 하자) 이 Q^n들은 $C[0,1]$에 정의되어 있는 모든 확률공간 $M_1^0([0,1])$에서 하나의 수열을
이루고 있다. 이 공간에서의 수렴은 프로호로프(Prohorov) 메트릭이라는 새로운 형태의 메트
릭에 의해 무한차원에서의 weak convergence와 상응되도록 정의된다. 이러한 메트릭에서
Q_n은 어떤 Q로 수렴하게 되며, 이 Q를 위너메저(wiener measure)라고 부른다. 이 Q에
대응되는 확률과정을 $[0,\infty)$구간으로 확장한 것이 브라운운동 B_t가 된다.

브라운운동을 수학적으로 모델링하는 동기가 된 것은 생물학적 실험으로, 꽃가루를
고요한 물 위에 띄웠을 경우 물 분자의 미세한 진동에 의해 꽃가루가 사방으로 랜덤하
게 움직이며 확산되는 모습을 현미경을 통해 관찰할 수 있다. 이러한 꽃가루의 확산 현

상은 영국의 생물학자 브라운이 1827년 처음 발견하였고, 그의 이름을 따서 브라운운동이라고 부른다. 이후, 1905년 아인슈타인에 의해 물리학적으로 모델링되었으며 1920년대에 와서 위너(Wiener)에 의해 엄밀한 수학적 공리체계를 통해 확립되었다.

브라운운동은 다양한 방법으로 정의될 수 있는데 위에서 설명한 바와 같이 랜덤 워크의 극한으로 표현하는 것은 단스커(Donsker)의 업적에 의한 것이다. 이 방법은 브라운운동에 대한 직관적인 이해를 돕기 때문에 먼저 소개하였고, 일반적으로는 다음과 같은 방법으로 브라운운동을 정의한다. 물론 두 가지 방법 모두 똑같은 브라운운동을 나타낸다.

Definition 3.6.1

다음과 같은 조건을 만족시키는 확률과정 B_t, $t \geq 0$를 일차원 브라운운동이라고 말한다. B_0가 꼭 0이 되지 않아도 되지만 편의상 우리는 $B_0 = 0$을 가정하자.

(1) (증분의 독립성) 만일 $t_0 < t_1 < \cdots < t_n$이면

$$B_{t_0},\ B_{t_1} - B_{t_0},\ \cdots,\ B_{t_n} - B_{t_{n-1}}$$

은 서로 독립이다.

(2) (정규 분포) 만일 $s,t \geq 0$이면 $B_{s+t} - B_s$는 평균이 0이고 표준편차가 $\sqrt{t}$인 정규분포, 즉, $N(0, \sqrt{t})$를 따른다.

(3) (연속 경로) 확률 1로 모든 표본경로(sample path)는 연속이다. 즉,

$$\text{Prob}\left\{\omega : B_\cdot(\omega) : [0, \infty) \to \mathbb{R} \text{이 연속}\right\} = 1$$

을 만족한다.

랜덤 워크로부터 얻어지는 단스커의 모델을 생각해 보면 위의 성질들을 유추해 볼 수 있다. 브라운운동의 중요성은 아무리 강조해도 지나치지 않다. 길이를 잴 때 1 m를 정의하고 그 10배를 10 m로 정의하는 것처럼, 랜덤한 움직임을 나타낼 때 브라운운동을 기준으로 하기 때문이다. 즉, 브라운운동보다 10배 정도로 빨리 확산하는 움직임을 보이는 경우 $10B_t$로 나타낸다. 브라운운동은 이와 같이 랜덤한 움직임의 기준이 된다.

이제 브라운운동의 중요한 성질들을 살펴보자.

Proposition 3.6.1

(1) 모든 t에 대해서 $E(B_t) = 0$이다. 즉, 평균은 항상 0이다.

> **│증명│** B_t가 $N(0, \sqrt{t})$를 따르므로 $E(B_t) = 0$이 된다.

(2) 모든 t에 대해서 $Var(B_t) = E(B_t^2) = t$이다.

> **│증명│** B_t가 $N(0, \sqrt{t})$를 따르므로 $Var(B_t) = t$이고
>
> $$Var(B_t) = E(B_t^2) - (E(B_t))^2 = E(B_t^2)$$
>
> 를 만족한다.

(3) 모든 $s < t$에 대해서 $E(B_t - B_s) = 0$이다.

> **│증명│** $E(B_t - B_s) = E(B_t) - E(B_s) = 0$이 된다.

(4) 모든 $s < t$에 대해서 $Var(B_t - B_s) = t - s$이다.

> **│증명│** $B_t - B_s$가 $N(0, \sqrt{t-s})$를 따르므로 $Var(B_t - B_s) = t - s$

(5) 모든 $s < t$에 대해서 $E(B_t \cdot B_s) = s$이다.

> **│증명│**
> $$E(B_t \cdot B_s) = E[(B_t - B_s + B_s) \cdot B_s]$$
> $$= E[(B_t - B_s)B_s] + E(B_s^2)$$
>
> 이고 $B_t - B_s$와 B_s는 서로 독립이므로
>
> $$E(B_t \cdot B_s) = E[(B_t - B_s)] \cdot E(B_s) + E(B_s^2) = s$$

(6) 모든 $s < t$ 에 대해서 $Cov(B_t, B_s) = Cov(B_s, B_t) = s$이다.

> **│증명│**
> $$Cov(B_t, B_s) = E[(B_t - E(B_t))(B_s - E(B_s))]$$
> $$= E[B_t \cdot B_s - B_t \cdot E(B_s) - B_s \cdot E(B_t) + E(B_t) \cdot E(B_s)]$$
> $$= E(B_t \cdot B_s)$$
> $$= s$$

(7) t 시점 이하의 브라운운동에 의한 정보를 모아놓은 필트레이션
$\mathcal{F}_t \doteq \sigma(B_s, \ s \le t)$에 대하여 브라운운동은 마팅게일이다.

> **│증명│** 연속시간 마팅게일의 조건 중에서 앞의 두 조건은 쉽게 증명할 수 있으며, 모든 $s, \ t \ (0 \le s < t)$에 대하여

$$E(B_t \,|\, \mathcal{F}_s) = E[(B_t - B_s) + B_s \,|\, \mathcal{F}_s]$$
$$= E(B_t - B_s \,|\, \mathcal{F}_s) + E(B_s \,|\, \mathcal{F}_s)$$
$$= E(B_t - B_s) + B_s$$
$$= B_s$$

가 성립됨을 알 수 있다. 여기에서 $B_t - B_s$와 $\mathcal{F}_s$는 서로 독립이라는 사실을 이용했다.

다음 사항은 증명 없이 받아들이기로 하자. (1)에서 말하는 variation은 개략적으로 아래위로 움직인 총 거리라고 말할 수 있는데 이는 뒤에서 이토적분을 다룰 때 엄밀하게 정의될 것이다.

Proposition 3.6.2

(1) 확률 1로 브라운운동의 경로는 아무리 작은 구간에서도 variation이 무한하다.

(2) 확률 1로 브라운운동의 경로는 어떤 점에서도 미분이 가능하지 않다.

(3) 반사 법칙(reflection principle): 임의의 양수 x에 대하여 τ를 브라운 경로가 처음으로 x를 만나는 시간, 즉

$$\tau \doteq \mathrm{Min}\,\{t \geq 0 : B_t = x\}$$

라고 하면 τ는 정지시간(stopping time)이 되고 τ의 누적확률분포함수를 다음과 같이 쉽게 구할 수 있다.

$$P\{\tau < t\} = 2P\{B_t \geq x\} = \sqrt{\frac{2}{\pi t}} \int_x^\infty e^{-\frac{s^2}{2t}} \, ds$$

이에 대한 엄밀한 수학적 증명은 간단하지 않지만 다음 그림에서 보는 바와 같이 직관적으로 이해하기는 어렵지 않다.

다시 말해, 브라운운동이 t시간 이전에 x에 도달할 확률은, t시점에서의 브라운운동 값이 x보다 클 확률의 2배가 된다. 왜냐하면 그림에서 보는 바와 같이 t시점 이전에 x를 만난 후 t시점에서 x보다 큰 값을 갖는 sample path와 작은 값을 갖는 sample path 간에 정확한 일대일 대응(거울에 반사된 것끼리 일대일 대응)이 되기 때문이다. 물론 이것은 직관적인 생각인데 수학적으로 엄밀하게 증명할 수 있다.

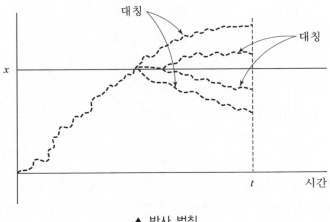

▲ 반사 법칙

주식관련 파생상품 중에는 주가가 어떤 가격에 도달하면 성립되거나 혹은 없어지거나 하는 경우가 있다. 이러한 상품을 분석할 때 반사의 법칙이 유용하게 쓰인다.

(4) 이중 로그의 법칙(laws of iterated logarithm) : 브라운운동은 다음과 같은 법칙이 확률 1로 만족된다.

(i) $\limsup\limits_{t\to\infty} \dfrac{B_n}{\sqrt{2t\log(\log t)}} = 1$

(ii) $\liminf\limits_{t\to\infty} \dfrac{B_t}{\sqrt{2t\log(\log t)}} = -1$

(iii) $\limsup\limits_{t\to 0} \dfrac{B_t}{\sqrt{2t\log(\log(1/t))}} = 1$

(iv) $\liminf\limits_{t\to\infty} \dfrac{B_t}{\sqrt{2t\log(\log(1/t))}} = -1$

이 내용이 설명하는 현상은 다음 그림과 같이 t가 커지거나 작아질 때 모든 path가 $\sqrt{2t}$ 정도의 함수에 의해 쳐진 울타리 밖으로 나가지 못한다는 의미라고 생각 할 수 있다. 즉, 브라운운동을 따라 변할 때 큰 t에 대하여 B_t가 $\sqrt{2t}$ 정도 보다 커지지는 않는다.

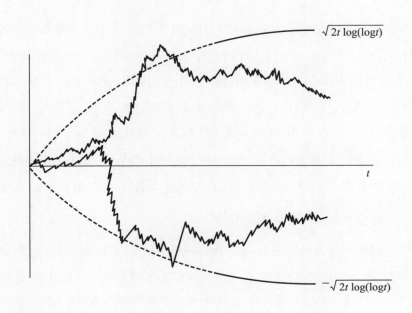

$\sqrt{2t \log(\log t)}$

t

$-\sqrt{2t \log(\log t)}$

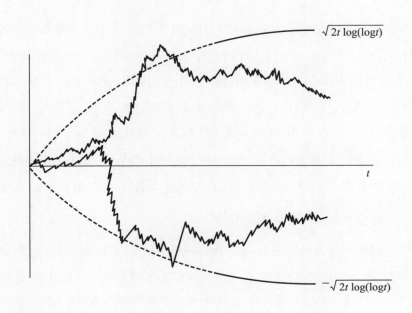

3.7 ▶ 확률미분방정식

앞에서 브라운운동을 관찰할 때와 같이 고요한 물 위에 떠 있는 꽃가루가 아니라, 흐르는 강물 그것도 위치에 따라 물의 점도가 다른 강물 위에 떠있는 꽃가루는 어떤 움직임을 보일까? 전체적으로는 흐르는 강물을 따라 움직이면서, 물의 점도에 따라 브라운운동보다 더 빨리 혹은 더 천천히 확산되는 모습을 생각할 수 있을 것이다.

우리가 모델링하려고 하는 주식 가격도 이와 유사한 움직임을 보인다. 전체적으로 기대수익률을 만족시키는 지수함수를 따라 움직이면서 랜덤한 현상을 보이기 때문이다. 이와 같은 움직임을 국소적으로 브라운운동을 한다(locally Brownian)고 말하며, 이러한 움직임을 모델링한 확률과정을 확산과정(diffusion)이라고 말한다. 이러한 확산과정을 수식적으로 어떻게 나타낼 수 있을까?

우리는 다음과 같은 국소적 동적구조(local dynamic structure)를 갖는 확산과정 X_t를 구축하려고 한다. 즉, 확산과정 X_t가 시간과 공간의 함수로 주어진 $\mu = \mu(t, x)$ 와 $\sigma = \sigma(t, x)$ 에 대하여

$$X_{t+h} - X_t \approx \sigma(t, X_t)(B_{t+h} - B_t) + \mu(t, X_t)h$$

로 나타내지는 경우를 살펴보자. $\mu(t, X_t)$는 시간 t와 그때의 확률과정의 위치 X_t에 따라 정해지는 숫자이고, $\sigma(t, X_t)$도 마찬가지로 시간 t와 그때의 확률과정의 위치 X_t에 따라 정해진다. 따라서 이 식이 의미하는 바는 시간의 변화(또는 증분) h에 따른 확산과정의 증분 $X_{t+h} - X_t$가 시간의 증분 h에 비해 $\mu(t, X_t)$배 만큼 움직이고, 브라운운동의 증분 $B_{t+h} - B_t$에 비해 $\sigma(t, X_t)$배 만큼 움직이는 경우를 나타낸다. 여기에서 $\mu(t, X_t)$를 방향항(drift term), $\sigma(t, X_t)$를 분산항(dispersion term)이라고 한다. 이 식에서 엄밀한 표현은 아니지만 h를 0으로 보내면 다음과 같은 식을 만들어 낼 수 있다.

$$dX_t = \sigma(t, X_t)dB_t + \mu(t, X_t)dt$$

이 식을 확률미분방정식(Stochastic Brownian Motion)이라고 부른다. 미분방정식에 확률과정인 브라운운동과 관련된 항이 들어 있기 때문이다. 만일 이 방정식의 해를 구할 수 있다면 일반 미분방정식과 유사한 방법으로 전체 시간에 대한 움직임을 알아낼 수 있을 것이다. 위의 식을 적분 꼴로 표시하면 다음과 같다. 적분항 안에 X_s항이 들어있으므로 아직 방정식을 푼 것은 아님에 유의하자.

$$X_t = X_0 + \int_0^t \sigma(s, X_s)dB_s + \int_0^t \mu(s, X_s)ds$$

이 식에서 문제가 되는 것은

$$\int_0^t \sigma(s, X_s)dB_s$$

이다. 브라운운동으로 적분한다는 것이 가능하기는 한 것인지 그리고 만일 가능하다면 이 적분은 무엇을 의미하는가이다. 해석학에는 리만-스틸체스 적분이라는 함수로 적분하는 방법이 잘 정의되어 있다. 즉, 두 함수 f, g에 대하여 $\int f dg$와 같은 형태의 적분이 잘 연구되어 있다. 그러나 이러한 리만-스틸체스 적분이 의미를 가지려면 두 번째 함수 g가 유한한 variation을 가지고 있어야 한다. 그러나 브라운운동의 sample path는 아무리 작은 구간을 잡아도 무한의 일차변동을 갖기 때문에

$$\int_0^t \sigma(s, X_s)dB_s$$

를 리만-스틸체스 적분으로 정의할 수가 없다.

이러한 이유로 새로운 형태로의 적분에 대한 정의가 필요하게 되었다. 일본의 수학자 이토(Ito)는 처음으로 이러한 형태의 적분을 엄밀하게 정의하였고 그의 이름을 따서 이 적분을 이토적분 또는 확률적분(stochastic integral)이라고 부른다.

3.8 이토적분

위에서 설명한 확률미분방정식을 다루기 위해서는 새로운 형태의 적분 즉,

$$\int_0^t \sigma(s, X_s) dB_s$$

를 정의해야만 한다. 이를 이토적분(Ito integral, stochastic integral)이라고 하는데, 이토적분을 정의하기 전에 몇 가지 새로운 개념을 살펴보자.

주어진 구간 $[0, T]$에 대하여 집합 $\Pi = \{t_0, t_1, \cdots, t_n\}$이 $0 = t_0 < t_1 < \cdots < t_n = T$를 만족하면 Π를 분할(partition) 또는 메쉬(mesh)라고 부른다. 그리고 $\|\Pi\| = \max_i (t_{i+1} - t_i)$, 즉 메쉬 중에서 가장 긴 길이를 메쉬크기 $\|\Pi\|$라고 말한다. 수학적 표현에 익숙하지 않은 독자는 Definition 3.8.3과 Theorem 3.8.2만 익히고 넘어가도 큰 무리가 없다.

Definition 3.8.1

일차변동(first variation)

함수 $f : [0, T] \to \mathbb{R}$에 대하여 일차변동 $V_0^T(f)$를 다음과 같이 정의한다.

$$V_0^T(f) = \lim_{\|\Pi\| \to 0} \sum_{i=0}^{n-1} |f(t_{i+1}) - f(t_i)|$$

개념적으로 일차변동은 주어진 구간에서의 모든 변동의 합을 구한 것이다. 함수가 단조증가 또는 단조감소 함수라면 일차변동은 단순히 양 끝 값의 차이 $|f(T) - f(0)|$를 말한다. 일반적인 함수에서는 증가분의 총합에 감소분의 총합을 더해준 양이라고 할 수 있다. 앞에서 설명한 바와 같이 브라운운동의 sample path는 아무리 작은 구간을 잡아도 일차변동이 무한대가 된다. 즉, 오르고 내린 변동의 총합은 아무리 작은 구간을 잡아도 무한대라는 말이다.

Definition 3.8.2

이차변동(quadratic variation)

함수 $f : [0, T] \to \mathbb{R}$에 대하여 이차변동 $\langle f \rangle$를 다음과 같이 정의한다.

$$\langle f \rangle_T = \lim_{\|\Pi\| \to 0} \sum_{i=0}^{n-1} |f(t_{i+1}) - f(t_i)|^2$$

일차변동과 다른 점은 더해지는 항들을 모두 제곱한다는 점이다. f가 연속함수이고 메쉬 크기가 매우 작은 경우는 함수의 차이가 매우 적고 이 적은 값을 제곱하면 값이 더 작아지므로 전체 합은 일차변동보다 더 작아지리라는 것을 예측할 수 있다. 다음 정리에서 증명되어지는 것처럼 함수가 미분 가능하면 이차변동은 0이된다.

Theorem 3.8.1

만일 f가 미분 가능한 함수이면 모든 $T \geq 0$에 대하여 $\langle f \rangle_T = 0$이다.

| **증명** | 임의의 $\Pi : 0 = t_0 < t_1 < \cdots < t_n = T$에 대하여, 평균값 정리에 의해

$$\sum_{i=0}^{n-1} |f(t_{i+1}) - f(t_i)|^2 = \sum_{i=0}^{n-1} |f(t_i')|^2 |t_{k+1} - t_k|^2$$

을 만족시키는 t_i'이 t_k와 t_{k+1}사이에 존재한다. $|t_{k+1} - t_k| \leq \|\Pi\|$ 이므로

$$\sum_{i=0}^{n-1} |f(t_{i+1}) - f(t_i)|^2 \leq \|\Pi\| \sum_{i=0}^{n-1} |f'(t_i')|^2 (t_{k+1} - t_k)$$

를 만족한다. 메쉬 크기가 0으로 수렴하면 $\|\Pi\|$ 는 0으로 수렴하고

$$\sum_{i=0}^{n-1} |f'(t_i')|^2 (t_{k+1} - t_k) \to \int_0^T |f'(t)|^2 dt$$

로 수렴하므로 전체는 0으로 수렴한다. ∎

브라운운동의 1차 변동은 아무리 작은 구간을 잡아도 무한대가 되지만 2차 변동은 다음과 같이 주어진다. 증명은 독자에게 맡기고 생략한다.

모든 $T > 0$에 대하여

$$\langle B \rangle_T = T$$

를 만족한다.

위 두 정리로부터 브라운운동이 미분 가능하지 않다는 사실을 알 수 있다. 주어진 마팅게일 M_t에 대하여 M_t가 연속이면 M_t^2는 마팅게일과 이차변동의 합으로 나타내진다. 즉, $M_t^2 = X_t + \langle M \rangle_t$ (X_t는 마팅게일)로 나타내진다. $M_t^2 - \langle M \rangle_t$가 마팅게일이 된다고 표현해도 되는데 이를 둡-마이어 분해(Doob-Meyer decomposition)라고 한다. 브라운운동의 경우 $\langle B \rangle_t = t$이므로 $B_t^2 - t$가 마팅게일이 되며, 마팅게일의 세 번째 조건을 다음과 같이 만족시킨다.

$$\begin{aligned} E(B_t^2 - t | \mathcal{F}_s) &= E((B_t - B_s + B_s)^2 - t | \mathcal{F}_s) \\ &= E((B_t - B_s)^2 + 2(B_t - B_s)B_s + B_s^2 - t | \mathcal{F}_s) \\ &= t - s + B_s^2 - t \\ &= B_s^2 - s \end{aligned}$$

이토적분은 앞에서 언급한 바와 같이 리만 또는 르베그적분과 다른 새로운 형태의 적분으로 정의된다. 브라운운동 B_t, $B_t \in \mathcal{F}_t$를 만족하는 filtration $\mathcal{F}_t$ 그리고 분할 $\Pi = \{t_0, t_1, \cdots, t_n\}$, $0 = t_0 < t_1 < \cdots < t_n = T$가 주어져 있다고 하자. 모든 구간 $[t_k, t_{k+1})$에서 상수의 sample path를 갖은 확률과정 δ_t를 초등과정(elementary process)이라고 부른다. 이러한 초등과정에 대한 이토적분은 마팅게일 변환과 같은 방법으로 정의될 수 있다.

구간 $[t_k, t_{k+1})$에 포함되는 t에 대하여 이토적분은 다음과 같이 정의된다.

$$\int_0^t \delta_t dB_s \doteq \sum_{j=0}^{k-1} \delta_{t_j}(B_{t_{j+1}} - B_{t_j}) + \delta_{t_k}(B_t - B_{t_k})$$

이 정의에서 t가 포함되지 않은 앞부분에 대해서는 마팅게일 변환처럼 표현하고, t가 포함된 구간 $[t_k, t_{k+1})$에서는 t_k에서 t까지의 변화만 반영되었다. sample path ω에서의 값은 ω를 대입하여 다음과 같이 표시된다.

$$(\int_0^t \delta_t dB_s)(\omega) \doteq \sum_{j=0}^{k-1} \delta_{t_j}(\omega)(B_{t_{j+1}}(\omega) - B_{t_j}(\omega)) + \delta_{t_k}(\omega)(B_t(\omega) - B_{t_k}(\omega))$$

이 정의를 이해하기 위하여 t_i 시점에서의 브라운운동 B_{t_i}를 i번째 날의 주가라고 가정하고 δ_{t_i}를 $i-1$번째 날의 가격을 관찰한 후 보유하기로 한 주식의 수라고 가정하면 이토적분은 이러한 방식의 투자를 통해 시간 t까지 얻은 손익의 합을 의미한다. 결국 초등과정에 대한 이토적분은 마팅게일인 게임에 적당한 전략을 가지고 투자해서 얻어지는 마팅게일 변환이라고 이해할 수 있다(브라운운동이 마팅게일임을 기억하자).

일반적인 확률과정 δ_t에 대해서는 δ_t로 수렴하는 초등과정의 열 $\left\{\delta_t^n\right\}_{n=1, 2, \ldots}$을 찾아 이것들의 이토적분들이 n이 무한대로 커짐에 따라 수렴하는 값으로 δ_t의 이토적분을 정의한다. 즉, $\delta^n \to \delta$라면

$$\int_0^t \delta_s dB_s \doteq \lim_{n\to\infty} \int_0^t \delta_s^n dB_s$$

로 정의한다. 이러한 정의가 아무런 문제없이 잘 이루어 졌는지 그리고 어떤 형태의 수렴을 말하는지에 대해서는 Karazats-Shreve [KS] 등을 참조하자.

Proposition 3.8.1

$I_t \doteq \int_0^t \delta_s dB_s$라 하고 $\mathcal{F}_t \doteq \sigma(B_s, s \le t)$라 하면, I_t는 다음 성질을 만족한다.

(1) $I_t \in \mathcal{F}_t$, 즉 I_t는 $\mathcal{F}_t$ measurable 하다.

(2) 리만 또는 르베그 적분과 마찬가지로 이토적분은 다음과 같은 선형의 성질을 갖는다.

$$\int_0^t (a\delta_s^1 + b\delta_s^2)dB_s = a\int_0^t \delta_s^1 dB_s + b\int_0^t \delta_s^2 dB_s$$

(3) I_t는 $\mathcal{F}_t$ 마팅게일이다. 이 성질은 마팅게일 변환이 다시 마팅게일이 되는 사실로 쉽게 유추될 수 있다.

(4) (이토 isometry)

$$E\left(\int_0^t \delta_s \, dB_s\right)^2 = E\left(\int_0^t \delta_s^2 \, ds\right)$$

(5) 이토적분의 이차변동은 다음과 같이 주어진다.

$$\langle I \rangle_t = \int_0^t \delta_s^2 \, d\langle B \rangle_s = \int_0^t \delta_s^2 \, ds$$

이토적분을 계산하기 위해서는 앞에서 언급한 바와 같이 주로 이토 공식을 사용한다. 이토 공식은 기본적으로 확률과정에서의 테일러 전개라고 볼 수 있다. 다음과 같이 함수 f를 $x = a$에서 전개한 이차 근사(quadratic approximation)를 고려해 보자.

$$f(x) \approx f(a) + f'(a)(x-a) + \frac{1}{2}f''(a)(x-a)^2$$

$f(a)$를 반대로 넘기고 Δ를 써서 나타내면

$$\Delta f(x) = f'(a)\Delta x + \frac{1}{2}f''(a)(\Delta x)^2$$

이 된다. Δx를 0으로 보내면 수학적으로 엄밀하지는 않지만 dx가 되고, x가 a와 거의 같다고 생각해도 무방하므로

$$df(x) = f'(x)dx + \frac{1}{2}f''(x)dx^2$$

이라고 할 수 있는데 Δx가 매우 작은 경우 제곱하면 훨씬 작아지므로 무시할 수 있고 결국 dx^2항은 없어지게 된다.

함수 f가 시간과 공간(이 경우는 이차원 공간)의 함수로 주어져 있을 경우에도 유사하게 다음과 같이 나타낼 수 있다.

$$df(t,x) = \frac{\partial}{\partial t}f(t,x)dt + \frac{\partial}{\partial x}f(t,x)dx + \frac{1}{2}\frac{\partial^2}{\partial t^2}f(t,x)(dt)^2$$

$$+ 2 \times \frac{1}{2}\frac{\partial^2}{\partial t \partial x}f(t,x)dtdx + \frac{1}{2}\frac{\partial^2}{\partial x^2}f(t,x)(dx)^2$$

물론 여기에서도 dt^2, $dxdt$, dx^2 항들은 모두 dt, dx 항에 비해 무시해도 좋을 만큼

작아서 없어지게 되고 다음과 같이 간략한 표현을 얻는다.

$$df(t, x) = \frac{\partial}{\partial t} f(t, x) dt + \frac{\partial}{\partial x} f(t, x) dx$$

그러나 x가 확산과정 X_t인 경우는 이야기가 달라진다. 왜냐하면 X_t는 브라운운동 B_t를 포함하고 있으므로 ΔX_t가 ΔB_t 항을 포함하고 있는데 $(\Delta B_t)^2 \sim \Delta t$ 이라서 (실제로는 $E(\Delta B_t)^2 = \Delta t$이지만 ΔB_t의 표준편차가 매우 작아서 이렇게 놓아도 무방함) $dB_t^2 = dt$라고 볼 수 있기 때문이다. 이러한 관계를 경제학이나 경영학 과목에서는 $dB_t = \sqrt{dt}$ 라고 표현하기도 한다. 따라서 우리는 $(dX_t)^2$항을 무시할 수 없고 다음과 같이 확산과정을 포함한 경우의 공식을 얻게 된다. 이토 공식은 여러 가지 형태가 있을 수 있으나 위의 추론에 입각하여 다음과 같은 형태로 알아두면 기억하기가 편하다.

Theorem 3.8.3

(이토 공식)

함수 $U(t, x)$가 t에 대해 한 번 미분 가능하고 x에 대해 두 번 미분 가능한 경우 다음과 같은 식이 성립된다.

$$dU(t, X_t) = \frac{\partial}{\partial t} U(t, X_t) dt + \frac{\partial}{\partial x} U(t, X_t) dX_t + \frac{1}{2} \frac{\partial^2}{\partial^2 x} U(t, X_t)(dX_t)^2$$

여기에서 $(dX_t)^2$은 다음 공식을 이용하여 구한다.

(1) $dt \cdot dt = 0$

(2) $dt \cdot dB_t = 0$

(3) $dB_t \cdot dB_t = dt$

예 3.8.1

이토적분에서 $\displaystyle\int_0^t B_s dB_s$는 어떻게 계산될까? 위의 이토 공식에서 $U(t, x)$를 x^2으로 택하면 된다. 변수 t가 없으므로 t에 관한 편미분은 0이 되고, $\dfrac{\partial}{\partial x} U(t, x) = 2x$, $\dfrac{\partial^2}{\partial^2 x} U(t, x) = 2$이므로 다음과 같은 식을 얻는다.

$$d(B_t)^2 = 2B_t dB_t + \frac{1}{2}2(dB_t)^2$$
$$= 2B_t dB_t + dt$$

이 식을 정리하면

$$2B_t dB_t = d(B_t)^2 - dt$$

가 되고 양변을 적분하면

$$2\int_0^t B_s dB_s = \int_0^t d(B_s)^2 - \int_0^t 1 ds$$

이므로

$$\int_0^t B_s dB_s = \frac{1}{2}(B_t)^2 - \frac{t}{2}$$

가 된다. 보통 적분에서는

$$\int_0^t s ds = t^2/2$$

가 되는 것과 비교하면 마지막에 음의 항 $-t/2$가 추가된다는 점이 다르다는 것을 알 수 있다. ∎

3.9 거사노프 정리

거사노프 정리(Girsanov Theorem)에 대한 내용은 조금 어려우므로 아이디어만 간략히 소개하도록 하자([KS] 참조). 주어진 확률공간 $(\Omega, \mathcal{F}, P)$에 대하여 확률변수 X가 $N(0,1)$, 즉 평균이 0이고 표준편차가 1인 정규 분포를 따른다고 하면 확률 P에 대하여 X는 다음과 같은 확률밀도함수를 갖는다.

$$\frac{1}{\sqrt{2\pi}}e^{-\frac{x^2}{2}}$$

그리고 만일 확률변수 Y가 $N(\mu,1)$인 정규분포를 따른다고 하면 Y는 다음과 같은 확률밀도함수를 갖는다.

$$\frac{1}{\sqrt{2\pi}}e^{-\frac{(x-\mu)^2}{2}}$$

두 확률변수 간의 관계는 $Y = X + \mu$이다. 그런데 여기에서 주의할 점은 두 확률변수가 P라는 확률이 주어진 공간에서 위와 같은 확률밀도함수를 갖는다는 것이다. 확률변수는 Ω에서 $\mathbb{R}$로 가는 함수이기 때문에 확률 P가 다른 확률 Q로 바뀐 공간 $(\Omega, \mathcal{F}, Q)$라고 해서 함수 값이 바뀌는 것은 아니다. 예를 들어, 동전을 던져 앞이 나오면 1, 뒤가 나오면 -1이 되는 확률변수는 앞, 뒤가 나올 확률이 각각 1/2, 1/2 인 확률 공간 $(\Omega, \mathcal{F}, P)$에서 기댓값이 0이 되지만, 앞, 뒤가 나올 확률이 각각 3/4, 1/4 $(\Omega, \mathcal{F}, Q)$인 확률 공간에서는 기댓값이 1/2가 되는 것을 생각해 보면 쉽게 이해할 수 있다. 함수값 1과 -1은 바뀌지 않았다.

P라는 확률이 주어진 공간에서의 기댓값을 $E^P(\,\cdot\,)$로, Q라는 확률이 주어진 공간에서의 기댓값을 $E^Q(\,\cdot\,)$로 표시하자. 앞의 정규 분포 예에서 기댓값은 단순히 X를 x로 바꾸고 확률밀도함수를 곱해줌으로서 구할 수 있다.

$$E^P(X) = \int_\Omega X dP = \int_{-\infty}^{\infty} x \frac{1}{\sqrt{2\pi}} e^{-\frac{x^2}{2}} dx$$

$$E^P(Y) = \int_\Omega Y dP = \int_{-\infty}^{\infty} x \frac{1}{\sqrt{2\pi}} e^{-\frac{(x-\mu)^2}{2}} dx$$

일반적인 함수 f에 대한 $E^P(f(X))$도 같은 방법으로 구하여

$$E^P(f(X)) = \int_\Omega f(X) dP = \int_{-\infty}^{\infty} f(x) \frac{1}{\sqrt{2\pi}} e^{-\frac{x^2}{2}} dx$$

가 된다. 지수 함수인 경우를 예를 들면 다음과 같다.

$$E^P(\exp(X)) = \int_\Omega \exp(X) dP = \int_{-\infty}^{\infty} e^x \frac{1}{\sqrt{2\pi}} e^{-\frac{x^2}{2}} dx$$

$$E^P(\exp(Y)) = \int_\Omega \exp(Y) dP = \int_{-\infty}^{\infty} e^x \frac{1}{\sqrt{2\pi}} e^{-\frac{(x-\mu)^2}{2}} dx$$

여기에서 우리의 관심사는 또 다른 확률 Q에 대하여 $(\Omega, \mathcal{F}, Q)$ 상에서 Y의 확률

밀도함수가

$$\frac{1}{\sqrt{2\pi}}e^{-\frac{(x-\mu)^2}{2}}$$

이 아니라

$$\frac{1}{\sqrt{2\pi}}e^{-\frac{x^2}{2}}$$

이 되는 그런 Q를 어떻게 찾느냐 하는 것이다.

확률 P는 임의의 $A \in \mathcal{F}$에 대하여 $P(A) = \int_A 1 dP$로 표시되므로 확률변수 $Z = \exp(-\mu X - \mu^2/2)$를 이용하여 다른 확률 Q를 다음과 같이 정의할 수 있다.

$$Q(A) = \int_A Z dP$$

엄밀하지는 않지만 양변을 미분하면 $dQ = ZdP$라고 생각할 수 있다.

이제 우리는 $(\Omega, \mathcal{F}, Q)$ 공간에서의 기댓값을 계산할 수 있으며 Y의 기댓값은 다음과 같은 방법으로 구할 수 있다.

$$
\begin{aligned}
E^Q(Y) &= \int_\Omega Y dQ \\
&= \int_\Omega YZ dP \\
&= \int_\Omega Y \exp\left(-\mu X - \frac{\mu^2}{2}\right) dP \\
&= \int_\Omega Y \exp\left(-\mu(Y-\mu) - \frac{\mu^2}{2}\right) dP \\
&= \int_\Omega Y \exp\left(-\mu Y + \frac{\mu^2}{2}\right) dP \\
&= \int_{-\infty}^{\infty} x \exp\left(-\mu x + \frac{\mu^2}{2}\right) \frac{1}{\sqrt{2\pi}} e^{-\frac{(x-\mu)^2}{2}} dx \\
&= \frac{1}{\sqrt{2\pi}} \int_{-\infty}^{\infty} x \exp\left(-\mu x + \frac{\mu^2}{2}\right) e^{-\frac{(x-\mu)^2}{2}} dx
\end{aligned}
$$

$$= \frac{1}{\sqrt{2\pi}} \int_{-\infty}^{\infty} xe^{-\frac{x^2}{2}} dx$$
$$= 0$$

결국 기댓값이 0이 됨을 알 수 있고, 확률변수 Y가 확률 Q로 주어진 공간에서 $N(0,1)$을 따르는 것을 알 수 있다.

위의 예에서는 확률변수 하나에 대한 메저 변환을 다루었는데 실제 우리의 관심사는 연속시간에 대한 확률과정(확률과정은 확률변수들의 집합이라는 사실을 기억하자)에 관한 메저 변환이다. 궁극적으로는 메저 변환을 통하여 방향항(drift term)을 제거하고 모든 시간에서의 기댓값을 같게 하여 마팅게일로 변환시키고자 하는 것이다. 이러한 변환은 거사노프 정리에 의해 가능한데 거사노프 정리를 소개하기에 앞서 필요한 조건인 노비코프 조건에 대해 살펴보자.

B_t를 확률 P에 대한 브라운운동이라고 하고 $\{\mathcal{F}_t\}$를 주어진 filtration이라고 하자. 임의의 상수 θ에 대하여

$$Z_t^\theta = \exp\left(-\theta B_t - \theta^2 t/2\right)$$

가 마팅게일임을 증명할 수 있다(연습문제 참조). 노비코프는 이것을 확장하여 일반적인 확률과정 θ_t에 대하여 다음과 같은 정리를 얻었다.

Theorem 3.9.1

노비코프 조건

만일 θ_t가 적합한(adapted) 확률과정, 즉, $\theta_t \in \mathcal{F}_t$이고

$$E\left(\exp\left(\frac{1}{2} \int_0^T \theta_s^2 ds\right)\right) < \infty$$

를 만족한다고 하자. Z_t를 다음과 같이 정의하면

$$Z_t = \exp\left(-\int_0^t \theta_s dB_s - \frac{1}{2} \int_0^t \theta_s^2 ds\right)$$

Z_t는 마팅게일이 되고, 따라서 모든 t에 대하여 $EZ_t = EZ_0 = 1$이 된다.

Theorem 3.9.2

거사노프 정리

다음과 같이 $\widetilde{B}_t = \int_0^t \theta_s ds + B_t$ 로 주어진 확률과정에 대하여, 노비코프 조건을 만족시키는 Z_t를 이용하여 정의한 확률 Q가 다음과 같이 주어졌다면

$$Q(A) = \int_A Z_T dP \quad (A \in \mathcal{F})$$

Q에 대하여 $\widetilde{B}_t$는 브라운운동이다.

연습문제

1. a. 두 개의 동전을 던지는 공간 $(\Omega,\ \mathcal{F},\ P)$를 구하시오.

  b. $(\Omega,\ \mathcal{F},\ P)$에 확률변수 $X:\Omega\rightarrow\mathbb{R}$ 가

$$X(ab)=\begin{cases} 2, & a=b \\ -1, & a\neq b \end{cases}$$

  로 정의될 때 $\mathcal{F}_0\doteq\sigma\{X\}$를 구하시오.

  c. $E(X)$를 구하시오.

  d. Y 가

$$Y(ab)=\begin{cases} 2, & a=b=H \text{일 때} \\ -2, & \text{그렇지 않을 때} \end{cases}$$

  로 주어진 확률변수라 할 때, $E(Y|\mathcal{F}_0)$를 구하시오.

2. 확률공간 $(\Omega,\ \mathcal{F},\ P)$가 예 3.3.6과 같이 주어졌고, 확률변수 X가 $X(\omega)=[2\omega]$ (단, $[x]$는 x를 넘지 않는 가장 큰 정수)로 정의되어 있다.

  a. $\mathcal{F}_0\doteq\sigma\{X\}$를 구하시오.

  b. $E(X)$를 구하시오.

  c. $Y(\omega)=\omega$라 할 때, $E(X|\mathcal{F}_0)$를 구하시오.

  d. $Z(\omega)=[3\omega]$라 할 때, $E(Z|\mathcal{F}_0)$를 구하시오.

3. 필트레이션 $\{\mathcal{F}_n\}$에 대하여 M_n이 마팅게일일 때 M_n^2이 서브 마팅게일임을 보이시오.

4. X_i 가 i번째 던진 동전이 앞면이면 a, 뒷면이면 0이 되는 확률변수라 하고

$$S_n=X_1+X_2+\cdots+X_n-\frac{an}{2}$$

이라 할 때, S_n이 적당한 필트레이션에 대해 마팅게일이 됨을 증명하시오.

5. 이토 공식을 사용하여

$$\int_0^t B_s^2 \, dB_s = \frac{1}{3} B_t^3 - \int_0^t B_s \, ds$$

를 만족함을 증명하시오.

6. 이토 공식을 사용하여

$$Z_t = \exp\left(aB_t - \frac{a^2}{2}\right)$$

가 마팅게일임을 증명하시오.

7. 이토 공식을 이용하여, 필트레이션 $\{\mathcal{F}_t\}$에 대하여

$$M_t = (aB_t - t)e^{2B_t - 2t}$$

가 마팅게일이 되도록 하는 상수 a를 구하시오.

8. B_t를 브라운운동, $\mathcal{F}_t = \sigma(B_s : s \leq t)$를 filtration이라고 하고, ϑ_t는 $E\left(\exp\left(\int_0^T \vartheta_s^2 \, ds\right)\right)$ $< \infty$를 만족하는 adapted process라고 할 때, 이토 공식을 사용하여 확률과정

$$Z_t = \exp\left(-\int_0^t \vartheta_s \, dB_s - \frac{1}{2} \int_0^t \vartheta_s^2 \, ds\right)$$

가 $\mathcal{F}_t$에 대한 마팅게일임을 보이시오.

주식 파생상품

일반 투자자들이 가장 많이 접하게 되는 파생상품은 주식과 관련된 파생상품이다. 주식 파생상품은 다른 파생상품에 비해 덜 복잡하지만 가격 결정이나 헤지 등과 관련된 기본 개념들이 이자율이나 신용파생상품에 다양한 방법으로 확장되어 적용되므로 이에 관한 이해가 매우 중요하다. 주식 파생상품의 가격을 결정하기 위한 일반적인 방법은 먼저 확률과정을 이용하여 주가가 움직이는 현상을 모델링하고 파생상품의 가치평가를 위한 메커니즘을 개발한 후, 블랙-숄즈 공식과 같은 파생상품의 가치를 평가하는 공식을 유도하는 것이다. 또한 다양한 형태로 변형되는 파생상품들에도 유사한 방법을 적용하여 확장한다.

4.1 주가를 나타내는 확률과정

확률미분방정식

$$dX_t = \sigma(t, X_t)dB_t + \mu(t, X_t)dt$$

에서 X_t를 주식 가격을 나타내는 S_t라고 바꾸고 양의 상수 μ와 σ를 사용하여 $\sigma(t, S_t) = \sigma S_t$ 이고 $\mu(t, S_t) = \mu S_t$인 경우를 생각해 보자. 그러면 식은 다음과 같이 된다.

$$dS_t = \sigma S_t dB_t + \mu S_t dt$$

이 식을 약간 변형하면 다음과 같이 표현할 수 있는데

$$\frac{dS_t}{dt} = S_t \left(\mu + \sigma \frac{dB_t}{dt} \right)$$

브라운운동의 샘플 경로는 아무 곳에서도 미분할 수 없기 때문에 $\frac{dB_t}{dt}$ 항은 아무 의미도 없을 수 있다. 그러나 방정식 $x^2 = -1$이 실수의 해는 가지지 않지만 i 라는 허수를 만들어 복소수 공간을 고려하면 $x = \pm i$ 라고 답을 말할 수 있는 것처럼, 함수공간에서는 브라운운동을 미분할 수 없지만 소볼레프 공간(Sobolev space)이라는 새로운 공간을 만들어 그 속에 미분값이 존재하도록 할 수 있다. 이러한 공간에서 $\frac{dB_t}{dt}$ 를 화이트 노이즈라고 부른다. 따라서 위 식은 주가가 기대수익률 μ 에 'σ 만큼 확대 또는 축소된 노이즈'가 더해진 수익률을 따라 증가하는 것을 모델링한 것이라고 볼 수 있다.

이 방정식을 만족시키는 해는 이토 공식을 적용하여 구할 수 있다. 이 해 S_t 를 기하브라운운동(Geometric Brownian Motion)이라고 부르며 블랙-숄즈 가격 결정 모형에서 가정하는 주가의 움직임이다.

해를 구하기 위하여 $U(t, x) = U(x) = \log(x)$ 로 주어지는 함수를 고려해 보자. 여기에서 $\log$는 밑이 e인 자연로그를 의미한다. $du/dt = 0$, $dU/dx = 1/x$이고 $d^2U/dx^2 = -1/x^2$이므로, 이토 공식을 적용하여

$$d\log(S_t) = \frac{1}{S_t} dS_t - \frac{1}{2S_t^2} (dS_t)^2$$

를 얻는다. $dS_t = \sigma S_t dB_t + \mu S_t dt$ 이므로

$$d\log(S_t) = \frac{1}{S_t} (\sigma S_t dB_t + \mu S_t dt) - \frac{1}{2S_t^2} (\sigma S_t dB_t + \mu S_t dt)^2$$

를 얻은 후, 이토 규칙을 사용하여 마지막 항을 간단히 하면

$$d\log(S_t) = \frac{1}{S_t} (\sigma S_t dB_t + \mu S_t dt) - \frac{1}{2S_t^2} (\sigma^2 S_t^2 dt)$$

을 얻을 수 있다. 이를 간단히 정리하면

$$d\log(S_t) = \left(\mu - \frac{1}{2} \sigma^2 \right) dt + \sigma dB_t$$

가 된다. 이를 적분 꼴로 나타내면

$$\int_0^t d\log(S_u) = \int_0^t \left(\mu - \frac{1}{2}\sigma^2\right)du + \int_0^t \sigma dB_u$$

가 되고 이로부터

$$\log(S_t) - \log(S_0) = \left(\mu - \frac{1}{2}\sigma^2\right)t + \sigma B_t$$

즉,

$$S_t = S_0 \exp\left(\left(\mu - \frac{1}{2}\sigma^2\right)t + \sigma B_t\right)$$

라는 해를 얻게 되며 이 확률과정이 기하 브라운운동이다.

4.2 기하 브라운운동의 성질

주가의 움직임을 나타내는 기하 브라운운동은

$$S_t = S_0 \exp\left(\left(\mu - \frac{1}{2}\sigma^2\right)t + \sigma B_t\right)$$

로 주어지고, 임의의 시점 $t = T$에서 브라운운동 B_T는 $N(0, \sqrt{T})$를 따르기 때문에

$$S_T = S_0 \exp\left(\left(\mu - \frac{1}{2}\sigma^2\right)T + \sigma B_T\right)$$

즉, $\log S_T$는

$$N(\log S_0 + (\mu - \sigma^2/2)T,\ \sigma\sqrt{T})$$

인 정규분포를 따른다. 또한

$$E(S_T) = S_0 e^{\mu T},\ \sigma(S_T) = \sqrt{S_0^2 \exp(2\mu T)(\exp(\sigma^2 T) - 1)}$$

로 주어진다.

또한 브라운운동의 성질에서 B_t가 t가 증가함에 따라 $\sqrt{2t\log(\log t)}$와 비슷하게 증가하므로 S_t는 t가 무한대로 증가할 경우 다음과 같은 움직임을 보인다.

(1) 만일 $\mu - \frac{1}{2}\sigma^2 > 0$이면, S_t는 확률 1로 무한대로 증가한다.

(2) 만일 $\mu - \frac{1}{2}\sigma^2 < 0$이면, S_t는 확률 1로 0에 수렴한다.

(3) 만일 $\mu - \frac{1}{2}\sigma^2 = 0$이면, S_t는 진동한다.

4.3 파생상품 가격 결정 메커니즘과 거사노프정리

옵션 가격 결정 모형의 가장 중요한 핵심은 위험중립세상에서 파생상품의 이득에 대한 기댓값을 택해야 한다는 것이다. 위험중립세상에서의 기댓값은 기초자산을 나타내는 확산과정을 무위험이자율로 나누어 주고 이를 마팅게일이 되도록 하는 확률(또는 확률메저)을 찾아 그 확률로 파생상품의 이득에 대한 기댓값을 구해야 하는 것이다. 여기에서 filtration은 브라운운동을 측정가능(measurable)하게 하는 filtration, 즉

$$\mathcal{F}_t = \sigma\{B_s : s \leq t\}$$

이다. 옵션 가격 결정이 옵션 매수자와 매도자에게 공정한 가격을 제공하는 것이므로 공정한 게임을 모델링한 마팅게일이 역할을 하는 것은 당연한 일일 것이다. 이 섹션에서는 이러한 형태의 가격 결정 메커니즘을 갖게 되는 이유를 살펴보도록 하자.

옵션의 이득(payoff)을 나타내는 확률변수를 V라고 하자. 예를 들어 만기가 T이고 행사 가격이 X인 유러피언 콜옵션의 경우는, 주식 가격이 확률과정 S_t를 따른다고 할 때 $V = \max(S_T - X, 0)$로 주어진다. 거래 비용이 없고, $t=0$일 때 적당량의 주식과 현금으로 포트폴리오를 만든 후 더 이상의 투자를 하거나 회수하지 않고(self financing), 이 포트폴리오 내에서 주식을 사고팔면서 주식의 양과 현금을 지속적으로 바꿔나가는 방법으로 포트폴리오를 운영하다가 $t=T$일 때의 가치가 정확히 V가 되도록 할 수 있다고 가정한다. 이러한 시장을 완전시장(complete market)이라고 하며, 이 포트폴리오를 복제 포트폴리오 또는 헤지 포트폴리오라고 말한다.

복제 포트폴리오의 가치를 X_t라고 하면, $X_T = V$가 되고, 옵션의 현재 가격은 X_0가

되어야 한다. 만일 옵션의 현재 가격이 X_0 보다 크거나 작으면 큰 쪽을 팔고 작은 쪽을 사는 방법으로 아비트리지를 얻을 수 있기 때문이다.

주가를 나타내는 기하 브라운운동 S_t를, 1원을 무위험이자율 r로 예금하여 연속복리로 계산한 원리합계 e^{rt}로 나눈 S_t/e^{rt}가 마팅게일이 되는 확률메저 Q를 구하면 X_t/e^{rt}도 Q상에서 마팅게일이 된다. 왜냐하면 X_t/e^{rt}는 주식을 사고팔아 얻어지기 때문에 S_t/e^{rt}의 마팅게일 변환 혹은 이토적분이 되고, 이는 다시 마팅게일이 되기 때문이다. 따라서 $E^Q(\,\cdot\,)$를 확률 Q에 대한 기댓값이라고 하면, 임의의 $s < t$에 대하여 마팅게일 성질에 의해

$$E^Q\left(\frac{X^t}{e^{rt}}|\mathcal{F}_s\right) = \frac{X_s}{e^{rs}}$$

을 만족한다. 마팅게일은 모든 시간에 대하여 기댓값이 동일하고, 복제 포트폴리오를 구성하는 초기 비용 X_0는 확률변수가 아닌 현재의 값이므로

$$E^Q\left(\frac{V}{e^{rT}}\right) = E^Q\left(\frac{X_T}{e^{rT}}\right) = E^Q\left(\frac{X_0}{e^0}\right) = X_0$$

를 만족한다. 즉, X_0와 Q에 대한 기댓값 $E^Q\left(\frac{V}{e^{rT}}\right)$가 동일해진다. V를 복제하는 데 들어가는 비용 X_0가 옵션의 가격이 되어야 하므로

$$옵션\ 가격\ X_0 = E^Q\left(\frac{V}{e^{rT}}\right) = e^{-rT}E^Q(V)$$

가 된다. 따라서 옵션의 가격을 결정하기 위해서는 S_t/e^{rt}를 마팅게일로 만드는 확률메저 Q를 찾으면 된다.

확률메저 Q를 찾기 위해 조금 더 구체적인 상황을 살펴보자. 만일 S_t의 기대수익률이 무위험이자율 r로 주어져 있다면 다음과 같은 확률미분방정식으로 표현된다.

$$dS_t = rS_t dt + \sigma S_t dB_t$$

이 경우 S_t/e^{rt}는 이토 공식을 응용하여

$$d\left(\frac{S_t}{e^{rt}}\right) = \frac{dS_t}{e^{rt}} - rS_t e^{-rt}dt$$

$$= \frac{1}{e^{rt}}\left(dS_t - rS_t dt\right)$$

$$= \frac{S_t}{e^{rt}}\left(\sigma dB_t\right)$$

가 되어 양변을 적분하면

$$\frac{S_t}{e^{rt}} = S_0 + \int_0^t \sigma \frac{S_s}{e^{rs}} dB_s$$

가 되고, 이토적분의 성질에 의해 S_t/e^{rt}가 마팅게일이 됨을 알 수 있다.

만일 어떤 주식의 가격 S_t의 기대수익률이 μ라면 주식은 위험자산이므로 $\mu > r$을 만족하게 되며 다음과 같은 확률미분방정식으로 표현된다.

$$dS_t = \mu S_t dt + \sigma S_t dB_t$$

이 식을 변형하여

$$dS_t = (\mu S_t dt - rS_t dt) + rS_t dt + \sigma S_t dB_t$$

$$= rS_t dt + S_t\left((\mu - r)dt + \sigma dB_t\right)$$

을 얻을 수 있고, 마지막 식에서 $\mu - r$은 주식에 투자했을 경우의 수익률 μ가 무위험수익률 r을 초과하는 부분이므로, 이를 위험 프리미엄(risk premium)이라고 한다. 이 식은 σ를 앞으로 빼내어 다음과 같이 쓸 수 있는데

$$dS_t = rS_t dt + \sigma S_t\left(\frac{\mu - r}{\sigma}dt + dB_t\right)$$

이 식에서

$$\theta \doteq \frac{\mu - r}{\sigma}$$

는 단위변동성당 주어지는 위험 프리미엄으로 위험의 시장가(market price of risk)라고 말한다. 이는 위험이 1단위 증가할 때 요구되어지는 보상의 정도라고 해석된다.

$$d\widetilde{B_t} = \theta\,dt + dB_t$$

라고 하면

$$\widetilde{B_t} = \theta t + B_t$$

를 만족하게 되고, 만일 어떤 Q 메저 상에서 $\widetilde{B_t}$가 브라운운동이 된다면 dS_t는

$$dS_t = rS_t dt + \sigma S_t d\widetilde{B_t}$$

가 되어 S_t/e^{rt}가 마팅게일이 된다. 결국 옵션 가격을 구하는 일은 $\widetilde{B_t} = \theta t + B_t$가 마팅게일이 되는 메저가 존재하며 이를 찾을 수 있느냐 하는 문제이고 거사노프 정리에 의해 메저 Q가 존재함을 알 수 있다.

4.4 ▎ 위험중립세상에서의 가격 결정

주식 가격이 기하 브라운운동을 한다고 가정하자. 즉, 시간 t에서의 주식 가격을 S_t라 하면 상수 $\mu,\ \sigma > 0$에 대하여 S_t는 다음 식을 따른다고 가정하자.

$$dS_t = \mu S_t dt + \sigma S_t dB_t$$

무위험이자율을 r, 재산과정(wealth process)을 $X_t,\ X_0 = x$라고 하자. 즉, 초기에 x 만큼의 재산으로 현금과 주식만으로 이루어진 복제 포트폴리오를 구성하였다고 하자. Δ_t를 복제 포트폴리오가 포함하고 있는 주식의 개수라고 하면 $X_t - \Delta_t S_t$는 무위험이자율 r로 은행에 예금되어 있는 현금의 양을 나타낸다. 따라서 재산과정의 증분 dX_t를 다음과 같이 나타낼 수 있다.

$$
\begin{aligned}
dX_t &= \Delta_t dS_t + r(X_t - \Delta_t S_t)dt \\
&= rX_t dt + \Delta_t(dS_t - r\Delta_t S_t dt) \\
&= rX_t dt + \Delta_t((\mu - r)S_t dt + \Delta_t \sigma S_t dB_t) \\
&= rX_t dt + \Delta_t S_t((\mu - r)dt + \sigma dB_t)
\end{aligned}
$$

여기에서 $\mu - r$은 위험 프리미엄(risk premium)이다. 마지막 식에서 σ를 앞으로

빼내고 위험의 시장가 $\theta = \dfrac{\mu - r}{\sigma}$를 이용하여 다음과 같이 나타낼 수 있는데

$$dX_t = rX_t dt + \Delta_t \sigma S_t (\theta\, dt + dB_t)$$

앞에서 구한 확률메저 Q 상에서는 브라운운동 $\widetilde{B_t}$가 존재하여

$$d\widetilde{B_t} = \theta\, dt + dB_t$$

를 만족하므로

$$dX_t = rX_t dt + \Delta_t \sigma S_t d\widetilde{B_t}$$

가 성립된다. 따라서 X_t/e^{rt}가 Q 상에서 마팅게일이 됨을 알 수 있다.

확률메저 Q상에서는 $\theta t + B_t$ 가 브라운운동이 되므로 위험의 시장가(MPR) θ는 0 이 되고 모든 주식의 가격은 r이 동일하고 σ만 개별주식 고유의 값을 가진 채

$$dS_t = rS_t dt + \sigma S_t dB_t$$

로 나타나 진다. 이러한 세상을 위험중립 세상이라고 부른다. 파생상품의 가격을 구하 기 위해서는 거사노프 정리에 의해 확률메저 Q가 존재함을 알았으므로 단지

$$E^Q\left(\frac{V}{e^{rT}}\right) = e^{-rT}E^Q(V)$$

를 구하면 된다. Q상에서 기댓값 구하는 방법을 이용하여 블랙-숄즈 공식을 유도해 보자[S].

4.5 ▌ 블랙-숄즈(Black-Scholes) 가격 결정 공식

행사 가격이 K, 만기가 T인 유러피언 콜옵션의 경우, 만기 시점의 이득(Payoff)은 $V = \max(S_T - K, 0)$로 주어진다. 어떤 함수 f가 주어졌을 때 f^+를 다음과 같이 정의 한다.

$$f^+(x) = \begin{cases} f(x) & f(x) \geq 0 \text{인 경우} \\ 0 & f(x) < 0 \text{인 경우} \end{cases}$$

이 정의를 사용하여 $V = \max(S_T - K, 0)$를 $V = (S_T - K)^+$로 나타내자. 콜옵션 가격 c는 마팅게일 메저 Q상에서

$$c = e^{-rT} E^Q(V)$$
$$= e^{-rT} E^Q((S_T - K)^+)$$

로 주어진다. 메저 Q상에서 주가의 기대수익률이 무위험수익률 r로 주어지므로

$$S_T = S_0 \exp\left(\left(r - \frac{1}{2}\sigma^2\right)T + \sigma \widetilde{B}_T\right)$$

가 되며, 여기에서 $\widetilde{B}_t$는 Q상에서 브라운운동이다. 고정된 시간 T에서 $\widetilde{B}_T$는 표준편차가 $\sqrt{T}$인 정규분포를 따르므로 $X = -\widetilde{B}_T / \sqrt{T}$라 하면 X는 표준정규분포($N(0,1)$)가 되고 S_T는

$$S_T = S_0 \exp\left(\left(r - \frac{1}{2}\sigma^2\right)T - \sigma \sqrt{T} X\right)$$

를 만족한다. 따라서

$$c = e^{-rT} E^Q\left(\left\{S_0 \exp\left(\left(r - \frac{1}{2}\sigma^2\right)T - \sigma \sqrt{T} X\right) - K\right\}^+\right)$$
$$= \frac{e^{-rT}}{\sqrt{2\pi}} \int_{-\infty}^{\infty} \left\{S_0 \exp\left(\left(r - \frac{1}{2}\sigma^2\right)T - \sigma \sqrt{T} x\right) - K\right\}^+ e^{-x^2/2} dx$$

가 되고, 적분은 $S_T - K > 0$인 부분만 고려하면 되므로

$$S_0 \exp\left(\left(r - \frac{1}{2}\sigma^2\right)T - \sigma \sqrt{T} x\right) - K > 0$$

일 조건은, 이 식을 x에 관해 풀어

$$x < \frac{\log \dfrac{S_0}{K} + \left(r - \dfrac{1}{2}\sigma^2\right)T}{\sigma \sqrt{T}}$$

이 되고, 우변을

$$d_2 \doteq \frac{\log \dfrac{S_0}{K} + \left(r - \dfrac{1}{2}\sigma^2\right)T}{\sigma\sqrt{T}}$$

라고 하고 콜옵션 가격을 계산하면

$$c = \frac{1}{\sqrt{2\pi}} \int_{-\infty}^{d_2} e^{-rT}\left\{S_0 \exp\left(\left(r - \frac{1}{2}\sigma^2\right)T - \sigma\sqrt{T}x\right) - K\right\} \cdot e^{-\frac{x^2}{2}}dx$$

$$= \frac{1}{\sqrt{2\pi}} \int_{-\infty}^{d_2} S_0 \exp\left(-\frac{x^2}{2} - \sigma\sqrt{T}x - \frac{1}{2}\sigma^2 T\right)dx$$

$$+ \frac{1}{\sqrt{2\pi}} \int_{-\infty}^{d_2} e^{-rT}Ke^{-\frac{x^2}{2}}dx$$

$$= \frac{1}{\sqrt{2\pi}} \int_{-\infty}^{d_2+\sigma\sqrt{t}} e^{-\frac{y^2}{2}}dy - e^{-rT}KN(d_2)$$

$$= S_0 N(d_1) - e^{-rT}KN(d_2)$$

가 된다. 여기에서

$$d_1 = d_2 + \sigma\sqrt{T} = \frac{\log \dfrac{S_0}{K} + \left(r + \dfrac{1}{2}\sigma^2\right)T}{\sigma\sqrt{T}}$$

$$d_2 = d_1 - \sigma\sqrt{T}$$

이고, 우리는 잘 알고 있는 유러피언 콜옵션의 블랙-숄즈 공식을 얻는다. 유러피언 풋옵션의 가격도 유사한 방법으로 얻을 수 있다.

Remark 4.5.1

이 증명 중에서 $x < d_2$이면

$$S_T = S_0 \exp\left(\left(r - \frac{1}{2}\sigma^2\right)T - \sigma\sqrt{T}x\right) > K$$

이고, $N(0,1)$을 따르는 확률변수가 d_2보다 작을 확률이 $N(d_2)$이므로 Q 상에서 주가가 내가격이 될 확률은

$$P\{S_T > K\} = N(d_2)$$

가 된다. 이 확률은 또한 옵션을 행사할 확률이기도 하다.

▶ 참고 **블랙-숄즈 방정식**

옵션의 가격을 구하는 방법 중에는, 주식과 파생상품으로 구성된 무위험 포트폴리오가 무위험 이자율을 얻어야 한다는 사실로부터 블랙-숄즈 미분방정식을 구하고 경계조건(boundary condition)을 이용해 이 방정식을 풀어 블랙-숄즈 공식을 얻는 방법도 있다. f를 콜이나 풋옵션의 가격이라고 하면 블랙-숄즈 방정식은

$$\frac{\partial f}{\partial t} + rS\frac{\partial f}{\partial S} + \frac{1}{2}\sigma^2 S^2 \frac{\partial^2 f}{\partial S^2} = rf$$

로 주어지며, 유러피언 콜옵션의 경우는 $f = \max(S-K, 0)$, 유러피언 풋옵션의 경우는 $f = \max(K-S, 0)$를 $t = T$ 일 때의 경계조건으로 갖는다.

Feynman-Kac 정리

다양한 파생상품의 가격을 알아내는 일반적인 방법 중의 하나는 블랙-숄즈 방정식처럼 가격이 만족하는 편미분방정식과 경계조건을 유도하고 이 방정을 푸는 방법이다. Feynman-Kac 정리는 확률미분방정식과 편미분방정식의 연관관계를 설명해준다. 확률미분방정식으로부터 미분방정식을 만들어내기 위해서는 먼저 마팅게일을 만들고 이토 공식을 적용한 후 드리프트항을 0으로 놓은 방법을 주로 사용한다. 본 교재에서는 더 이상 응용되지 않으므로 생략한다.

마팅게일 표현정리(Martingale Representation Theorem)

앞에서 살펴본 내용은 어떻게 마팅게일 메저를 구해서 파생상품의 가격을 결정하는가 하는 문제이다. 다른 중요한 일은 복제 포트폴리오(헤지 포트폴리오)를 동학적으로 어떻게 구성하느냐 하는 문제이다. 즉, 재산과정 X_t에서 보유해야 할 주식의 수를 결정할 수 있어야 매도해 놓은 파생상품에 대한 원활한 헤지를 수행할 수 있다. 이러한 문제를 해결해 주는 정리가 마팅게일 표현정리이다.

Theorem 4.5.1

마팅게일 표현 정리

확률 공간 $(\Omega, \mathcal{F}, P)$와 filtration $\mathcal{F}_t$, 그리고 브라운운동 B_t가 주어져 있다고 하자. 만일 어떤 확률과정 Y_t, $0 \le t \le T$가 확률 P하에서 $\mathcal{F}_t$ 마팅게일이라고 하면, 다음을 만족시키는 $\mathcal{F}_t$ 적합확률과정(adapted stochastic process) δ_t가 존재한다.

$$Y_t = Y_0 + \int_0^t \delta_s dB_s$$

이 정리에 따라 다음과 같은 과정으로 헤지 포트폴리오를 구성할 수 있다. 만일 Y_t 가 e^{rt}로 할인된 재산과정이라면 재산과정 X_t를 이용하여 다음과 같이 나타낼 수 있다.

$$Y_t = \frac{X_t}{e^{rt}}$$

4.4절에서의 dX_t를 e^{rt}로 나누고 σ를 σ_t로 바꿔 다시 써보면

$$d\left(\frac{X_t}{e^{rt}}\right) = \frac{\Delta_t}{e^{rt}}\sigma_t S_t d\widetilde{B}_t$$

이므로

$$Y_t = \frac{X_t}{e^{rt}} = X_0 + \int_0^t \frac{\Delta_s}{e^{rs}}\sigma_t S_s d\widetilde{B}_s$$

가 된다. $X_0 = Y_0$이므로 Y_t에 대한 두 식을 비교하여

$$\delta_t = \frac{\Delta_t}{e^{rt}}\sigma_t S_t$$

즉

$$\Delta_t = \frac{\delta_t e^{rt}}{\sigma_t S_t}$$

를 구할 수 있다.

4.6 이색 옵션

유러피언 옵션이 조금 변형된 형태로는 아메리칸 또는 버뮤다 옵션이 있다. 아메리칸 옵션과 버뮤다 옵션은 만기 이전에도 행사할 수 있는 권리가 추가되는데, 아메리칸 옵션은 만기 이전 아무 때나, 버뮤다 옵션은 특정한 날짜들 중에서 아무 때나 행사할 수 있다. 이 장에서는 형태가 많이 다른 이색 옵션 중 이원 옵션(binary option), 장애물 옵션(barrier option), 룩백 옵션(lookback option)에 대해 다룬다.

4.6.1 이원 옵션

이원 옵션(binary option)은 이득이 불연속적으로 주어지는 옵션이다. 즉, 주가가 행사 가격보다 높으면 a, 낮으면 b를 지급하는 형태를 갖는다. 이원 옵션은 최근 많이 발행되고 있는 주식 관련 파생상품(ELS)에 내재되어 있는 경우가 많다. 이원 옵션의 현재가치는

$$c = e^{-rT}(aN(d_2) + b(1 - N(d_2)))$$

가 된다. 왜냐하면 위험중립세상에서 기초자산 가격이 K보다 높을 확률은

$$P\{S_T > K\} = N(d_2)$$

이기 때문이다. b가 0인 경우의 이득(payoff)은 다음 그림과 같이 주어진다.

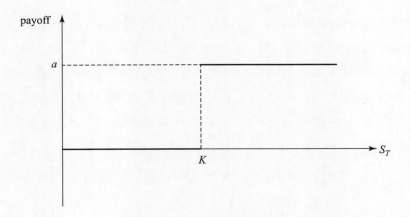

이원 옵션은 주가가 K 근처에 있고 만기가 가까운 경우 델타헷징을 수행하기 어려워진다. 주가가 조금만 변하더라도 옵션의 가치가 많이 변하기 때문이다. 이러한 경우 이득을 인위적으로 변형시켜서 더욱 비관적인 상태를 가정한 후 델타헷징을 하거나(오버헷징) 다른 콜옵션 2개를 사용한 compound call이라고 불리는 전략을 이용하여 헤지한다.

이와 같은 헤지는 동적으로 계속 바꿀 필요가 없기 때문에 정적헤지(static hedge)라고 부른다. K_1과 K_2가 K에 가까울수록 이원 옵션과 더욱 가까워진다.

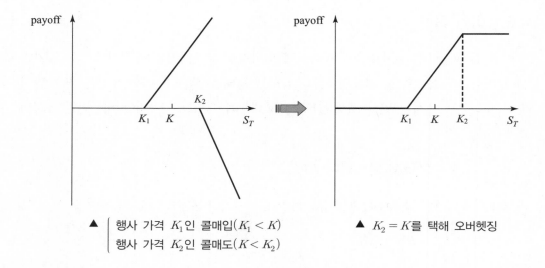

▲ │ 행사 가격 K_1인 콜매입($K_1 < K$)
　│ 행사 가격 K_2인 콜매도($K < K_2$)

▲ $K_2 = K$를 택해 오버헷징

4.6.2 장애물 옵션

장애물 옵션(barrier option)은 주가가 만기 이전에 장애물 가격이라고 불리는 특정한 값에 도달하면 권리가 살아나거나(knock in) 또는 없어지는(knock out) 옵션을 말한다. 현재의 주가보다 높은 장애물 가격에 도달하면 권리가 없어지는 옵션을 상향실격옵션(up-and-out call)이라고 부른다. 다른 형태의 옵션, 즉 상향진입옵션, 하향실격옵션, 하향진입옵션 등은 가격 결정구조가 비슷하기 때문에 이 섹션에서는 상향실격옵션만 살펴보기로 하자.

현재 주가는 S_0, 장애물 가격을 $B(> S_0)$라 하고, 주가가 위험중립세상 $(\Omega, \mathcal{F}, Q)$에서

$$S_t = S_0 \exp\left(\left(r - \frac{1}{2}\sigma^2\right) + \sigma B_t\right)$$

인 기하 브라운운동을 한다고 하자. 구간 $0 \leq t \leq T$에서

$$\widetilde{B}_t \doteq \left(r - \frac{1}{2}\sigma^2\right)t + \sigma B_t$$

의 최댓값을 M_T라고 하면 S_t의 최댓값은 $S_0 e^{M_T}$가 된다. 즉,

$$Max_{0 \leq t \leq T} S_t = S_0 e^{M_T}$$

가 된다. 따라서 행사 가격이 $K \ (< B)$로 주어지는 실격 옵션의 이득은

$$V_T = \begin{cases} (S_T - K)^+ & S_0 e^{M_T} < B \text{ 인 경우} \\ 0 & S_0 e^{M_T} \ge B \text{ 인 경우} \end{cases}$$

가 된다. 따라서 $V_T > 0$을 만족시키는 조건은 $S_0 e^{M_T} < B$이고 $S_T > K$이어야 한다. 이 조건은 $\widetilde{B}_T > \dfrac{K}{S_0}$이고 $M_T < \log \dfrac{B}{S_0}$가 된다. 옵션의 현재가치를 C라 하면

$$C = e^{-rT} E^Q(V_T)$$
$$= e^{-rT} \int_{K/S_0}^{B/S_0} \int_{\tilde{x}}^{B/S_0} (S_0 e^x - K) f(x,y) \, dy \, dx$$

가 된다. 여기에서 $f(x,y)$는 M_T와 $\widetilde{B}_T$의 결합확률밀도함수이고 $\tilde{x}$는 $\tilde{x}$보다 작은 x에 대해 $f(x,y) = 0$이 되는 점으로, 거사노프정리와 반사법칙을 이용하여 구할 수 있다.

비록 복잡한 계산과정을 거쳐야 하지만 이러한 방법으로 적분을 구할 수 있고, 옵션 가격은 다음과 같이 주어진다.

$$C = S_0 \left[N\left(d_1\left(T, \frac{S_0}{K}\right)\right) - N\left(d_1\left(T, \frac{S_0}{B}\right)\right) \right]$$
$$- e^{-rT} K \left[N\left(d_2\left(T, \frac{S_0}{K}\right)\right) - N\left(d_2\left(T, \frac{S_0}{B}\right)\right) \right]$$
$$- B\left(\frac{S_0}{B}\right)^{-\frac{2r}{\sigma^2}} \left[N\left(d_1\left(T, \frac{B^2}{KS_0}\right)\right) - N\left(d_1\left(T, \frac{B}{S_0}\right)\right) \right]$$
$$+ e^{-rT} K \left(\frac{S_0}{B}\right)^{-\frac{2r}{\sigma^2}+1} \left[N\left(d_2\left(T, \frac{B^2}{KS_0}\right)\right) - N\left(d_2\left(T, \frac{B}{S_0}\right)\right) \right]$$

여기에서

$$d_1(t,s) = \frac{\log s + \left(r + \frac{1}{2}\sigma^2\right)t}{\sigma\sqrt{t}}$$

$$d_2(t,s) = \frac{\log s + \left(r - \frac{1}{2}\sigma^2\right)t}{\sigma\sqrt{t}}$$

이다. 다음 섹션의 룩백 옵션과 함께 상세한 내용은 [S]를 참조하기 바란다.

4.6.3 룩백 옵션

룩백 옵션(lookback option)은 옵션 만기까지의 기초자산의 최댓값과 최솟값에 의해 이득이 결정되는 옵션으로 만기일에서의 이득은

$$\text{콜옵션의 이득 : 기초자산 가격} - \text{만기일까지의 기초자산의 최솟값}$$
$$\text{풋옵션의 이득 : 만기일까지의 기초자산의 최댓값} - \text{기초자산 가격}$$

으로 주어진다. 위의 두 값은 항상 0보다 크거나 같음을 알 수 있다. M_t를 구간 $0 \le s \le t$에서의

$$\widetilde{B}_s \doteq \left(r - \frac{1}{2}\sigma^2 \right)s + \sigma B_s$$

의 최댓값이라 하고, X_t를 구간 $0 \le s \le t$에서의 S_s의 최댓값, 즉

$$X_t = \text{Max}_{0 \le s \le t} S_s$$

라고 하면 $X_t = S_0 e^{M_t}$가 되고 만기 시점에서의 룩백 콜옵션의 이득 V는

$$V = X_T - S_T$$

가 된다.

룩백 옵션의 현재가치를 계산하기 위해 옵션이 발행된 시간을 $t = 0$, 현재시간을 t, 만기를 T라고 하자. 다른 옵션과 달리 현재시간을 0으로 놓지 않고 t로 놓은 이유는 옵션 시작일부터 현재까지의 주식 가격의 최솟값을 반영해야 하는 점이 다른 옵션과 다르기 때문이다. 이 경우 옵션의 현재가치는

$$C = E^Q(e^{-r(T-t)}(X_T - S_T))$$

가 되고, 이 기댓값은 복잡한 계산에 의해 다음과 같이 얻어진다.

$$C = \left(1 + \frac{\sigma^2}{2r} \right) S_t N \left(d_1 \left(T - t, \frac{S_t}{X_t} \right) \right) + e^{-r(T-t)} X_t N \left(-d_2 \left(T - t, \frac{S_t}{X_t} \right) \right)$$

$$- \frac{\sigma^2}{2r} e^{-r(T-t)} \left(\frac{X_t}{S_t} \right)^{\frac{2r}{\sigma^2}} S_t N \left(-d_2 \left(T - t, \frac{X_t}{S_t} \right) \right)$$

여기에서 d_1, d_2는 장애물 옵션에서 주어진 바와 같이

$$d_1(t,s) = \frac{\log s + \left(r + \frac{1}{2}\sigma^2\right)t}{\sigma\sqrt{t}}$$

$$d_2(t,s) = \frac{\log s + \left(r - \frac{1}{2}\sigma^2\right)t}{\sigma\sqrt{t}}$$

이며, 현재 시점이 t이므로 S_t는 현재의 주가, X_t는 현재까지 주가의 최솟값이다.

4.6.4 주가연계증권

금융시장에는 위험과 수익에 대해 다양한 형태의 선호도를 보이는 많은 투자자들이 있다. 특히 개인 투자자들은 여러 종목의 포트폴리오를 구성하기가 어렵고 이에 대한 연구가 쉽지 않으며, 이론과 현실에 상당한 괴리가 있으므로 금융기관에서 다양한 형태의 위험과 수익구조를 갖는 금융상품을 개발하여 제공하게 된다. 그중 주가연계증권 (Equity Linked Security, ELS)은 최고 인기의 금융투자 상품이라고 할 수 있다. 이 상품은 원금을 예금하고 고정 혹은 변동 금리에 따른 이자를 받는 일반적인 예금과 달리 미리 정해 놓은 주식 혹은 주가 지수의 미래 변동에 따라 이자와 투자원금이 차등 지급되는 금융상품이다. 따라서 ELS는 주가와 연계된 파생상품이며 채권보다는 위험하지만 수익률이 높고, 주식보다는 수익률이 낮은 반면 덜 위험한 상품으로 주식과 채권의 중간형태의 상품이라고 할 수 있다.

일반 예금과 달리 ELS 중에는 원금 손실이 크게 발생할 가능성을 내포하고 있는 상품들이 많이 있다. 이러한 상품들은 일반 예금이나 채권보다는 월등한 수익을 제공하지만, 높은 수익을 올릴 수 있는 대신 위험이 매우 높은 고수익 고위험 상품들이다. 이러한 고수익 고위험 금융상품은 위험에 대한 분석을 철저히 해야만 한다. 실제 수익이 미래에 어떤 형태로 이루어질지 분석하기가 매우 복잡하기 때문이다.

예 4.6.1 **만기가 1년이고 매 3개월마다 조기상한이 가능한 ELS 상품**

두 종류의 주식(예를 들어 A회사와 B회사라 하자)이 주어져 있고, 하한 제한선 (barrier) 60 %, 중도 상환 기준 90 %, 85 %, 80 %, 75 %, 기준 가격을 충족시켰을 때의 연 지급이자율 14 %로 정의된 ELS(표 참조). ▪

|**설명**| 이 상품은 처음에 100만 원을 투자 했을 경우 3개월이 지나 A와 B 주식의 가격이 최초 가격 대비 90 % 이상을 유지하고 있으면 연 14 % (3개월이므로 이자는 3만 5천 원)의 이자를 지급하고 조기 상환되어 종료된다. 즉, 3개월 후에 103만 5천 원을 돌려받고 투자가 종료된다.

이러한 조건이 충족되지 못했다면 3개월을 더 기다려 최초 투자일로부터 6개월 후의 주식의 가격을 살펴보게 된다. 만일 6개월 후에 A, B 주식의 가격이 모두 최초 가격의 85 % 이상을 유지하고 있으면 107만 원을 돌려주고 투자를 종결하게 된다.

유사한 방법으로 9개월 후 80 %, 1년 만기에는 75 %를 유지하고 있으면 각각 110만 5천 원, 114만 원을 돌려주게 된다.

이러한 조건을 끝까지 만족하지 못했을 경우 두 주식 중 하나도 가격이 최초 대비 하한 제한선 60 % 이하로 떨어진 적이 없으면 원금 100만 원을 만기 시점에 지급한다.

그러나 만일 이러한 조건을 끝까지 만족하지 못하고 두 주식 중의 하나라도 가격이 최초 대비 하한 제한선 60 % 이하로 떨어진 적이 한 번이라도 있는 경우에는 두 주식 중에서 가격이 많이 떨어진 비율만큼의 원금을 지급, 즉 1년 만기 시점에 한 회사의 주가가 10배가 올랐다 하더라도 다른 회사의 주가가 50 %가 되었다면 1년 동안 한 푼의 이자 없이 50만 원만 돌려받게 된다.

상품명	××××
만기	1년
기초 자산	A 기업 − B 기업
기준가	시작일 종가
테스트 적용 기간	3개월
최근 3개월 연 1년 변동성	×× %/×× %
상관 계수	0××
조기 상환 조건	조기상환 시점 기준가 대비 90 %/85 %/80 %/75 % 이상
원금 보장 조건	만기 시점 기준가 대비 60 % 이상
연환산 수익률	14 %(분기별 3.5 %)
채권 금리	××
ELS 이론가	××

▲ ELS 상품구조 예시

이 상품은 연 14 %의 이자를 얻기 위해 약 20 % 확률로 상당한 액수의 원금 손실을 감수해야 하며, 이는 상품 구조에 따라 달라진다. 보통 15~25 %의 원금 손실 위험이 있다.

다음 그림은 100원을 투자했을 경우 1년 후에 얼마가 되어 있을지를 나타내는 확률밀도함수이다. 주식투자의 경우 전형적인 수익패턴은 다음 그림과 같다.

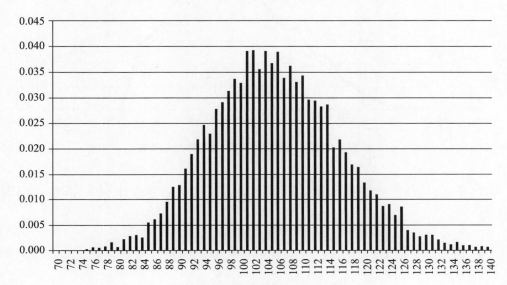

▲ 주식투자의 경우 전형적인 수익패턴

ELS에 투자했을 경우의 전형적인 패턴은 다른 형태를 보인다. 아래 그림은 ELS에 100원을 투자했을 경우 상환시점에서 얼마의 가치를 가지게 되는지 나타내는 확률밀도함수이다. 높은 확률로 수익이 높게 발생하지만 원금이 손실될 위험도 무시할 수 없다.

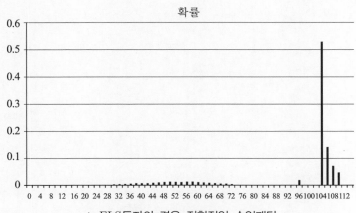

▲ ELS투자의 경우 전형적인 수익패턴

원금 손실이 발생했을 경우 조건부 손실확률은 보통 다음과 같은 패턴을 갖는다.

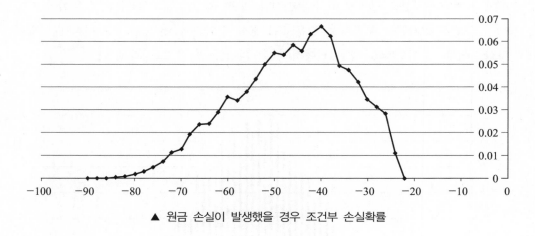

▲ 원금 손실이 발생했을 경우 조건부 손실확률

일단 손실이 발생하면 40 %에서 50 %의 손실이 발생할 확률이 상대적으로 높음을 알 수 있다.

연습문제

1. 어떤 회사의 주가는 $S_0 = 100$이고, 다음 확률미분방정식을 만족한다고 한다.

$$dS_t = 0.04S_t dt + 0.2S_t dB_t$$

   a. S_t를 구하시오.

   b. $\mathrm{Prob}\{S_1 \leq 95\}$를 구하시오.

   c. $E(S_1)$를 구하시오.

2. 현재주가 100달러, 행사 가격 110달러, 기대수익률 연 10 %, 무위험이자율 5 %, 변동성 25 %, 만기 3개월인 유러피언 콜옵션이 만기 시점에 내가격이 될 확률을 구하시오.

3. 현재 주식 가격 10,000원, 행사 가격 11,000원, 무위험이자율 연 4 %, 변동성 연 30 %, 기대수익률 연 10 %, 만기는 3개월이고 배당은 없는 유러피언 콜옵션의 가격을 구하시오.

4. 현재 주식 가격 100달러, 행사 가격 102달러, 무위험이자율 연 5 %, 변동성 연 20 %, 기대수익률 연 10 %, 만기는 3개월이고 배당이 없는 유러피언 풋옵션이 위험중립세상에서 1개월 후 외가격이 될 확률을 구하시오.

5. 현재 주식 가격 100달러, 행사 가격 98달러, 무위험이자율 연 6 %, 변동성 연 30 %, 기대수익률 연 12 %, 만기는 3개월이고 배당은 없는 주식을 기초자산으로 하는 유러피언 풋옵션의 가격을 구하시오.

6. 현재 주식 가격 20,000원, 무위험이자율 연 3 %, 변동성 연 20 %, 기대수익률 연 8 %, 배당은 없는 주식에 대해 6개월 후의 주가가 21,000원 보다 높으면 2,000원, 21,000원보다 낮으면 0원을 지급하는 이원 옵션의 현재가치를 구하시오.

7. 어떤 회사의 주가는 $S_0 = 100$이고, 다음 확률미분방정식을 만족한다고 한다.

$$dS_t = 0.08 S_t dt + 0.2 S_t dB_t$$

무위험이자율이 2.5 %라고 할 때,

a. 위험 프리미엄을 구하시오.

b. 위험의 시장가(Market Price of Risk)를 구하시오.

c. 메저 Q상에서의 브라운운동 $\widetilde{B_t}$를 B_t의 식으로 나타내시오.

Chapter 5

이자율 모형

금융시장에는 앞에서 설명한 주식 이외에도 채권 및 외환 등 다양한 상품들이 거래되고 있다. 이 중 채권은 이자율을 결정해주는 매우 중요한 상품이다. 주식을 사는 것은 회사의 주주, 즉 주인이 되는 것이라 할 수 있다. 회사의 가치가 떨어지면 주가도 떨어지게 되어 손해가 발생하고 반대로 회사의 가치가 오르면 주가도 오른다. 즉, 회사의 주인이기 때문에 회사와 운명을 같이하게 되는 것이다. 또한 회사에 이익이 발생하면 배당을 받게 된다. 채권의 경우는 이와 달리 회사에 돈을 빌려주는 것이다. 따라서 회사의 가치와 상관없이 약속된 만기가 되면 빌려준 돈을 되돌려받게 된다. 물론 만기 이전 정해진 날짜에 쿠폰이라고 부르는 이자를 받는 경우도 많다. 회사가 부도나는 경우에는 돈을 돌려받지 못하게 되는데 이를 신용위험이라고 부른다.

채권이 거래되는 메커니즘은 다음과 같다. 채권은 일반적으로 쿠폰이라는 형태의 이자를 지급하지만 편의상 쿠폰이 없다고 가정하면, 그 외에 채권에는 액면가와 만기가 적혀있다. 예를 들어 어떤 회사가 발행한 채권(회사채)의 액면가가 100만 원, 만기가 2016년 5월 1일이라고 하자. 이 경우 채권의 소유자가 2015년 5월 1일에 채권을 발행한 회사에 제시하면 회사는 100만 원을 주어야 한다. 만일 2015년 5월 1일 현재 이 채권이 90만 원에 거래되고 있다면 90만 원에 구입하여 1년 후에 100만 원을 받을 수 있으므로 10만 원의 이자수입이 생기게 된다. 즉, 1년간 단리로 계산한 이자율이 $\frac{10}{90} \times 100 = 11.11\,\%$가 된다. 만일 이 채권이 국가에서 발행한 채권(국채)이라면 국가는 부도날 위험이 없으므로 무위험이자율이 11.11 %가 되는 것이다. 그런데 이러한 채권이 시장에서 거래되고 있으므로 시간이 지나면서 가격이 변하게 되는데 채권 가격의 변화에 따라 이자율도 변하게 된다.

이자율이 변하게 되면 돈을 빌려준 사람이나 빌린 사람이 이익이나 손해를 보게 되는데 이에 따른 위험이 생기게 된다. 이러한 위험을 헤지하기 위한 파생상품들도 많이 있다. 예를 들어 채권 옵션은 채권의 가격을 기초로 하는 옵션이다. 이자율 캡은 이자율이 올라갔을 때 정해진 한도 이하로만 이자를 지급하도록 하는 상품이고, 스왑은 변동이자율을 고정이자율로 만들어 이자율의 등락에 따른 위험을 회피할 수 있도록 설계된 상품이다. 구조화 채권이라고 불리는 복잡하게 변형된 이자율 파생상품도 있다.

이자율에 관한 이론은 매우 어렵다. 가장 근본적인 이유는 이자율이 다양한 구간에 적용되는 양이기 때문이다. 주식을 다룰 때에는 대부분 주식 가격 S_t 하나만 문제가 된다. 그러나 이자율은 2개의 시간을 나타내는 숫자 $T_1 < T_2$를 이용하여 T_1 부터 T_2까지 이자율이 적용되는 구간을 표시해 주어야 한다. 즉, 이자율은 $R(T_1, T_2)$와 같이 두개의 변수로 나타나지게 된다. 여기에 T_1부터 T_2까지 적용되는 이자율이 관찰된 시점 $t \leq T_1$까지 나타내지게 되면 이 이자율은 t시점에 관찰된 미래금리(또는 선도금리) $F(t, T_1, T_2)$가 된다. 이러한 이유로 이자율관련 모델을 이자율기간구조 모델이라고 부르며, 이러한 금리들의 동적인 움직임을 나타내는 것이 주가의 움직임을 나타내는 것에 비해 복잡한 것은 당연한 일일 것이다.

1980년대 이후로 세계시장에는 거래소 및 장외시장(OTC market)에서 엄청난 양의 이자율 파생상품이 거래되고 있으며, 우리나라에서도 구조화 채권 등 복잡한 형태의 상품들의 거래규모가 급격히 증가하고 있다. 이러한 파생상품의 가격을 결정하고 헷징을 원활히 수행하기 위해서는 이자율 변화를 정확히 기술하는 모형을 만드는 일이 필수적이다. 또한 파생상품의 가격을 결정하기 위해서는 현물이자율 곡선을 정확히 알아내는 것도 매우 중요하다. 이자율 모형을 이해하기위해서 먼저 수익률을 나타내는 방법들에 대해 알아보자. 이자율 모델에서 시간의 단위는 보통 1년으로 주어진다. 따라서 특별한 언급이 없는 한 이자율이나 수익률은 연이자율과 연수익률을 나타낸다.

5.1 ▌ 수익률

5.1.1 만기수익률

만기가 T이고, 만기에 1원을 돌려주는 채권의 t시점에서의 가격을 $P(t, T)$라고 하자. $P(0, T)$는 이 채권의 현재 가격이다. 채권의 현금흐름이 $0 < t_1, t_2, \cdots, t_n = T$시점

에서 각각 $C_1, C_2, \cdots, C_n$ 으로 주어지고 연속복리 이자율이 y라면

$$\text{현금흐름의 현재가} = C_1 e^{-yt_1} + C_2 e^{-yt_2} + \cdots + C_n e^{-yt_n}$$

를 만족한다. 첫 번째 두 항을 y의 함수로 생각하고 $C_2 > C_1$ 이라면 아래 그림과 같이 현금이 들어오는 시간이 긴 경우 더 빨리 감소함을 알 수 있다.

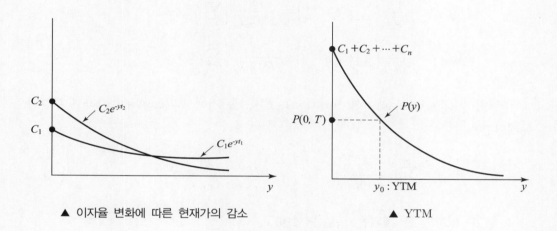

▲ 이자율 변화에 따른 현재가의 감소　　　　▲ YTM

현재의 채권 가격이 $P(0, T)$이므로

$$P(0, T) = C_1 e^{-yt_1} + C_2 e^{-yt_2} + \cdots + C_n e^{-yt_n}$$

라고 놓으면, 우변이 y에 대하여 단조감소함수이기 때문에 이 식을 만족시키는 고정된 할인율 $y = y_0$가 유일하게 존재하게 된다.

이러한 할인율 y_0를 만기수익률(Yield To Maturity, YTM)이라고 한다. 앞에서 언급한 바와 같이 채권들의 형태가 다양하기 때문에 YTM도 채권마다 다르게 된다. 만기수익률로 표시되는 위의 식이 주는 이점 중의 하나는 이 식을 y로 미분할 수 있기 때문에 y의 변화에 따른 채권 가격의 변화 또는 민감도를 알 수 있다는 점이다.

위 식의 우변을 함수 $P(y)$라 하면 $P(0, T) = P(y_0)$가 되고, 이를 YTM인 y_0 근방에서 2차항까지 테일러 전개를 하면 다음과 같다.

$$P(y) = C_1 e^{-yt_1} + C_2 e^{-yt_2} + \cdots + C_n e^{-yt_n}$$
$$\approx P(y_0) + P'(y_0)(y - y_0) + \frac{1}{2} P''(y_0)(y - y_0)^2$$

$$= P(y_0) + \left(- \sum_{i=1}^{n} C_i t_i e^{-y_0 t_i} (y - y_0) \right) + \frac{1}{2} \left(\sum_{i=1}^{n} C_i t_i^2 e^{-y_0 t_i} (y - y_0)^2 \right)$$

$$= P(y_0) - P(y_0) D(y_0)(y - y_0) + \frac{1}{2} P(y_0) C(y_0)(y - y_0)^2$$

여기에서

$$D(y_0) = \frac{1}{P(y_0)} \left(\sum_{i=1}^{n} C_i t_i e^{-y_0 t_i} \right) = \frac{1}{P(0, T)} \left(\sum_{i=1}^{n} C_i t_i e^{-y_0 t_i} \right)$$

$$C(y_0) = \frac{1}{P(y_0)} \left(\sum_{i=1}^{n} C_i t_i^2 e^{-y_0 t_i} \right) = \frac{1}{P(0, T)} \left(\sum_{i=1}^{n} C_i t_i^2 e^{-y_0 t_i} \right)$$

로 주어지며 $D(y_0)$를 듀레이션(duration), $C(y_0)$를 컨벡시티(convexity)라고 부른다. 듀레이션은

$$D(y_0) = \sum_{i=1}^{n} t_i \frac{C_i e^{-y_0 t_i}}{P(0, T)}$$

라고 쓸 수 있고, t_i를 제외한 부분은 합이 1, 즉

$$\frac{1}{P(0, T)} \sum_{i=1}^{n} C_i e^{-y_0 t_i} = 1$$

이기 때문에 현금이 들어오는 시간 t_i들의 가중평균이라고 할 수 있다.

위의 이차 근사식에서 $\Delta y = y - y_0$, $\Delta P = P(y) - P(y_0)$라 하면

$$\Delta P \approx - P(0, T) D(y_0) \Delta y + \frac{1}{2} P(0, T) C(y_0)(\Delta y)^2$$

혹은

$$\frac{\Delta P}{P(0, T)} \approx - D(y_0) \Delta y + \frac{1}{2} C(y_0)(\Delta y)^2$$

이 되어 만기수익률의 변화와 채권 가격 변화율과의 근사적 관계를 알아낼 수 있다. 예를 들어, 단기 채권과 같이 가까운 미래에 현금을 지급받게 되는 경우는 듀레이션이 작으므로 만기수익률이 변할 경우 채권 가격 변화율은 상대적으로 작은 반면, 장기 채권과 같이 먼 장래에 현금을 지급받게 되는 경우 듀레이션이 매우 크므로 만기수익률이

변할 경우 채권 가격 변화율이 상대적으로 커서 그만큼 많은 위험에 노출되어 있음을 알 수 있다.

만일 1차항까지의 테일러 전개를 고려했다면 다음과 같이 듀레이션, 이자율 변화, 채권 가격 변화를 나타내는 간단한 일차 근사식을 얻을 수 있다.

$$\frac{\Delta P}{P(0, T)} \approx - D(y_0) \Delta y \quad \text{또는} \quad P(y) = P(y_0) - P(y_0)D(y_0)(y - y_0)$$

만일 이자율 변화가 동일하고 듀레이션이 10배라면 채권 가격 변화도 10배가 됨을 알 수 있고 듀레이션이 채권의 위험관리에 얼마나 중요한지 알 수 있다.

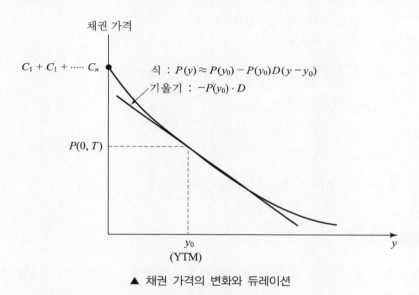

▲ 채권 가격의 변화와 듀레이션

예 5.1.1 어떤 투자자가 채권에 100억 원을 투자했다고 하자. 만기수익률은 4.3 % 이다.

(1) 만기수익률이 4.4 %가 되었을 경우
   듀레이션이 1년이라면

$$\Delta P \approx - P(0, T)D(y_0) \Delta y$$
$$= -100 \times 1 \times 0.001$$
$$= -0.1 \,(\text{억 원})$$

의 손실이 발생한다. 만일 듀레이션이 10년이라면

$$\Delta P \approx - P(0, T) D(y_0) \Delta y$$
$$= -100 \times 10 \times 0.001$$
$$= -1 (억 원)$$

으로 10배의 손실이 발생한다.

(2) 만기수익률이 4.2 %가 되었을 경우

듀레이션이 1년이라면

$$\Delta P \approx - P(0, T) D(y_0) \Delta y$$
$$= -100 \times 1 \times (-0.001)$$
$$= 0.1 (억 원)$$

의 이익이 발생한다. 만일 듀레이션이 10년이라면

$$\Delta P \approx - P(0, T) D(y_0) \Delta y$$
$$= -100 \times 10 \times (-0.001)$$
$$= 1 (억 원)$$

으로 10배의 이익이 발생하게 된다. ∎

5.1.2 현물이자율

이자율에 관하여 궁금한 것 중의 하나는 현재의 이자율의 현황, 즉 일정한 금액을 현재부터 임의의 t시점까지 차입하였을 때 얼마만큼의 이자를 지급해야 하는지를 알려주는 정보이다. 이러한 정보는 차입하는 기간 t의 함수로 표시되기 때문에 그래프로 나타낼 수 있으며 이를 수익률곡선이라고 부른다.

위에서 살펴본 바와 같이 YTM은 민감도에 대한 편리한 기능을 제공하지만 채권마다 다르기 때문에 전체 이자율의 현황을 알려주는 척도로는 적합하지 못하다. 따라서 이표채가 아닌 무이표채의 만기수익률을 이용하여 수익률곡선을 구하게 되고 이를 현물이자율 곡선(spot yield curve) 또는 제로커브(zero curve)라고 부른다.

무이표채의 경우 $P(t, T)$는 만기 T에 1을 주는 채권의 t 시점에서의 가격이므로 만기에서의 현금을 t시점으로 할인하는 할인율과 같다. 이 무이표채의 수익률을 $R(t, T)$

라 하면

$$P(t, T) = e^{-R(t, T)(T-t)}$$

가 성립된다. 이러한 $R(t, T)$를 t시점에서의 현물이자율(spot rate)이라고 하며 이를 T의 함수로 나타내어 곡선을 그리면 다음 그림과 같은 형태의 현물이자율 곡선이 된다.

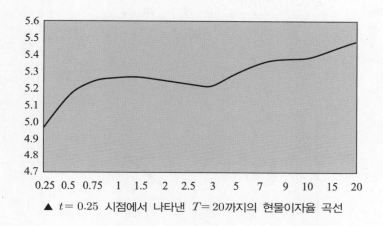

▲ $t = 0.25$ 시점에서 나타낸 $T = 20$까지의 현물이자율 곡선

5.2 ▌ 현물이자율 곡선의 추정

이자율 기간구조는 주어진 시간들 $t < T_1 < T_2 < \cdots < T_n$과 이 시간들을 만기로 갖는 무이표채들의 집합 $\{P(t, T_i)\}_{i=1}^{n}$ 혹은 이에 대응되는 현물이자율 $\{R(t, T_i)\}_{i=1}^{n}$이라고 말할 수 있다. 이들로부터 현물이자율 곡선을 추정하여 다양한 형태의 현금흐름을 갖는 금융상품의 가치를 평가하는 일은 매우 중요한 일이다. 그러나 이산시간으로 주어진 기간구조로부터 모든 시간에 적용되는 이자율 곡선을 만들어내는 일은 쉬운 일이 아니다.

이자율 곡선은 시장에서 거래되는 채권으로부터 얻은 이산적으로 주어진 수익률들을 보간법(인터폴레이션, interpolation)을 이용하거나 몇 개의 모수를 가진 일정한 형태의 함수로 주어졌다고 가정한 후 이 모수들을 추정하여 이자율 곡선을 얻는다. 많은 방법이 있지만 여기에서는 큐빅 스플라인(cubic spline), 지수 스플라인, 넬슨-지겔 방법에 대해 살펴보기로 하자. 편의상 $t = 0$이라고 하자.

5.2.1 선형보간법

선형보간법(linear interpolation)은 알고 있는 이웃하는 두 점을 직선으로 이어준 것이다. 예를 들어 만기와 이자율이 각각 $(t_1, R(0, t_1))$, $(t_2, R(0, t_2))$로 이웃하는 경우, $t_1 < t < t_2$를 만족하는 t 시점의 현물이자율 $R(0, t)$는 두 점을 지나는 직선식

$$R(0, t) = \frac{R(0, t_2) - R(0, t_1)}{t_2 - t_1}(t - t_1) + R(0, t_1)$$

를 이용하여 구할 수 있다.

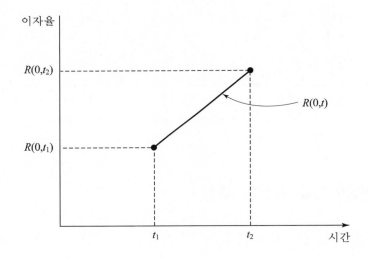

예 5.2.1

채권 가격과 만기의 구조가 다음 표와 같을 때

액면가($)	만기(년)	채권 가격($)
100	0.25	98
100	0.5	97
100	1	93
100	1.5	90
100	2	85

연속복리를 사용하여 만기별로 이자율을 구하면

$$R(0, 0.25) = \ln(100/98)/0.25 = 0.081$$

$$R(0, 0.5) = \ln(100/97)/0.5 = 0.061$$

$$R(0, 1) = \ln(100/93)/1 = 0.073$$

$$R(0, 1.5) = \ln(100/90)/1.5 = 0.070$$

$$R(0, 2) = \ln(100/85)/2 = 0.081$$

이 된다. 선형보간법을 사용하여 구한 현물이자율 곡선은 아래 그림과 같다.

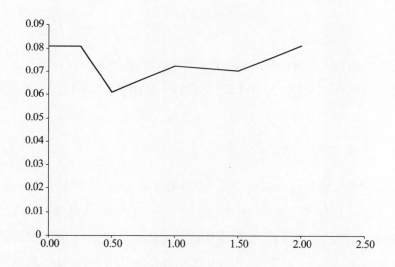

이 경우 $R(0, 0.75) = 0.067$이 된다. ■

5.2.2 3차원 보간법

선형보간법이 직선들로 연결하는 것이므로 첨점이 생기는 문제점 등이 발생하게 된다. 이러한 문제점을 보완하여 이들을 부드러운 곡선으로 연결하는 방법 중의 하나가 3차원 보간법이다. 이는 인접한 4개의 점을 이용하여 3차원 함수로 나타내는 방법이다. 이웃하는 점 $(t_1, R(0, t_1))$, $(t_2, R(0, t_2))$, $(t_3, R(0, t_3))$, $(t_4, R(0, t_4))$가 주어졌다면 $t_1 < t < t_4$를 만족하는 t 시점에서의 현물이자율 $R(0, t)$는 네 점을 지나는 3차식

$$R(0, t) = \frac{(t-t_2)(t-t_3)(t-t_4)}{(t_1-t_2)(t_1-t_3)(t_1-t_4)}R(0, t_1) + \frac{(t-t_1)(t-t_3)(t-t_4)}{(t_2-t_1)(t_2-t_3)(t_2-t_4)}R(0, t_2)$$

$$+ \frac{(t-t_1)(t-t_2)(t-t_4)}{(t_3-t_1)(t_3-t_2)(t_3-t_4)}R(0, t_3) + \frac{(t-t_1)(t-t_2)(t-t_3)}{(t_4-t_1)(t_4-t_2)(t_4-t_3)}R(0, t_4)$$

로 주어진다.

5.2.3 통계적 방법

큐빅 스플라인

이자율 곡선 $R(0, T)$를 추정하기 위해 $R(0, T)$가 3개의 기저함수(basis function) f_1, f_2, f_3의 선형합으로 표현될 수 있다고 가정하는 방법이다. 주어진 금리 데이터를 이용하여

$$R(0, T) = a_0 + a_1 f_1 + a_2 f_2 + a_3 f_3 + \epsilon$$

의 오차를 최소화 하는 상수 a_0, a_1, a_2, a_3을 선형회귀식 등을 이용하여 구한다. 만일 추정해야 하는 구간이 길면 오차가 커질 수 있으므로 이를 여러 개의 소구간으로 나누어 각 소구간마다 상수를 결정하고 이를 결합하는 방법을 사용한다. 이러한 소구간의 끝점을 knot point라 부른다. 보통 knot point의 개수는 사용하고 있는 채권의 수를 n이라고 할 경우 $\sqrt{n}$과 가까운 정수로 한다.

기저함수를 택하는 가장 간단한 방법은 테일러 전개에 따른 3개의 기저함수를 이용하는 방법이다. 즉, 특정값 a 근방에서

$$R(T) = a_0 + a_1(T-a) + a_2(T-a)^2 + a_3(T-a)^3$$

로 근사시키는 방법이다.

큐빅 스플라인 방식은 굴곡이 심한 형태의 이자율 곡선이 주어진 경우 잘 추정할 수 있으나, 이자율이 평탄하게 주어진 경우에는 추정오차가 커질 수 있다. 이는 3차 함수의 특성상 쉽게 예상될 수 있는 단점이라고 할 수 있다.

지수 스플라인

이자율 곡선을 지수함수

$$R(T) = a_0 + a_1 e^{-\mu T} + a_2 e^{-2\mu T} + a_3 e^{-3\mu T}$$

로 근사시키는 방법이다. 이 방식은 적합도가 뛰어난 할인함수를 도출할 수 있지만 knot point의 선택이 임의적이라는 단점을 가지고 있으며, knot point의 개수가 적으면 추정할인함수가 너무 평탄해지고 또한 선도이자율이 음이 될 가능성도 있는 단점이 있다.

넬슨-지겔 방법

이자율 곡선을 4개의 모수를 가진

$$R(T) = a_0 + a_1 \frac{1 - \exp(-T/\delta)}{T/\delta} + a_2 \left(\frac{1 - \exp(-T/\delta)}{T/\delta} - \exp(-T/\delta) \right)$$

로 근사시키는 방법이다.

$$f_1(T) = 1$$

$$f_2(T) = \frac{1 - \exp(-T/\delta)}{T/\delta}$$

$$f_3(T) = \frac{1 - \exp(-T/\delta)}{T/\delta} - \exp(-T/\delta)$$

라고 하면 f_1, f_2, f_3는 그림에서 보는 바와 같은 형태를 가진다.

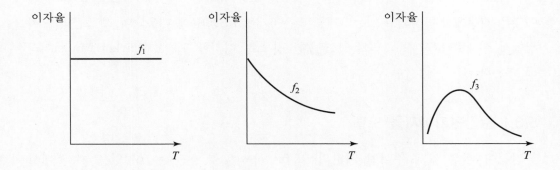

즉, 이자율이 수평, 기울기, 험프(hump)의 세 가지 형태로 구성되어 있다고 보는 것이다. 식을 살펴보면 $R(T)$가 만족하는 성질을 다음과 같이 요약할 수 있다.

1. T가 0으로 수렴하면 이자율은 $a_0 + a_1$로 수렴한다.
2. T가 커지면 이자율은 장기이자율 a_0로 수렴한다.
3. f_1은 이자율의 수평한 부분을 나타낸다.
4. f_2는 이자율 곡선의 기운 정도를 나타낸다.
5. f_3는 이자율의 험프 혹은 U자 형태를 나타낸다.

넬슨-지겔 방식은 다양한 형태의 이자율 곡선을 잘 추정하지만 변동성이 큰 경우는 추정력이 낮은 단점이 있다.

5.3 ◢ 이자율 확률과정: 순간단기이자율 모델

주가의 움직임을 나타내는 기하 브라운운동은 주가의 움직임에 대한 정보를 알려주어 미래 특정시점의 주가의 분포를 알게 해주는 반면, 앞에서 주어진 현물이자율 곡선은 이자율이 미래에 어떻게 변해갈 것인지 알려주지 않는다. 주가의 움직임에 대한 확률과정과 유사하게 이자율에 대한 확률과정을 구성하는 방법은 없을까? 이를 위해서는 현물이자율 $R(t, T)$의 변수가 2개이므로 하나를 축소시켜야 한다. 한 가지 방법은 T를 t로 보냈을 때 수렴하는 이자율을 r_t라고 하고 이 r_t가 특정한 형태의 확산과정을 따른다고 가정하는 것이다. 우리는 r_t를 순간단기이자율(instantaneous short rate) 또는 줄여서 단기이자율(short rate)이라고 부른다. 또 다른 방법은 고정된 상수 a에 대하여 T가 $t+a$로 주어진다고 가정한다. a는 보통 0.25년 혹은 0.5년으로 고정되는데 이것은 시장에서 통용되고 있는 3개월 혹은 6개월 LIBOR에 대응되며, 변동금리가 시장에서 실제로 움직이는 모습을 모델링한 것으로, 이러한 모델을 Market Model이라고 부른다.

5.3.1 순간단기이자율 모델

간격이 매우 짧게 주어진 시간의 열 $0 = t_0 < t_1 < \cdots < t_n = t$이 있을 때, t_i에서

t_{i+1}까지 이자율 r_{t_i}로 1원을 계속 재투자(roll-over)하는 방식으로 투자하는 경우를 생각해 보자. 이자는 매 기간마다 계산되는 복리로 주어진다고 가정한다. 처음에 1원을 연 이자율 r_{t_0}로 투자하면 t_1에서는 $1 + (t_1 - t_0)r_{t_0}$가 된다. 이 금액을 다시 투자하면 이번에는 이자율이 r_{t_1}이 되고 t_2시점에서 이자를 포함한 총액은

$$(1 + (t_1 - t_0)r_{t_0})(1 + (t_2 - t_1)r_{t_1})$$

이 된다. 이와 같은 방법을 계속 반복하면 t 시점에서의 총금액 P_t는

$$P_t = (1 + (t_1 - t_0)r_{t_0})(1 + (t_2 - t_1)r_{t_1}) \cdots (1 + (t_n - t_{n-1})r_{t_{n-1}})$$

이 된다. 편의상 $\Delta t \fallingdotseq t_i - t_{i-1}$가 i값에 관계없이 일정하다면, 이 식은

$$P_t = (1 + r_{t_0}\Delta t)(1 + r_{t_1}\Delta t) \cdots (1 + r_{t_{n-1}}\Delta t)$$

가 된다. 이는

$$P_t = \exp\left\{ \log(1 + r_{t_0}\Delta t) + \log(1 + r_{t_1}\Delta t) + \cdots + \log(1 + r_{t_{n-1}}\Delta t) \right\}$$

와 같이 변형된다. 절댓값이 매우 작은 x에 대하여 일차 근사에 의해

$$\log(1 + x) \approx x$$

를 만족하므로, 매우 작은 Δt에 대하여

$$P_t \approx \exp\left(\sum_{i=0}^{n-1} r_{t_i}\Delta t \right)$$

라고 쓸 수 있고 Δt를 0으로 보내면 r_{t_i}는 단기이자율로 수렴하게 되고

$$P_t = \exp\left(\int_0^t r_s ds \right)$$

가 된다. 이와 같은 형태로 수익이 주어지는 증권을 Money Market Account(MMA) 라고 부른다. 이를 방정식 형태로 표현하면 다음과 같다.

$$dP_t = r_t P_t dt$$

이 식에는 브라운운동항으로부터 나온 dB_t항이 없으므로 변동성 σ는 0이 됨을 알수 있다.

만기 T에서 1을 주는 채권은 만기에서 이득 V가 1인 파생상품이라고 볼 수 있으므로, 단기이자율 r_t가 주어진 경우 채권의 가격은 위험중립세상에서

$$P(0, T) = E^Q \left\{ \frac{V}{\exp\left(\int_0^T r_s ds\right)} \right\}$$

$$= E^Q \left\{ \exp\left(-\int_0^T r_s ds\right) \right\}$$

를 계산함으로써 구할 수 있다.

보다 일반적으로 미래의 t시점에서의 채권 가격 $P(t, T)$는 $\mathcal{F}_t$를 t시점까지의 정보라할 때

$$P(t, T) = E^Q \left(\exp\left(-\int_t^T r_s ds\right) \middle| \mathcal{F}_t \right)$$

로 엄밀하게 주어지지만, 현재를 t라고 가정하고, 또한 특별히 혼란이 생길 문제가 없는 한 기댓값에서 Q를 생략하여

$$P(t, T) = E \left(\exp\left(-\int_t^T r_s ds\right) \right)$$

로 간편히 나타낼 수 있다. 시간 t에서 T까지의 평균이자율 $\bar{r}$을 다음과 같이 정의하면

$$\bar{r} = \frac{1}{T-t} \int_t^T r_s ds$$

다음과 같은 이자율 간의 관계식을 얻을 수 있다.

$$P(t, T) = E \left(\exp\left(-\int_t^T r_s ds\right) \right)$$

$$= E \left\{ \exp\left(-\left(\frac{1}{T-t} \int_t^T r_s ds\right)(T-t)\right) \right\}$$

$$= E \left\{ \exp(-\bar{r}(T-t)) \right\}$$

이므로

$$P(t, T) = e^{-R(t, T)(T-t)}$$

임을 이용하여

$$R(t, T) = -\frac{1}{T-t} \log P(t, T)$$
$$= -\frac{1}{T-t} \log\left[E\{\exp(-\bar{r}(T-t))\}\right]$$

를 만족함을 알 수 있다. 즉, 단기이자율이 주어지면 채권의 가격이나 이자율 곡선을 도출해낼 수 있게 된다.

5.3.2 선도이자율

앞에서 간략히 언급한 바와 같이, T_1부터 T_2까지 적용되는 이자율을 관찰된 시점 t ($t < T_1$)에서 나타내면 이 이자율은 t시점에 관찰된 미래금리인 선도금리 $F(t, T_1, T_2)$가 된다. $T_1 = T$, $T_2 = T + \Delta t$라고 하고 아비트리지가 없으려면 $T + \Delta t$에서 T까지 할인한 후, 다시 T에서 t까지 할인한 것과 $T + \Delta t$에서 t까지 직접 할인한 것이 동일해야 하므로 다음과 같은 식이 성립한다.

$$P(t, T + \Delta t) = P(t, T) \exp(-F(t, T, T + \Delta t)\Delta t)$$

이 식을 선도이자율(Forward rate)에 관해 풀면

$$F(t, T, T + \Delta t) = -\frac{1}{\Delta t}(\log P(t, T + \Delta t) - \log P(t, T))$$

가 된다. Δt를 0으로 보내면 순간선도이자율 $f(t, T)$를 얻게 된다. 즉

$$f(t, T) = \lim_{\Delta t \to 0} F(t, T, T + \Delta t)$$
$$= -\lim_{\Delta t \to 0} \frac{\log P(t, T + \Delta t) - \log P(t, T)}{\Delta t}$$
$$= -\frac{\partial}{\partial T} \log P(t, T)$$

가 된다. 또한 이 식을

$$d\log P(t,T) = -f(t,T)dT$$

라고 쓸 수 있으므로 양변을 t에서 T까지 적분하여

$$\int_t^T d\log P(t,s) = -\int_t^T f(t,s)ds$$

가 되고

$$\log P(t,T) - \log P(t,t) = -\int_t^T f(t,s)ds$$

를 얻는다. $P(t,t) = 1$이 되므로 다음과 같은 채권 가격과 순간선도이자율간의 관계식을 얻을 수 있다.

$$P(t,T) = \exp\left(-\int_t^T f(t,s)ds\right)$$

현물이자율과 채권 가격과의 관계가

$$P(t,T) = e^{-R(t,T)(T-t)}$$

로 주어지므로

$$R(t,T) = \frac{1}{T-t}\int_t^T f(t,s)ds$$

를 만족한다. 따라서 단기이자율 r_t는 다음 식

$$r_t = \lim_{T \to t} R(t,T) = f(t,t)$$

에 의해 순간선도이자율로부터 얻을 수 있다.

단기이자율이 결정되면 앞에서 설명한 바와 같이 이자율 곡선이나 채권의 가격들을 산출해낼 수 있다. 한 가지 중요한 것은 r_t가 위험중립세상에서 모델링된다는 점이다. 채권을 포함한 파생상품의 가격을 결정하기 위해서는 위험중립세상에서 계산되어져야 하기 때문이다.

Rendleman-Barter는 주가를 나타내는 기하 브라운운동을 이용하여 r_t를 모델링하였다. 즉,

$$dr_t = \mu r_t dt + \sigma r_t dB_t$$

라고 가정하였다. 잘 알고 있는 바와 같이 r_t는 기하 브라운운동으로 표시되며 시간이 지남에 따라 이자율은 발산한다.

5.3.3 Vasicek 모델

Vasicek 모델은 단기이자율 r_t가 다음과 같이 주어진 확률과정을 만족한다고 가정한다.

$$dr_t = a(b - r_t)dt + \sigma dB_t.$$

이 식의 방향항, 즉 dt의 계수를 살펴보면 r_t가 매우 큰 경우는 음이 되어 r_t가 작아지는 방향으로 움직이고 r_t가 매우 작은 경우에는 양이 되어, r_t가 커지는 방향으로 움직임을 알 수 있다. 조금 더 엄밀하게 알아보기 위하여 다음과 같이 위 식에서 브라운운동항이 빠진 식

$$dr_t = a(b - r_t)dt$$

를 살펴보자.

이 방정식을 풀기 위해 변수분리 방법을 적용해보면

$$\frac{dr_t}{b - r_t} = adt$$

가 되고 양변을 적분하여

$$\int \frac{dr_t}{b - r_t} = \int adt$$

를 얻는다. 이로 부터

$$-\log(b - r_t) = at + C_1$$

이 됨을 알 수 있고

$$b - r_t = Ce^{-at}$$

가 된다. $t = 0$ 일 때의 값을 r_0라고 하면, $C = b - r_0$가 됨을 알 수 있으므로

$$r_t = b - (b - r_0)e^{-at}$$

를 만족함을 알 수 있다.

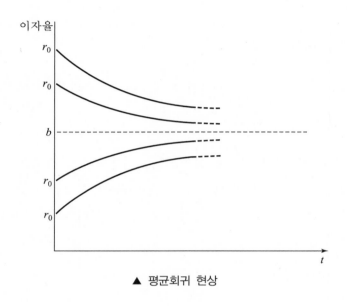

▲ 평균회귀 현상

그림에서 보는 바와 같이 r_0가 b 보다 큰 경우에는 t가 커짐에 따라 단조 감소하면서 b로 수렴하고 r_0가 b 보다 작은 경우에는 t가 커짐에 따라 단조 증가하면서 b로 수렴하는 것을 알 수 있다. 또한 모델에서 a는 b로 얼마나 빨리 수렴하는지를 나타내주는 상수이다. 따라서 이러한 동적 구조에 브라운운동항이 더해져서 이루어지는 이자율 모델은 장기적으로 어떤 분포로 수렴해 가는 것을 예측할 수 있다. 이러한 현상을 평균회귀 (mean reversion)라고 한다. Vasicek 모델은 이와 같이 이자율의 평균회귀 현상을 반영하여 만들어진 것이다.

Vasicek 모델은 이자율이 음수로 나오는 경우가 있다는 단점이 있다. 브라운운동항에 r_t가 곱해져 있지 않기 때문에 이자율의 분포가 대수정규분포가 아니라 정규분포를 이루기 때문이다. 이러한 단점을 보완한 모델이 다음에 소개되는 CIR(Cox-Ingersoll-Ross) 모형이다.

5.3.4 Cox-Ingersoll-Ross 모델(CIR 모델)

CIR 모델은 단기이자율 r_t가 다음과 같이 주어진 확률과정을 만족한다고 가정한다.

$$dr_t = a(b-r_t)dt + \sigma\sqrt{r_t}\,dB_t$$

Vasicek 모델에서 브라운운동항에 $\sqrt{r_t}$를 첨가한 것이다. r_t가 음수가 되면 이 항은 정의되지 않는다. 만일 이자율이 작아져서 0에 가까워지면, 브라운운동항의 계수가 매우 작아지기 때문에 방향항의 결정적 과정이 압도하게 되고 Vasicek 모델에서 설명한 바와 같이 b로 수렴하게 되어 음수가 되는 경우가 발생하지 않는다.

Vasicek과 CIR 모델에서는 식이 현물이자율 구조를 포함하고 있지 않으므로, 현재의 이자율이 초깃값으로 쓰이지 않는다. 오히려 현재의 이자율 구조를 잘 나타내주는 a, b, σ 등을 찾아야 하고, 현재의 이자율 구조를 나타내는 현물이자율 곡선 형태가 다양하기 때문에 a, b, σ를 변형시킨다 해도 일반적으로 정확한 fitting을 제공해 주지 않는다.

Vasicek model과 CIR 모델에서의 무이표채의 가격은

$$P(t,T) = f_1(t, T, a, b, \sigma)e^{-f_2(t, T, a, b, \sigma)r_t}$$

의 형태를 갖고

$$R(t,T) = g_1(t, T, a, b, \sigma) + g_2(t, T, a, b, \sigma)r_t$$

의 형태가 되어 r_t에 대해 선형으로 주어지게 된다. 따라서 a, b, σ가 결정되면 현물이자율 곡선이 r_t값에만 의존한다는 것을 알 수 있다. 이와 같은 형태의 채권 가격과 현물이자율 커브를 갖는 모델을 Affine 모델이라고 부른다.

단기 이자율 방정식을 푸는 방법은 Feynman-Kac 정리를 이용하여 편미분방정식을 구하고, Affine 형태의 해를 가정한 후 대입하여 계수를 결정해주는 방법을 사용한다. 그러나 이 책에서는 해와 관련된 내용 및 관련 채권 가격 등에 대한 공식 등을 자세히 다루지는 않는다.

5.3.5 Hull-White 모델

Vasicek과 CIR 모델에서는 현물이자율 구조가 초깃값으로 쓰이지 않는다. Hull-White 모델은 현재 알 수 있는 현물이자율 구조를 초깃값으로 사용하고 아비트리지가 없는 이자율 트리를 생성함으로써 실무자들 사이에서 광범위하게 사용되고 있다. Hull-White 모델은 단기이자율이

$$dr_t = (\theta_t - ar_t)\,dt + \sigma dB_t$$

로 주어진 모델을 말하며, 무차익 모형을 만족시키기 위해서는

$$\theta_t = \frac{\partial}{\partial t}F(0, t) + aF(0, t) + \frac{\sigma^2}{2a}(1 - e^{-2at})$$

가 성립되어야 한다는 것이 알려져 있다. 이 경우 Hull-White 모델은 다음과 같은 식으로 나타내진다.

$$dr_t = \left(\frac{\partial}{\partial t}F(0, t) + aF(0, t) + \frac{\sigma^2}{2a}(1 - e^{-2at}) - ar_t\right)dt + \sigma dB_t$$

이 식의 방향항을 살펴보면

$$\frac{\sigma^2}{2a}(1 - e^{-2at})$$

항이 그리 크지 않기 때문에 초기에 주어진 $F(0, t)$의 기울기에 $a(F(0, t) - r_t)$이 더해진 값으로 주어짐을 알 수 있다. $a(F(0, t) - r_t)$는 r_t가 $F(0, t)$ 보다 커지면 음수가 되어 방향항을 감소시키고, r_t가 $F(0, t)$ 보다 작아지면 양수가 되어 방향항을 증가시킴으로써 평균회귀를 하도록 만들어 준다.

단기이자율이 Hull-White 모델로 주어진 경우 할인채의 가격은 다음의 식으로 주어진다.

$$P(t, T) = A(t, T)e^{-B(t, T)r_t}$$

$$A(t, T) = \frac{P(0, T)}{P(0, t)}e^{B(t, T)F(0,t) - \frac{\sigma^2}{4a^3}(e^{-aT} - e^{-at})^2(e^{-2at} - 1)}$$

$$B(t, T) = \frac{1 - e^{-a(T-t)}}{a}$$

Hull-White 모델의 단점 중의 하나는 Vasicek 모델과 마찬가지로 단기이자율이 음수가 될 수 있다는 점이다.

5.3.6 Black-Derman-Toy(BDT) 모델과 Black-Karasinski 모델

BDT 모델은 단기이자율이 음수가 될 수 있는 Hull-White 모델 등의 단점을 극복하기 위하여 단기이자율에 log를 취한 형태로 다음과 같이 주어진다.

$$d\log(r_t) = \left(\theta_t + \frac{\sigma'_t}{\sigma_t}\log(r_t)\right)dt + \sigma_t dB_t$$

변동성이 시간에 따라 변하는 경우에도 적용할 수 있으며, 만일 변동성이 상수이면 미분값이 0이 되어

$$d\log(r_t) = \theta_t dt + \sigma_t dB_t$$

로 주어지게 된다. 이를 보다 일반화시킨 모델이

$$d\log(r_t) = (\theta_t - a_t\log(r_t))dt + \sigma_t dB_t$$

로 주어지는 Black-Karasinski 모델이다. 그러나 이러한 모델의 단점은 해를 분석하기가 어렵고, 할인채의 가격을 나타내는 공식을 만들어 낼 수가 없어 근사적인 접근을 해야 한다는 점이다.

▶ 참고 2요인 모델

Hull-White 모델은 다음과 같이 2개의 요인(factor)으로 이루어진 모델로 확장된다.

$$df(r_t) = (\theta_t + u_t - af(r_t))dt + \sigma_1 dB_t^1$$

여기에서 u_t는 $u_0 = 0$이며 다음 식을 만족시키는 확률과정이다.

$$du_t = -bu_t dt + \sigma_2 dB_t^2$$

또한 B_t^1과 B_t^2는 상관계수가 ρ인 브라운운동이다. 보다 많은 형태의 이자율구조를 제공하지만 모수가 많아서 캘리브레이션이 쉽지 않다는 단점이 있다.

5.3.7 Heath-Jarrow-Morton(HJM) 모델

t시점에서 바라본 T_1에서 $T_2(t < T_1 < T_2)$까지 적용되는 이자율을 선도금리 $f(t, T_1, T_2)$이라고 하자. 앞에서 다룬 바와 같이 선도금리에서 T_1을 T_2로 보낸 극한을 순간선도금리(instantaneous forward rate)라 부르고 $F(t, T)$로 나타낸다. 앞에서 설명한 바와 같이 순간단기이자율은 순간선도금리에서 T를 t로 보낸 극한이다. 즉, $r_t = \lim_{T \to t} F(t, T)$이다.

순간단기이자율은 이와 같이 극한을 계산하는 과정에서 선도금리들 간의 상관관계와 같은 정보를 잃어버리게 되고, 시간에 따라 변하는 변동성 구조를 반영할 수 없게 된다. HJM모델은 이러한 약점을 개선하기 위하여 다음과 같이 순간선도이자율 $F(t, T)$의 움직임을 나타내는 모델이다. 만일 고정된 T에 대하여

$$dF(t, T) = \mu(t, T)dt + \sigma(t, T)dB_t$$

를 만족한다고 하면 σ와 μ 사이에는 어떤 관계가 존재한다.

이를 알아보기 위해 $P(t, T)$의 위험중립세상에서의 확률과정이 다음을 만족한다고 가정하자.

$$dP(t, T) = r_t P(t, T)dt + a(t, T)dB_t$$

여기에서 r_t는 단기 무위험이자율로 위험중립세상에서 무이표채의 방향항은 r_t로 주어진다. 순간 선도이자율이 다음과 같은 식으로 주어지므로

$$F(t, T) = -\frac{\partial}{\partial T} \ln P(t, T)$$

엄밀하지는 않지만 양변에 d를 취한 후

$$dF(t, T) = -d\left(\frac{\partial}{\partial T} \ln P(t, T) \right)$$

미분의 순서를 바꾸고 이토 공식을 적용하면

$$dF(t, T) = -\frac{\partial}{\partial T}(d\ln P(t, T))$$

$$= -\frac{\partial}{\partial T}\left(\left(r_t - \frac{a(t,T)^2}{2}\right)dt + a(t,T)dB_t\right)$$

$$= a(t,T)a_T(t,T)dt + a_T(t,T)dB_t$$

를 얻을 수 있다. 여기에서 a_T는 T에 관한 미분을 말한다. 따라서

$$\sigma(t,T) = -a_T(t,T), \quad \mu(t,T) = a(t,T)a_T(t,T)$$

가 되고, t시점에서 만기가 t인 채권의 가격은 1이므로 이에 대한 변동성은 $a(t,t)=0$ 이 되어 다음과 같은 관계가 성립됨을 알 수 있다.

$$\mu(t,T) = \sigma(t,T)\int_t^T \sigma(t,s)ds$$

따라서 순간선도이자율은 다음과 같은 식을 만족함을 알 수 있다 $[H]$.

$$dF(t,T) = \sigma(t,T)\left(\int_t^T \sigma(t,s)ds\right)dt + \sigma(t,T)dB_t$$

HJM 모델은 순간선도이자율을 기술하는 확률미분방정식의 변동성과 방향항이 채권 가격의 변동성에 의해 주어지고, 또한 확률미분방정식의 방향항이 순간선도이자율의 변동성에 의해 자동적으로 정해지게 된다는 중요한 사실을 알려준다. 그러나 다른 순간 단기이자율 모델과 달리 과거의 변동성을 적분한 항이 식에 들어가 있어 미래의 움직임이 오직 현재의 가격에만 의존해야 하는 마코브과정(Markov process)의 중요한 성질을 만족시키지 못한다. 이 경우 과정의 복잡성 때문에 많은 경우 계산이 거의 불가능하다는 단점이 있다.

5.3.8 위험의 시장가

어떤 기초자산의 가격을 나타내는 확률과정 X_t가 실제 마켓에서 기하 브라운운동을 하고 있다고 하자. 그러면 기대수익률을 나타내는 상수 μ와 변동성을 나타내는 상수 σ 가 존재하여 X_t는 다음과 같이 표현된다.

$$dX_t = \mu X_t dt + \sigma X_t dB_t$$

여기에서 B_t는 브라운운동이다. 무위험이자율을 r이라고 하면, 4장에서 설명한 바와 같이 위험의 시장가(Market Price of Risk, MPR)는 $(\mu - r)/\sigma$로 주어지고, 위험중립세상에서는 기대수익률이 r이 되어

$$dX_t = rX_t dt + \sigma X_t dB_t$$

로 표현된다. 따라서 위험중립세상에서는 MPR이 $(r-r)/\sigma = 0$이 된다.

거사노프 정리에 따른 메저변환의 과정을 다시 한 번 살펴보면,

$$dX_t = \mu X_t dt + \sigma X_t dB_t$$

는

$$dX_t = (r + \mu - r)X_t dt + \sigma X_t dB_t$$

와 같고, 이를 정리하면

$$dX_t = rX_t dt + (\mu - r)X_t dt + \sigma X_t dB_t$$
$$= rX_t dt + \sigma X_t \left(\frac{\mu - r}{\sigma} dt + dB_t \right)$$

가 되어,

$$d\widetilde{B}_t = \frac{\mu - r}{\sigma} dt + dB_t$$

를 만족하는, 즉 MPR 만큼의 방향항을 제거하는 메저변환에 의해 새로운 브라운운동 $\widetilde{B}_t$를 찾아줌으로써 위험중립세상으로 이동된다.

만일 MPR이 m이 되는 어떤 가상의 세계가 있다면, 이 가상의 세계에서는 기대수익률이 무엇이 되는지 알아보기 위하여 이 기대수익률을 $\overline{\mu}$라 하자. 그러면

$$m = \frac{\overline{\mu} - r}{\sigma}$$

을 만족하므로

$$\overline{\mu} = r + m\sigma$$

가 된다. 이러한 세상에서는 X_t가

$$dX_t = (r + m\sigma)X_t dt + \sigma X_t dB_t$$

를 만족하고 이러한 식을 만족시키는 X_t는 유일하다. 이와 같이 주어진 기하 브라운운동은 MPR이 다르게 주어진 세상에서도 방향항만 바뀐 채 유일한 방법으로 표현된다. 이는 세상을 지배하는 확률메저를 새롭게 선택한 것과 같다. 거사노프 정리는 이 새로운 메저를 위험중립세상을 이루는 메저를 선택하도록 하는 것이라고 볼 수 있다. 한 가지 유의할 점은 이와 같이 다른 메저를 선택한다 해도 변동성은 바뀌지 않는다는 점이다. 변동성뿐만 아니라 변수가 여러 개인 경우 이들 간의 상관계수도 바뀌지 않는다.

5.3.9 선도위험중립세상

또 다른 기초자산의 가격을 나타내는 확률과정 Y_t가 동일한 브라운운동 B_t에 대하여 다음과 같이 표현된다고 하자.

$$dY_t = \mu^* Y_t dt + \sigma^* Y_t dB_t.$$

우리가 관심 있는 것은 $\dfrac{X_t}{Y_t}$가 언제 마팅게일이 되는가 하는 문제이다. 왜냐하면 마팅게일은 시간 t와 상관없이 모든 기댓값이 일정하기 때문에 만기 T에서의 기댓값을 $t = 0$ 시점에서의 값과 동일하다고 할 수 있기 때문이다.

이러한 목적을 달성하기 위해 MPR이 Y_t의 변동성 σ^*로 주어지는 세상을 고려해 보자. 이러한 세상을 우리는 Y_t에 관한 선도위험중립세상(Forward risk neutral world)이라고 말한다. 이 선도위험중립세상에서는 X_t와 Y_t의 기대수익률이 각각 $r + \sigma\sigma^*$와 $r + \sigma^{*2}$으로 주어지기 때문에 다음과 같은 관계식을 만족한다.

$$dX_t = (r + \sigma\sigma^*)X_t dt + \sigma X_t dB_t$$
$$dY_t = (r + \sigma^{*2})Y_t dt + \sigma^* Y_t dB_t.$$

MPR을 Y_t의 변동성으로 잡은 이유는 X_t의 Y_t에 대한 상대적인 가격, 즉

$$Z_t \doteq \frac{X_t}{Y_t}$$

가 이 선도위험중립 세상에서 마팅게일이 되기 때문이다. 이와 같이 상대적인 가격을

고려할 때 기준이 되는 Y_t를 numeraire라고 부른다. Z_t가 마팅게일이 되는 것은

$$dZ_t = (\sigma - \sigma^*)Z_t dB_t$$

로 나타내짐을 보임으로서 증명할 수 있다. 어떤 확률과정이 방향항이 없이 순수한 스토캐스틱 적분꼴로 표시되면 마팅게일이 되기 때문이다(연습문제 참조).

마팅게일의 중요한 성질 중의 하나가 시간이 변하더라도 기댓값이 변하지 않는다는 것이므로 $\widetilde{E}$를 선도위험중립세상에서의 기댓값이라 하면 이 선도중립세상에서는 임의의 $t > 0$에 대하여

$$\widetilde{E}(Z_0) = \widetilde{E}(Z_t)$$

를 만족한다. 이를 X_0에 대하여 풀어 쓰면

$$X_0 = Y_0 \widetilde{E}\left(\frac{X_t}{Y_t}\right)$$

를 만족함을 알 수 있다.

이와 같이 선도위험중립세상을 선택하는 과정을 도식화해보면 다음과 같다.

World	MPR	확률메저	기초자산 식
실제 세상	$\dfrac{\mu - R}{\sigma}$	P	$dX_t = \mu X_t dt + \sigma X_t dB_t$
⋮	⋮	⋮	⋮
Y_t에 관한 선도위험 중립세상	σ^*	P^*	$dX_t = (r + \sigma\sigma^*)X_t dt + \sigma X_t dB_t$
⋮	⋮	⋮	⋮
위험중립세상	O	Q	$dX_t = r X_t dt + \sigma X_t dB_t$

σ^*: numeraire $\quad Y_t$의 변동성, $\quad r$: 무위험이자율

5.3.10 할인채 numeraire

numeraire가

$$Y_t = P(t, T)$$

로 주어진 경우를 고려해 보자. 만기가 T인 할인채를 numeraire로 사용하게 되면 T 시점에서의 채권 가격이 1이 되므로 다음과 같이

$$X_0 = Y_0 \widetilde{E}(X_T)$$

로 쉽게 표현된다. Y_t를 numeaire로 갖는 선도위험중립세상에서의 기댓값을 $E^T(\,\cdot\,)$ 로 나타내면, $Y_T = P(T, T) = 0$이므로

$$X_0 = Y_0 \widetilde{E}\left(\frac{X_T}{Y_T}\right)$$
$$= P(0, T)\,\widetilde{E}(X_T)$$

를 만족한다. 할인채를 numeraire로 갖는 선도위험중립세상에서는 선도금리가 결정되는 메커니즘을 쉽게 이해할 수 있다.

선도금리가 어떻게 결정되어야 하는지 알아보기 위하여 $F(t, T_1, T_2)$를 고려해 보자. $F(t, T_1, T_2)$는 t 시점에서 계산한 T_1시점에서 T_2까지 적용되는 선도금리이다. 현재를 $t = 0$이라고 하면 $F(t, T_1, T_2)$는 시간 t에 따라 변하는 확률과정이 된다. LIBOR 이자율에 적용하기 위해 이자가 연속복리가 아니라 $T_2 - T_1$마다 계산되는 복리 방식을 적용하고, t 시점에서의 채권의 선도가격을 $P(t, T_1, T_2)$라고 하면, 만기가 다른 채권 사이에 다음과 같은 식이 성립된다.

$$P(t, T_1, T_2) \cdot P(t, T_1) = P(t, T_2)$$

또한 1원을 선도금리 $F(t, T_1, T_2)$로 T_1시점에서 T_2까지 투자한 후 다시 T_1시점으로 할인하면 본래의 1원으로 되돌아와야 하므로

$$(1 + (T_2 - T_1)\,F(t, T_1, T_2)) \cdot P(t, T_1, T_2) = 1$$

이 성립한다. 두 식에서 $P(t, T_1, T_2)$을 소거하여 정리하면

$$F(t, T_1, T_2) = \frac{P(t, T_1) - P(t, T_2)}{T_2 - T_1} \cdot \frac{1}{P(t, T_2)}$$

가 된다. 여기에서

$$X_t = \frac{1}{T_2 - T_1}(P(t, T_1) - P(t, T_2))$$

$$Y_t = P(t, T_2)$$

라 하고 Y_t, 즉 만기가 T_2인 할인채를 numeraire로 갖는 선도위험중립세상을 고려해 보자. 이러한 선도위험중립세상에서는 $F(t, T_1, T_2)$가 마팅게일이 되므로

$$E^{T_2} F(t, T_1, T_2)$$

는 t 값에 관계없이 항상 일정하게 된다. 따라서 t에 0과 T_2를 대입하여 다음과 같은 식을 얻을 수 있다.

$$F(0, T_1, T_2) = E^{T_2}(F(T_1, T_1, T_2)) = E^{T_2}(R(T_1, T_2))$$

즉, 현재($t = 0$)의 선도금리는 만기가 T_2인 할인채를 numeraire로 갖는 선도위험중립세상에서 택한, T_1 시점에서의 spot rate에 대한 기댓값으로 주어진다 [H].

5.4 이자율 확률과정: LIBOR 시장 모델

금융시장에서 관찰되는 변동금리에는 LIBOR나 CD금리 등이 있다. 이러한 금리들은 보통 3개월 혹은 6개월간 적용되는 변동이자율이다. HJM 모델에서 다루는 순간선도금리가 시장에서 관찰될 수 없는 단점을 보완하고, 직접 관찰되어지는 LIBOR 금리를 모델링한 것이 LIBOR 시장 모델(LIBOR Market Model, LMM)이다.

시간구조가 $t_1 < t_2 < \cdots < t_n$으로 주어졌다고 하고 $\delta_k = t_{k+1} - t_k$라 하자. t_k 이전 시점인 t에서 바라본 t_k에서 t_{k+1}까지 적용되는 선도이자율 $f(t, t_k, t_{k+1})$을 F_t^k라고 하자. 그러면 numeraire가 $P(t, t_{k+1})$로 주어지는 선도위험중립세상에서 F_t^k가 마팅게일이 되므로 기하 브라운운동을 한다고 가정하면 방향항은 0이 되고, F_t^k의 t시점에서의 순

간변동성 σ_t^k를 이용하여 다음과 같이 나타낼 수 있다.

$$dF_t^k = \sigma_t^k F_t^k dB_t, \qquad k = 1, 2, \cdots, n$$

그러나 각각의 k에 대하여 numeraire가 모두 다르기 때문에 위의 식들을 동시에 나타내는 데에는 문제가 있다. 모든 k에 대하여 위의 식을 동일한 numerarie로 나타내는 방법에는 특정한 N을 하나 선택하여 numeraire를 $P(t, t_{N+1})$으로 고정하거나 이동선도위험중립세상(rolling forward risk neutral world)을 고려하는 방법이 있다.

numeraire를 $P(t, t_{N+1})$으로 고정하는 경우, 각각의 k에 대하여 numeraire를 $P(t, t_{N+1})$로 바꿔주면 다음과 같은 식을 얻는다.

$$\frac{dF_t^k}{F_t^k} = -\sum_{i=k+1}^{N-1} \frac{\delta_i F_t^k \sigma_t^k \sigma_t^k}{1 + \delta_i F_t^k} dt + \sigma_t^k dB_t, \qquad k < N-1$$

$$\frac{dF_t^k}{F_t^k} = \sigma_t^k dB_t, \qquad k = N-1$$

$$\frac{dF_t^k}{F_t^k} = \sum_{i=N}^{k} \frac{\delta_i F_t^k \sigma_t^k \sigma_t^k}{1 + \delta_i F_t^k} dt + \sigma_t^k dB_t, \qquad k \geq N$$

만일 $t_{i-1} < t \leq t_i$이고 현재가 t 시점이라고 하면 가장 가까운 시간에 발생하는 금리 조정은 t_i 시점이다. 이 t_i를 $[t]$라고 하자. 이동선도위험중립세상(rolling forward risk neutral world)은 t 시점에서의 numerarie를 바로 다음 금리조정일인 $[t]$에서 만기가 되는 할인채, 즉 $P(t, [t])$가 되도록 해주는 세상이다. 이동선도위험중립세상에서는 시간 t가 증가함에 따라 $[t]$가 바뀌므로 자동으로 numeraire가 바뀐다. 이러한 이동선도위험중립세상에서는 다음과 같은 식이 성립된다.

$$\frac{dF_t^k}{F_t^k} = \sum_{i=[t]}^{k} \frac{\delta_i F_t^k \sigma_t^k \sigma_t^k}{1 + \delta_i F_t^k} dt + \sigma_t^k dB_t, \qquad k = 1, 2, \cdots, n$$

LMM 모델은 조금 복잡하기는 하지만 미래의 각 구간에 적용되는 선도이자율을 동시에 다룰 수 있다는 장점이 있다. 또한 위 식은 이자율 파생상품의 가격을 결정하기 위해서는 변동성 함수 σ_t^k만 결정되면 된다는 중요한 사실을 알려준다. 이 식에서 δ_i들이 모두 0으로 수렴하면 구분구적법을 이용한 적분으로의 수렴과 유사하게 HJM 모형

형태로 수렴한다.

이와 같이 복잡한 형태의 LMM 모델을 응용하기 위한 가장 단순한 방법은 [H]에 소개되어 있는 바와 같이 변동성을 계단함수(step function)로 가정하는 방법이다. 변동성 σ_t^k를 $k - [t]$만의 함수, 즉 t 부터 t_k까지 남은 금리 조정일의 숫자만의 함수로 보고 몬테칼로 시뮬레이션을 통해 뒤에 배울 캡릿의 가격을 구해보면 블랙모형과 유사하게 나온다. 이와 같이 LMM 모델의 장점은 Black 모델을 이용하는 시장의 경향과 일치한다는 점이다.

변동성이 $\sigma_t^k = \lambda(k - [t])$로 나타내지므로 이 경우 블랙모형의 변동성을 이용하여 $\lambda(k - [t])$를 결정할 수 있다. t_k에서 t_{k+1} 사이의 캡릿의 가치를 구하기 위한 블랙모형의 변동성을 $\widetilde{\sigma_k}$라 하면 두 모형의 분산이 동일해야 하므로 다음과 같은 식이 성립된다.

$$\widetilde{\sigma_k}^2 \, t_k = \sum_{i=1}^{k} \lambda_{k-i}^2 \delta_{i-1}$$

이 식을 이용하여 λ_0, λ_1, $\cdots$을 순차적으로 계산할 수 있다.

LMM 모델은 대부분 몬테칼로 시뮬레이션을 이용하는 방법으로 활용된다. Hull은 다음과 같은 식을 제시하고 있다.

$$F_{t_{j+1}}^k = F_{t_j}^k \exp\left[\left(\sum_{i=j+1}^{k} \frac{\delta_i F_{t_j}^k \lambda_{i-j-1} \lambda_{k-j-1}}{1 + \delta_i F_i(t_j)} - \frac{\lambda_{k-j-1}^2}{2}\right)\delta_j + \lambda_{k-j-1} Z\sqrt{\delta_j}\right]$$

여기에서 Z는 표준정규분포로부터 뽑아낸 난수(random number)이다. 주의해야 할 점은 동일한 난수를 모든 k에 대해 적용해야 한다. 왜냐하면 앞에서 살펴본 LMM 모델이 단일 요인만 존재한다고 가정하고 만들어졌기 때문이다. 다시 말해, 불확실성이 단 하나의 브라운운동 B_t에 의해서만 발생하기 때문이다.

이를 모든 선도금리가 각각 서로 다른 브라운운동으로부터 만들어진다고 가정하는 다요인 모델로 확장할 수 있다. 즉, n개의 서로 다른 브라운운동 $\widetilde{B_t^1}, \widetilde{B_t^2}, \cdots, \widetilde{B_t^n}$ 이 존재하여 numeraire가 $P(t, t_{k+1})$로 주어지는 선도위험중립세상에서 F_t^k

$$dF_t^k = \sigma_t^k F_t^k \, d\widetilde{B_t^k}, \qquad k = 1, 2, \cdots, n$$

를 만족한다고 가정한다. 브라운운동 간의 상관계수 $\rho(\widetilde{B_t^i}, \widetilde{B_t^j})$가 ρ_t^{ij}로 주어진다고 하

고 순간공분산 행렬 $C_t = (c_t^{ij})$를 다음과 같이 정의하자.

$$c_t^{ij} = \sigma_t^i \sigma_t^j \rho_t^{ij}$$

만일 행렬 C_t가 삼각행렬 $A_t = (a_t^{ij})$와 A_t^T의 곱, 즉

$$C_t = A_t \cdot A_t^T$$

으로 나타내진다면 F_t^k는 서로 독립인 브라운운동 B_t^1, B_t^2, $\cdots$, B_t^n 에 대하여

$$dF_t^k = \sum_{i=1}^n a_t^{ik} F_t^k dB_t^i, \qquad k = 1, 2, \cdots, n$$

로 나타내진다. 이 식은 이동선도위험중립세상에서는 다음과 같은 식으로 표현된다.

$$\frac{dF_t^k}{F_t^k} = \sum_{i=[t]}^k \frac{\delta_i F_t^k \sigma_t^i \sigma_t^k \rho_t^{ik}}{1 + \delta_i F_t^k} dt + \sum_{i=1}^n a_t^{ik} dB_t^i, \qquad k = 1, 2, \cdots, n$$

보통은 식이 너무 복잡하므로 영향이 큰 요인들을 선별해내는 작업을 통해 n개의 브라운운동을 더 적은 개수의 브라운운동으로 줄여서 근사적으로 표현하기도 한다. 또한 변동성과 상관계수를 적당한 함수 꼴로 표현하여 단순화한다. Rebonato가 제안한 함수식을 예로 들면 다음과 같다.

$$\sigma_t^i = c_i [(a + b(t_i - t))e^{-c(t_i - t)} + d] \cdot 1_{[0, t_i]}(t)$$
$$\rho_t^{ij} = e^{-\beta|t_i - t_j|} \cdot 1_{[0, \min(t_i, t_j)]}(t)$$

5.4.1 CEV 모델과 SABR 모델

기하 브라운운동을 가정한 블랙-숄즈의 옵션 가격 결정 모형을 이용하는 경우 다양한 행사 가격에 대하여 내재변동성이 동일하지 않고 스마일 또는 스큐 현상을 보인다. LMM 모델에서도 기하 브라운운동을 가정하고 있기 때문에 이러한 스마일 혹은 스큐 현상이 일어나지 않을까 의문을 품어볼 수 있을 것이다.

실제로 다양한 행사 가격에 대한 캡의 블랙 변동성이 공시되고 있기 때문에 이에 대

한 연구가 진행되었고 많은 경우 스큐현상, 즉 행사 가격이 증가함에 따라 변동성이 감소하고 있음이 관찰되었다. 이러한 스큐현상을 극복하기 위해 LMM을 보완한 새로운 모델들이 대두되었다. 대표적인 모델이 Constant Elasticity of Variance(CEV) 모델과 Stochastic alpha beta rho(SABR) 모델이다.

CEV 모델은 numeraire가 $P(t, t_{k+1})$로 주어지는 선도위험중립세상에서 다음과 같이 표현되는 모델이다.

$$dF_t^k = \sigma_t^k (F_t^k)^\gamma dB_t, \qquad k = 1, 2, \cdots, n.$$

여기에서 γ는 0과 1 사이의 상수이다.

SABR은

$$dF_t^k = \sigma_t^k (F_t^k)^\beta dB_t^1 \qquad k = 1, 2, \cdots, n$$
$$d\sigma_t^k = \alpha \sigma_t^k dB_t^2$$

로 주어지는 모델이다. 여기에서 두 브라운운동 B_1과 B_2의 상관계수는 ρ로 주어진다. SABR 모델은 CEV 모델을 확률변동성을 갖는 모델로 확장한 것이며, 모수 α를 변동성의 변동성, 줄여서 volvol이라고 부르기도 한다. β가 0과 1인 경우를 제외하고는 수식으로 정확히 표현되는 해를 찾을 수 없다. 그러나 매우 정확한 근사해가 알려져 있다.

5.5 이자율 파생상품의 가격 결정

이자율 파생상품의 공정한 가격이 얼마인지 알아내거나 평가하는 일이 금융공학에서 다루는 핵심적인 내용이다. 가장 단순한 형태인 블랙 모델과 확률과정을 응용한 이자율 모델을 활용하여 이자율 파생상품의 가격을 결정할 수 있다.

5.5.1 블랙 모델

일반적으로 많이 거래되는 이자율 파생상품에는 채권 옵션, 캡/플로어, 스왑션 등이 있다. 이자율 파생상품의 가격을 결정하는 가장 단순한 방법이 블랙 모델이다. 블랙 모델은 시장변수가 확률과정으로 주어지는 것이 아니라 만기시점에서의 확률변수만으로 주어진다고 단순화하여 이자율 파생상품의 가격을 구하는 방법이다. 다시 말해, 위험중립세상에서 만기 시점의 기초자산의 분포가 대수정규분포를 따른다고 가정하고, 이 대수정규분포를 구해줌으로써 가격을 결정한다. 어떤 확률변수가 대수정규분포를 따른다는 말은 이 확률변수에 로그를 취했을 때 정규분포가 된다는 것을 의미함의 상기하자.

대수정규분포는 평균(기댓값)과 표준편차만 알면 유일하게 결정된다. 표준편차의 경우는 대수정규분포 자체의 표준편차를 사용하기보다는 블랙-숄즈의 방정식에 의해 로그를 취해 준 변수의 표준편차에 더 익숙하기 때문에 로그를 취해 얻은 정규분포의 표준편차를 사용한다. 이 경우 연변동성이 σ라면 만기가 T인 경우의 표준편차는 $\sigma\sqrt{T}$가 된다. 이러한 표준편차는 주가의 변동성과 마찬가지로 시장 데이터 등을 이용하는 방법으로 구할 수 있다.

평균(기댓값)의 경우는 기초자산의 기댓값이 선도가격이 되는 적당한 선도위험중립세상을 선택하면 기댓값이 선도가격이 되며, 블랙-숄즈 공식과 유사한 형태의 옵션 가격 공식을 구할 수 있다. 이를 블랙 모델이라고 부른다. 채권 옵션이나 캡/플로어에서는 할인채를 numeraire로 갖는 선도위험중립세상을 고려하면 되는데 상세한 내용은 이 책의 범위를 벗어나므로 생략한다.

5.5.2 유러피언 채권 옵션

채권 옵션은 말 그대로 채권의 가격을 기초자산으로 하는 옵션이다. 채권 옵션의 만기가 채권의 만기보다 더 빨라야 한다는 기본적인 가정 이외에는 주식 옵션과 구조가 거의 유사하다.

F_0를 채권의 선도가격이라고 하면 행사 가격이 X인 채권 옵션의 가치 f_0는 다음과 같이 주어진다.

$$f_0 = P(0, T)[F_0 N(d_1) - X N(d_2)]$$

여기에서 $P(0, T)$는 할인율(T 시점에 1원을 지불하는 할인채의 현재 가격)이고

$$d_1 = \frac{\ln(F_0/X) + \sigma^2 T/2}{\sigma\sqrt{T}}$$

$$d_2 = \frac{\ln(F_0/X) - \sigma^2 T/2}{\sigma\sqrt{T}} = d_1 - \sigma\sqrt{T}$$

을 만족한다. 블랙-숄즈의 옵션 가격 공식과 유사함을 알 수 있다.

5.5.3 금리캡

금리캡(interest rate cap)은 변동금리가 일정수준 이상으로 올라가는 경우에 대비해서 만들어진 이자율 옵션이다. 예를 들어, 현재의 6개월 LIBOR 이자율이 1.2 %라고 하자. 앞으로 매 6개월마다 LIBOR 이자율을 지급해야 하는 사람이 캡이자율이 1.5 %인 만기 2년짜리 캡을 매수 했다면, 캡 매수자는 현재의 LIBOR 이자율 1.2 %를 6개월 후에 지급하고, 12개월 후에 지급할 이자는 6개월 후의 LIBOR 이자율에 의해 정해지게 된다. 만일 6개월 후의 LIBOR가 1.8 %로 캡이자율보다 크다면 캡계약에 의해 1.5 %만 지급하면 된다. 만일 6개월 후의 LIBOR가 1.3 %로 캡이자율보다 작다면 그냥 1.3 %를 지급한다. 즉 주식의 콜옵션과 같은 역할을 한다. 이자지급기간마다 같은 방법으로 이자가 결정되며 각각의 이자지급기간에 적용된 캡을 캡릿이라고 부른다. 즉, 캡은 각각의 이자지급기간에 적용되는 캡릿의 집합이고 캡의 현재가치는 캡을 구성하고 있는 캡릿들의 현재가치의 합과 같다.

이를 일반화시켜서 명목원금을 L, 캡 이자율을 R_X, t_k시점에서의 이자율을 R_k라고 하고 $\delta_k = t_{k+1} - t_k$라 하면 아래 그림과 같은 경우 t_1과 t_2 사이에서 적용되는 이자는 R_1, t_2과 t_3 사이에서 적용되는 이자는 LIBOR가 R_X 보다 높기 때문에 R_X가 된다. 이때, k번째 캡릿의 가치는 다음과 같이 주어진다.

$$\text{캡릿의 가치} = L\delta_k \max\{R_k - R_X, 0\}$$

여기에서 주의해야 할 점은 이 캡릿의 가치는 t_k 시점에서 관찰되고 실제 지급되는 시점은 t_{k+1}이라는 점이다.

블랙 모델은 이자율 R_k가 대수정규분포(lognormal)를 따른다고 가정한다. 이 분포에 로그를 취하면 정규분포가 되고 이 정규분포의 표준편차를 연단위로 환산한 것을 연변동성이라고 한다. 이 연변동성을 캡의 변동성(cap volatility) 또는 줄여서 캡볼이라고 부른다. k 번째 캡릿의 변동성을 σ_k라고 하고 t_k에서 t_{k+1}까지 적용되는 선도이자율을

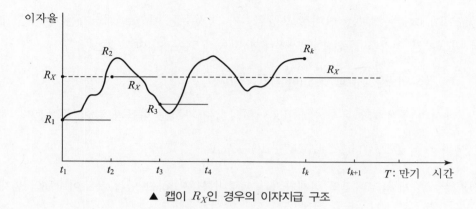

▲ 캡이 R_X인 경우의 이자지급 구조

F_k라 하면 캡릿의 현재가치 f_0는 다음과 같이 주어진다.

$$f_0 = L\delta_k P(0, t_{k+1})[F_k N(d_1) - R_X N(d_2)]$$

여기에서 $P(0, t_{k+1})$는 할인율이고

$$d_1 = \frac{\ln(F_k/R_X) + \sigma_k^2 t_k/2}{\sigma_k \sqrt{t_k}}$$

$$d_2 = \frac{\ln(F_k/R_X) - \sigma_k^2 t_k/2}{\sigma_k \sqrt{t_k}} = d_1 - \sigma_k \sqrt{t_k}$$

을 만족한다. 캡의 현재가치는 캡을 구성하고 있는 캡릿들의 현재가치의 합이다.

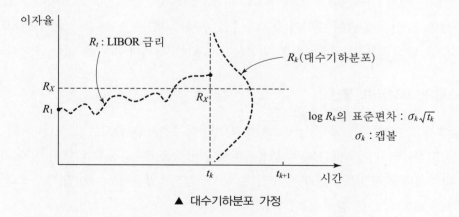

▲ 대수기하분포 가정

플로어(floor)는 캡과는 반대로 변동금리가 일정수준 이하로 내려가는 경우를 대비해서 만들어진 이자율 옵션으로 만기에서 다음과 같은 가치를 갖는다.

$$\text{플로어릿의 가치} = L\delta_k \max\{R_X - R_k, 0\}$$

주식에서의 풋옵션과 유사하게 플로어릿의 현재가치는 다음과 같이 주어진다.

$$f_0 = L\delta_k P(0, t_{k+1})[R_X N(-d_2) - F_k N(-d_1)]$$

캡과 유사하게 플로어릿의 현재가치는 플로어를 구성하고 있는 플로어릿들의 현재가치의 합이다.

칼라(collar)는 캡을 매입하고 플로어를 매도한 것으로 변동금리가 정해진 범위 내에서만 움직일 수 있도록 한다.

디지털 캡과 플로어

주식 옵션에서의 디지털 옵션과 같이 디지털 캡도 거래된다. 디지털 캡은 LIBOR나 CD금리가 행사 가격보다 높으면 5 %, 낮으면 0%와 같은 형태로 이자를 지급하는 이자율 파생상품이다. 디지털 플로어는 반대로 LIBOR 나 CD 이자율이 행사 가격보다 낮으면 5 %, 높으면 0 %와 같은 형태로 이자를 지급한다.

5.5.4. 선도스왑

스왑을 미래의 특정시점에 시작하기로 미리 계약하는 것을 선도스왑이라고 말한다. 예를 들어, 주어진 원금에 대하여 앞으로 1년 후부터 3년 동안 매 3개월 마다 LIBOR로 이자를 받고 3 %의 고정금리를 지불하기로 하는 형태의 계약을 하는 것이다,

금리스왑의 고정금리 계산

2장에서 소개한 바와 같이 금리스왑에서 변동이자율과 교환되는 고정금리, 즉 스왑금리는 고정금리로 지급했을 때와 변동금리로 지급했을 경우, 총 지급액의 현재 가격이 같아져야 한다는 사실을 이용하여 구할 수 있다. 선도스왑금리도 유사한 방법으로 구한다. 이를 위해 다음과 같이 정의하자.

N : 원금

t_0 : 스왑 시작일

t_n : 스왑 만기일

t_i : i번째 스왑이자 지급일 $(t_0 < t_1 < t_2 < \cdots < t_n)$

$P(0, t)$: t 시점에 1을 주는 무이표 채권의 현재 가격(할인율)

$N = 1$이라고 가정하고 만일 t_i 시점에서 고정금리 x를 지급한다면 스왑기간 동안 고정금리로 지불하게 될 액수의 현재 가격은 스왑의 경우와 마찬가지로

$$xP(0, t_1) + xP(0, t_2) + \cdots + xP(0, t_n) = x\sum_{i=1}^{n} P(0, t_i)$$

이 된다. 한편, t_0시점에 만기가 스왑만기와 동일한 변동금리 채권에 1원을 투자한다면, 스왑기간 동안 받게 될 미래의 현금흐름의 현재가치는 t_0시점에의 1원과 동일하다. 만일 그렇지 않다면 스왑의 경우와 마찬가지로 아비트리지를 얻을 수 있게 된다.

변동금리 채권에 1원을 투자한 경우와 고정금리 x를 지급하는 고정금리 채권에 투자한 미래현금흐름의 현재 가격이 동일해야 하므로 위 식에 만기에서 받을 원금 1원의 현재가치 $P(0, t_n)$을 더한 값은 $P(0, t_0)$가 되어야 한다. 즉

$$x\sum_{i=1}^{n} P(0, t_i) + P(0, t_n) = P(0, t_0)$$

가 된다. 따라서 고정금리 x는

$$x = \frac{P(0, t_0) - P(0, t_n)}{\displaystyle\sum_{i=1}^{n} P(0, t_i)}$$

로 주어지게 된다. 보통은 x를 연 이자율로 환산하여 표시한다.

5.5.5 스왑션

스왑션은 이자율 스왑에 관한 옵션으로, 옵션 소유자에게 만기시점에 미리 정해진 고정금리를 지급하는 스왑을 체결할 수 있는 권리를 제공하는 옵션이다. 선도스왑은 다

른 선도거래와 마찬가지로 정해진 시점에서의 스왑이자율과 관계없이 미리 정해진 스왑이자율(고정금리)로 스왑거래를 해야만 하지만 스왑션은 불리한 경우에는 스왑을 체결하지 않아도 된다.

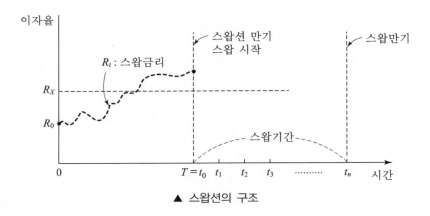

▲ 스왑션의 구조

스왑을 시작할 수 있는 시점인 만기를 T, T 시점에서의 스왑 이자율을 R_T, 명목원금을 L, 정해진 고정금리(행사 가격)를 R_X라고 하자. 그리고 이자지급일이 $T = t_0 < t_1 < \cdots < t_n$으로 주어졌다고 하면 주어진 구간 $[t_k, t_{k+1}]$에서의 스왑션의 가치는 다음과 같이 주어진다.

$$k\text{ 번째 구간에서의 스왑션의 가치} = L\delta_k \max\{R_T - R_X, 0\}$$

여기에서 $\delta_k = t_{k+1} - t_k$이다. 스왑션의 가치는 각 구간에서의 스왑션의 가치를 모두 더하면 된다. 블랙모델은 만기시점의 이자율 R_T가 대수정규분포를 따른다고 가정하고 캡과 유사한 과정을 통해 스왑션의 가치를 구한 것이다. F_0를 선도스왑 가격이라고 하고

$$A = \sum_{k=0}^{n-1} \delta_k P(0, t_{k+1})$$

라고 하면 스왑션의 현재가치 f_0는

$$f_0 = LA[F_0 N(d_1) - R_X N(d_2)]$$

로 주어진다. 여기에서

$$d_1 = \frac{\ln(F_0/R_X) + \sigma^2 T/2}{\sigma \sqrt{T}}$$

$$d_2 = \frac{\ln(F_0/R_X) - \sigma^2 T/2}{\sigma \sqrt{T}} = d_1 - \sigma \sqrt{T}$$

를 만족한다.

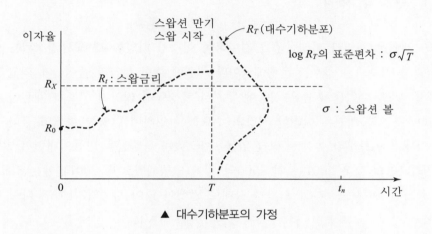

▲ 대수기하분포의 가정

이상에서 살펴본 바와 같이 블랙의 모형은 만기 시점에서의 변수가 대수정규분포를 이룬다는 가정하에 가격을 결정하는 모형이다. 이해하기 쉽고 계산이 단순해서 현업에서 많이 사용되고 있다. 그러나 블랙 모델은 만기 시점에서의 분포만 가정한 것으로, 이자율이 시간에 따라 어떻게 움직이는지를 모델링 한 것은 아니다. 따라서 유러피언이 아닌 아메리칸이나 버뮤단 형태의 파생상품에는 적용하기가 어렵다. 또한 스왑이자율은 선도라이보 이자율들의 가중평균이라고 할 수 있는데 대수기하분포의 가중평균은 대수정규분포가 아니기 때문에 두 이자율이 동시에 대수정규분포를 따르는 것은 불가능하다. 따라서 캡과 스왑션의 가격을 대수기하분포를 따른다는 가정하에 동시에 결정하는 것은 이론적으로 모순이 되는 약점이 있다.

5.5.6 확률과정 모델을 이용한 가격 결정

이자율 확률과정 모델을 이용하면 앞에서 다룬 이자율 파생상품뿐만 아니라 아메리칸이나 버뮤단 형태의 파생상품의 가격 결정도 가능하다. 실무에서는 Hull-White 모델을 많이 사용하고 있으나 점점 복잡한 형태의 다요인 모형이나 LMM 모델 등의 활용이 늘어나고 있는 추세이다. 이자율의 평균회귀 성향을 반영한 Hull-White 모델은 현재의 현물이자율 곡선을 고려한 삼항트리를 이용하여 다양한 형태의 이자율 파생상품의 가격을 결정할 수 있다. 상세한 내용은 이 책의 범위를 벗어나 생략한다.

5.6 구조화 채권

구조화 채권은 채권과 파생상품을 결합하여 이자가 다양한 형태로 결정되는 증권이다. 저금리가 지속되는 경우는 은행예금이나 채권에 대한 투자가 줄어들게 되고 위험이 조금 커지더라도 수익률이 높은 상품에 투자하는 경향이 많아져 구조화 채권이 주목을 받게 된다. 구조화 채권은 이러한 시장의 수요를 반영하여 다양한 형태의 금리 지급형태를 찾아내고 이로부터 높은 금리를 얻을 수도 있는 상품들을 만들어내면서 발달하게 된다. 우리나라의 경우 2001년 약 4500억 원이 발행되었으며, 2007년에는 8조 5천억 원으로 증가한 후 서브프라임 모기지 사태로 발행이 많이 줄었다가 이후 다시 많아지고 있다.

구조화 상품은 전체 채권 발행액에 비해 상당히 적지만 파워스프레드와 같은 상품은 발행 후 헤지하기 위해 채권을 대량으로 매매하는 경우가 많아 이자율 곡선 및 이자율 변동성에 많은 영향을 주기 때문에 매우 중요하다.

구조화 채권에는 금리가 내려가면 오히려 높은 이자를 지급받을 수 있는 상품, 장단기 금리차이를 이용한 상품, 서로 다른 종류의 금리의 차이로부터 만들어지는 상품 등 다양한 종류가 있다. 연계된 파생상품의 기초자산에 따라 금리연계채권, 신용연계채권, 통화연계채권, 주식연계채권 등으로 분류하기도 한다. 이 장에서는 금리연계채권만 다룬다. 금리연계채권은 점점 다양해지고 복잡해져서 그 종류를 규정짓기가 모호하지만 대표적인 예를 들어보면 다음과 같다.

(1) Inverse FRN
(2) Dual index FRN
(3) Flipper
(4) Range notes

(5) Range accrual notes

(6) Spread notes

이러한 구조화 채권에는 call 또는 put이 가미된 옵션부 채권도 많은 부분을 차지하고 있다. FRN과 위에서 주어진 구조화 채권에 대해 살펴보자.

5.6.1 변동금리부 채권

변동금리부 채권(FRN)은 이자가 변동금리에 연동되어

$$쿠폰\ 이자율\ =\ 3M\ CD + 1.5\,\%$$

와 같이 지급되는 채권을 말한다. 여기에서 3M CD는 3개월마다 이자를 지급하는 CD 금리를 말한다. 예를 들어 채권 발행일로 부터 3개월 후의 CD 금리가 5.3 %라면, 여기에 1.5 %를 더하여 6개월 후에 6.8 %의 이자를 지급받게 된다. 이자율이 상승하게 되면 투자자는 미래에 높은 이자율로 이자를 받을 수 있는 반면, 이자율이 떨어지면 미래에 낮은 이자를 받게 되는 위험이 있다.

5.6.2 역변동금리부 채권

역변동금리부 채권(Invers FRN)은 금리가 상승하면 낮은 금리, 하락하면 높은 금리를 받도록 구성된 채권이다. 보통 고정금리에서 변동금리를 뺀 형태로 주어지며, 이 금리가 0 이상이 되도록 보장해준다.

$$쿠폰\ 이자율\ =\ Max\{고정금리 - 3M\ CD,\ 0\}.$$

예를 들어 고정금리가 10 %이고 CD금리가 3.5 %였다면 쿠폰 이자율은 6.5 %가 된다.

역변동금리부 채권은 몇 가지의 거래로 분해할 수 있다. 즉, 다음과 같은 거래를 한 경우

1. 6 % 고정금리 채권 구입
2. 변동금리를 지급하고 4.5 % 고정금리를 받는 이자율스왑 체결
3. 캡 이자율이 10 %인 캡을 구입(이자 0.5 %를 지급한 것과 동일한 액수를 지급했다고 가정)

세 가지 포지션의 합성은

$$6\% + 4.5\% - 3\mathrm{M\,CD} - 0.5\% + \mathrm{Max}\{CD - 10\%, 0\}$$

가 되어

$$\mathrm{Max}\{10\% - 3\mathrm{M\,CD}, 0\}$$

인 쿠폰 이자를 지급하는 역변동금리부 채권과 동일해진다.

역변동금리부 채권은 금리가 하락할 것으로 예상되는 경우 유리하나, 고정금리 채권과 고정금리 이자율을 받는 계약을 동시에 한 것이므로 이자율의 움직임에 대해 훨씬 민감해져서 단순한 채권 매입이나 스왑계약보다 위험이 크다는 점에 유의하여야 한다.

현물이자율 곡선이 우상향인 경우 보통 스왑금리가 현물이자율보다 높다. 이 경우 만일 금리가 (현물이자율 곡선과 달리) 하락할 것으로 예상하는 투자자가 많이 있다면 역변동금리부 채권과 같은 구조화 채권을 발행하기 좋은 환경이 된다.

예 5.6.1

현재의 3M CD, 3년 금리스왑, 발행사의 3년 회사채 이자율이 각각 3 %, 5 %, 6 % 라고 하자. 10 % 캡에 대한 비용이 0.2 %라면 쿠폰 이자율이 Max {10 % − 3M CD, 0}인 구조화 채권을 발행한다. ■

이러한 채권을 발행한 후, 발행사는 은행에 CD금리를 지불하고 5 %의 고정금리를 받는 스왑을 체결하고 캡이자율이 10 %인 캡을 구입한다. 결과적으로 발행사는 투자자에게 10 %를 지급하고 CD금리를 받은 후, 이 CD금리를 스왑은행에 제공하고 5 %를 받고 0.2 %의 캡 비용을 지불하면 10 − 5 + 0.2 = 5.2 % 만큼의 이자를 지급하는 셈이 되어 6 %의 이자를 지급하는 것 보다 0.8 %의 이자율을 경감할 수 있다. 투자자의 입장에서는 현재 10 − 3 = 7 %를 지급 받게 되어 6 %에 회사채를 구입한 것보다 유리하며 만일 예상대로 금리가 하락한다면 더 많은 이익을 볼 수도 있다. 이러한 거래의 구조는 다음 그림과 같다.

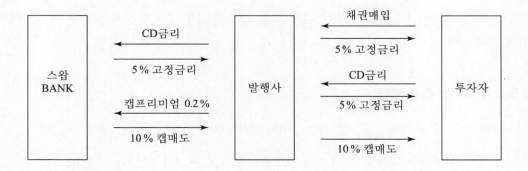

5.6.3 Dual Indexed FRN

Dual indexed FRN은 2개의 기준금리를 이용하여, 이들의 차(스프레드)에 일정한 고정금리를 더하여 이자를 지급하는 것으로

$$\text{쿠폰 이자율} = (\text{기준금리1} - \text{기준금리2}) + \text{고정금리}$$

와 같은 형태를 이룬다. 보통 기준금리1은 국고채 3년(3Y KTB, 만기가 3년인 국채), 국고채 5년(5Y KTB), IRS 3년(3Y IRS, 만기가 3년인 이자율스왑 금리), IRS 5년 (5Y IRS) 금리와 같은 장기변동금리가 이용되고 기준금리2는 CD 금리와 같은 단기 변동금리가 이용된다. 이 경우 구조화채권의 이자는 장단기의 금리 차이의 변화가 수익에 커다란 영향을 미친다.

예를 들어,

1. α%의 고정금리 채권 구입
2. CD + β%의 이자를 지급하고 국고채 3년 고정금리를 받는 이자율스왑 체결
3. 국고채 3년/CD 스프레드 옵션 구입(γ%의 이자 지급과 동일한 액수를 지급한 것으로 가정)

하는 거래를 동시에 체결한다. 여기에서 스프레드 옵션은 두 가지 금리의 차이에 대한 옵션으로 차이가 일정한 수준을 넘으면 보상을 해주는 형태이다.

만일 $\alpha - \beta + \gamma = 4$%라면 쿠폰이자율이

$$\text{Max}\{(3Y\ KTB - 3M\ CD) + 4\%,\ 0\}$$

인 구조화 채권 발행이 가능하다.

Dual Indexed FRN은 두 기준금리 간의 스프레드 확대가 예상되는 경우 투자자에게 유리하다.

5.6.4 파워 스프레드

파워 스프레드(Power Spread)는 Dual Indexed FRN의 일종으로

$$쿠폰\ 이자율 = Max\ \{고정금리 + (3M\ CD - 3M\ KTB) \times 승수,\ 0\}$$

과 같은 형태의 이자를 지급하는 구조화 채권이다. 3M CD와 3M KTB 간의 차이가 크지 않기 때문에 승수를 보통 10과 같이 큰 수를 사용하여 차이를 확대하는데, 이 상품에 '파워'라는 단어가 들어간 이유이기도 하다.

1. 고정금리 채권 구입
2. 3개월 CD를 지급하고 3개월 KTB $+\alpha$를 받는 IRS 체결
3. 3M KTB/3M CD 스프레드 옵션 구입

로 분해할 수 있다. 이 채권의 발행자는 포지션 헤지를 위해 주로 국채를 사게 되는데, 승수에 따른 레버리지 효과로 국채를 발행금액의 승수배에 가까운 양을 매수한다. 이러한 이유로 파워 스프레드는 채권시장의 수요공급에 영향을 미쳐 가격의 변화를 야기하고 결과적으로 현물이자율에 많은 영향을 미친다.

5.6.5 Flipper

Flipper는 만기 이전에 이자율 지급의 형태가 바뀌는 구조화 채권으로 이자율 구조가 변경되는 시점을 T라 하고, t_i를 이자율이 정해지는 시점이라고 하면

$$쿠폰\ 이자율 = \begin{cases} 고정금리\ t_i \leq T인\ 경우 \\ 변동금리\ t_i > T인\ 경우 \end{cases}$$

혹은 반대로

$$쿠폰\ 이자율 = \begin{cases} 변동금리\ t_i \leq T인\ 경우 \\ 고정금리\ t_i > T인\ 경우 \end{cases}$$

와 같은 구조를 갖는다.

Flipper는

   1. 고정금리 채권 구입

   2. 만기 T인 고정금리를 지급하는 선도스왑 체결

혹은 반대로

   1. 변동금리 채권 구입

   2. 만기 T인 변동금리를 지급하는 선도스왑 체결

로 분해할 수 있다.

5.6.6 Range Notes

Range Note는 쿠폰이자율 결정일에 기준금리가 정해진 범위 내에 있으면 높은 이자를 지급하고, 범위를 벗어나면 낮은 이자를 지급하는 구조화 채권이다. 쿠폰 이자율이 결정되는 시점을 t_i, t_i시점에서의 기준금리를 r_i라고 하고 범위가 $[a, b]$로 정해져 있다면

$$\text{쿠폰 이자율} = \begin{cases} C_1 & a \le r_i \le b\text{인 경우} \\ C_2 & \text{그 외의 경우} \end{cases}$$

로 주어진다. 보통 C_1, C_2는 $C_1 > C_2$를 만족하는 상수이며

   1. 고정금리 채권 구입

   2. 행사 가격이 b인 디지털 캡과 행사 가격이 a인 디지털 플로어 매도

로 분해된다.

Range Note는 범위 $[a, b]$의 폭이 넓을수록 높은 쿠폰 이자율을 받게 되며, 이자율의 변동성이 커질수록 범위를 이탈할 확률이 높아지기 때문에 쿠폰 이자율이 낮아진다.

5.6.7 Range Accrual Notes

Range Note는 이자 결정일의 기준금리가 주어진 범위 안에 있는지 고려한다. 반면 Range Accrual Note는 이자지급 기간 중 기준금리가 정해진 범위 $[a, b]$ 안에 있는

날의 수를 고려하여 이자를 지급하는 구조화 채권이다. 쿠폰 이자율 결정 기간이 t_1에서 t_2까지이고, $t_1 < t_l \leq t_2$를 만족하는 t_l시점에서의 기준금리를 r_l, ♯이 집합의 원소의 개수를 나타내는 기호라고 하자. 만일 이자지급 기간에 포함되어 있는 날의 수가 N이고, 기준금리가 a와 b 사이에 있는 날의 수가 n 이었다면, 즉

$$\#\{l : a \leq r_l \leq b, \ t_1 < t_l \leq t_2\} = n$$

이었다면

$$쿠폰\ 이자율 = 고정금리 \times \frac{n}{N} + 스프레드 \times \left(1 - \frac{n}{N}\right)$$

으로 주어진다.

5.6.8 Spread Notes

CMS Spread Note와 CMT Spread Note는 2개의 기준금리의 차이(스프레드)가 정해진 범위 $[a, b]$에 들어오는 날 수에 비례해서 이자를 지급하는 형태의 구조화 채권이다. 스프레드가 큰 경우 높은 이자를 받게 된다. CMS(Constant Maturity Swap)는 만기가 일정한 스왑이자율을 변동금리로 사용하는 경우이고, CMT(Constant Maturity Treasury)는 국채의 금리를 변동금리로 사용하는 경우이다.

만일 이자지급 기간에 포함되어 있는 날 수가 N이고, 스프레드가 t_1에서 t_2 사이에 $[a, b]$에 있는 날 수가 n이었다면,

$$쿠폰\ 이자율 = 고정금리 \times \frac{n}{N} + 스프레드 \times \left(1 - \frac{n}{N}\right)$$

으로 주어진다.

5.6.9 Callable Notes

Callable Note는 시장이 예상과 다르게 움직일 경우 포지션의 조기 청산이 가능하도록 구성된 구조화 채권이다.

5.7 구조화 채권의 가격 결정

구조화 채권의 가격 결정 방법은 주어진 이자율을 어떤 모델을 사용하여 분석하느냐에 따라 다르기 때문에 이자율 모형만큼이나 많은 서로 다른 방법들이 존재한다. 실무에서는 주어진 선도금리를 직접 이용하는 방법, BDT 트리를 이용한 방법, Hull-White의 삼항트리 방법을 많이 사용하고 있으나 점차적으로 2요인 모델, LMM 모델을 사용하는 방향으로 나가고 있다. 본 교재에서는 다루지 않는다.

여기에서 기억할 사항은 구조화 채권이 무위험 채권이 아니고, 발행하는 기관의 부도위험을 가지고 있는 채권이라는 점이다. 따라서 발행기관의 신용등급을 고려하여 가격을 결정해야 한다.

▪▪ 연습문제

1. 다음에 주어진 5개의 무이표채권 가격 자료를 이용하여 무이표채 수익률 곡선을 구하여 그 래프로 나타내시오 (연속복리 사용).

액면가($)	만기(년)	채권 가격($)
100	0.5	96
100	1	93
100	1.5	90
100	2	85

2. 만기까지 30년이고, 매년 10달러씩 이자를 받는 채권의 액면 가격이 100달러, 요구수익률 은 연속복리 기준 10 %이다. 이 채권의 현재가치를 구하시오.

3. 만기 2년, 액면가 100만 원, 쿠폰이자율 4 %, 쿠폰지급은 연 4회인 채권의 YTM이 0.05 일 때 채권의 가격을 구하시오 (연속복리 사용).

4. 매년 말에 6 %의 쿠폰을 지급하는 3년 만기, 액면가 1억 원인 채권의 수익률은 연속복리 기준으로 연 8 %로 주어진다.
   (a) 채권 가격이 얼마인지 구하시오?
   (b) 수익률이 0.2 % 하락했다면 채권 가격이 얼마인지 구하시오.

5. (a) 만기 3년, 액면가 100달러, 쿠폰이자율 4 %, 쿠폰지급은 연 4회인 채권이 98달러에 거 래되고 있다고 한다. 이때 Duration과 Convexity를 구하시오.
   (b) (a)에서 이자율(채권수익률)이 0.1 % 변할 때 채권 가격이 근사적으로 어느 정도 변하 는지, Duration만을 이용하여 구하시오.
   (c) (a)에서 이자율(채권수익률)이 0.1 % 변할 때 채권 가격이 근사적으로 어느 정도 변하 는지, Duration과 Convexity를 이용하여 구하시오.

6. 만기 1년, 액면가 100만 원, 쿠폰지급횟수 연 2회, 쿠폰이자율 연 4 %인 채권이 현재 95만 원에 거래되고 있고, 이 채권의 YTM을 y_0라 할 때 y_0가 만족하는 식을 쓰시오.

7. 현물이자율 곡선이 다음과 같이 주어졌을 때,

만기(년)	이자율
1	0.05
2	0.06
3	0.07

(a) 1년 후에 돈을 빌려 2년 후에 돌려줄 경우에 적용되는 선도이자율 $F_{1,2}$을 구하시오.

(b) 3년 동안 1년에 한 번씩 이자를 교환하는 스왑이자율을 구하시오.

(c) 1년 후에 시작되는, 지급주기 1년, 스왑기간이 2년인 선도스왑 이자율을 구하시오

(d) $\delta_k = 1$이고 변동성이 모든 캐플릿에 대하여 0.05일 때, 캡 이자율이 0.06인 3년 만기 캡의 현재가치를 구하시오.

(e) 1년 후에 시작되는 지급주기 1년, 스왑기간 2년, 스왑션 이자율(행사 가격) 0.06인 1년 만기 스왑션의 현재가치를 구하시오. 단, 변동성은 0.05라고 가정한다.

8. 기하 브라운운동을 하는 두 확률과정 X_t, Y_t에 대하여 Y_t의 변동성을 numeraire로 갖는 선도위험중립세상에서

$$Z_t = \frac{X_t}{Y_t}$$

가 마팅게일이 됨을 증명하시오.

9. Libor market model을 변동성 σ_t^k가 다음 금리 조정일과 시점 t_k 사이의 이자 발생 횟수만의 함수라고 가정하여 단순화시키고, 블랙 변동성이 25 %, 20 %, 15 %로 주어졌을 때, 처음 세 caplet의 가치평가를 위한 선도이자율의 변동성을 구하시오. 단, 금리캡은 3개월마다 조정된다.

상관관계와 코퓰러

신용파생상품 중 CDO와 같이 부도위험이 있는 자산들의 포트폴리오를 기초로 하는 파생상품의 가격을 결정하기 위해서는 개별 자산들 간의 부도 상관관계가 매우 중요하다. 그러나 개별자산의 부도를 나타내는 확률분포는 정규분포와 거리가 멀기 때문에 우리가 보통 알고 있는 상관계수를 사용하는 데에 문제가 발생한다. 상관관계는 정규분포와 유사한 분포에서만 두 확률변수의 종속관계를 잘 나타내주기 때문이다.

일반적인 분포의 종속성을 잘 나타내주는 종속성 측도에는 코퓰러라는 함수가 있다. 코퓰러는 뒤에서 다룰 CDO 가격 결정에 쓰이지만 다른 형식으로 적용되기 때문에 수학적으로 익숙하지 않은 독자들은 코퓰러 부분을 건너뛰어도 무방하다.

6.1 상관관계 및 종속성 측도

투자자산의 수익률을 계산할 때 반드시 고려해야 할 사항이 개별 투자자산의 수익률 간의 상관관계(correlation) 혹은 종속성(dependency)이다. 이러한 상관관계를 측정하는 수학적 도구(상관관계 측도(measure))에는 상관계수(correlationcoefficient), 순위상관(rank correlation), 코퓰러(copula) 등이 있다. 기본적으로 수익률을 다변량 정규분포로 가정하고 있는 CAPM 등에서는 상관계수 혹은 분산-공분산이 상관관계에 대한 측도(measure)로 쓰이고 있다. 그러나 대부분 형태의 수익률이 다변량 정규분포가 아니라 두터운 꼬리(fat tail)를 갖는 것으로 알려지고 있기 때문에 이러한 경우 상관계수가 상관관계의 측도로서 많은 문제점을 내포하고 있다. 이를 보완하기 위하여 새로운 형태의 상관계수 측도가 생겨났으며 그중 코퓰러가 많이 쓰이고 있다. 이러한 상관관계를 측정하는 방법들을 살펴보면 다음과 같다.

6.1.1 상관계수

확률변수들 간의 관계를 나타내 주는 것에는 가장 대표적인 상관계수(correlation coefficient)가 있다. 두 확률변수 X, Y의 상관계수 ρ는 다음과 같이 표시된다.

$$\rho = \frac{Cov(X, Y)}{\sqrt{Var(X)}\,\sqrt{Var(Y)}}$$

이렇게 정의된 상관계수는 −1에서 1 사이의 값을 가지며, 두 변수 X, Y가 서로 완벽한 양의 종속관계를 가질 때 1이 되고 완벽한 음의 종속관계를 가질 때 −1이 되는 것으로 많이 알려져 있다. 그러나 이러한 성질이 정규분포 혹은 이와 유사한 분포에서만 적용되고 수없이 많은 다른 분포에서는 적용되지 않는다는 사실이 알려지면서 포트폴리오 위험관리 등 변수들 간의 상관관계가 중요한 요인이 되는 금융공학부문에서 이에 대한 연구 및 대안을 마련하기 위한 작업이 진행되었다. 결론적으로 이러한 대안이 코퓰러이다. 코퓰러에 대한 상세한 내용을 전개하기 전에 상관계수의 사용이 어떠한 오류를 줄 수 있는지 알아보기로 하자.

6.1.2 상관계수의 문제점

위에서 간략히 설명한 바와 같이 일반적인 분포를 이루는 확률변수들 사이의 종속관계는 상관계수 ρ에 의해 완벽하게 기술되지 않는다. 이에 관한 내용을 조금 더 구체적으로 알아보기로 하자. 설명에 편의를 위해서 이변량 함수, 즉 X_1, X_2로 구성된 확률변수를 고려해 보자. X_1의 누적분포함수를 F_1, X_2의 누적분포함수를 F_2라 하고 X_1, X_2의 결합누적분포함수를 F라 하면 상관계수의 문제점들을 다음과 같이 요약할 수 있다.

1. 상관계수는 분산이 유한한 경우에만 의미를 갖는다.

식에서 보듯 분산이 무한대인 두터운 꼬리를 갖는 분포에서는 분모가 무한대가 되어 상관계수가 정의되지 않는다. 따라서 두터운 꼬리를 갖는 것으로 알려진 자산 수익률 분포 등에 적용되기 어려운 문제가 있다.

2. 상관계수가 0이라고 해서 두 확률변수가 서로 독립인 것은 아니다.

만일 X_1, X_2, $\cdots$, X_n들이 다변량 정규분포를 따른다면 상관계수 $\rho(X_i, X_j)$는 X_i와 X_j 간의 종속관계를 잘 나타내 주며 $\rho = 0$은 두 변수가 서로 독립이라는 사실을 알려준다.

만일 정규분포와 다른 형태의 분포라면 이야기는 달라진다. 극단적인 예를 하나 들어 보자. 확률변수 X, Y의 결합확률질량함수가 다음 4점 $(1, 0)$, $(-1, 0)$, $(0, 1)$, $(0, -1)$에 각각 1/4의 확률을 준다면 상관계수가 0이 된다. 그러나 이 경우 X, Y는 서로 독립이 아님을 알 수 있다. 왜냐하면 X가 0이면 Y는 각각 1/2의 확률로 1이거나 -1이지만, X가 0이 아니면 Y는 항상 0이 되므로 Y는 X 값에 종속되어 있음을 알 수 있기 때문이다.

어떤 포트폴리오가 n개의 주식으로 구성되어 있고 확률변수 X_1, X_2, $\cdots$, X_n 들이 어떤 기간 동안의 각 주식의 수익률을 나타낸다고 하자. 실제 이들은 정규분포에 비하여 두터운 꼬리를 갖는 것으로 잘 알려져 있다. 이 경우 상관계수는 정규분포의 경우와는 매우 다른 양상을 보인다. 모든 $\rho(X_i, X_j)$가 0이라고 해도 이들이 서로 독립이라고 말할 수 없다.

3. 주어진 확률변수 X, Y에 대하여 X, Y 간에 상관관계의 변화에 따라 $\rho(X, Y)$가 -1과 1 사이의 모든 값에 대응되는 것은 아니다.

예를 들어 X가 $\log X$의 평균이 0, 표준편차가 1인 대수정규분포를 따르고, Y가 $\log Y$의 평균이 0, 표준편차가 2인 대수 정규분포를 따른다면 이들의 상관계수는

$$-0.090 \le \rho(X, Y) \le 0.66$$

를 만족한다. 즉 아무리 상관관계를 변화시켜도 0.8과 같은 상관계수를 얻지 못한다.

4. 일반적으로, F_1, F_2와 $\rho(X_1, X_2)$가 주어진 경우 F를 항상 결정하지는 못한다.

만일 두 확률변수가 정규분포라면 F는 단 하나 존재하고 이를 구해낼 수 있다. 그러나 많은 경우 그렇지 못하다.

5. 상관계수는 선형이 아닌 단조함수에 의한 변환에 대하여 불변량(invariant)이 아니다. 예를 들어 $\exp(X)$, $\exp(Y)$와 X, Y의 상관계수는 일반적으로 서로 다르다.

6.1.3 순위상관

스피어먼(spearman)의 로(ρ)와 켄달(Kendall)의 타우(τ)는 이러한 상관관계의 단점을 어느 정도 보완한다.

스피어먼의 로

확률변수 X_1의 누적분포함수를 F_1, X_2의 누적분포함수를 F_2라 하고 X_1, X_2의 결합누적분포함수를 F라 하자. 스피어먼의 ρ_s는 다음과 같이 정의된다.

$$\rho_s(X_1, X_2) = \rho(F_1(X_1), F_2(X_2))$$

여기에서 ρ는 상관계수를 나타내는 ρ이다. 따라서 스피어먼의 로는 다음 절에 설명되는 X_1, X_2의 코퓰러에서의 상관계수라 할 수 있다.

켄달의 타우

(X_1, Y_1), (X_2, Y_2)를 결합누적분포함수 F를 갖는 서로 독립인 확률분포 쌍이라 할 때, 켄달의 타우는 다음과 같이 정의된다.

$$\tau_k(X, Y) = P\{(X_1 - X_2)(Y_1 - Y_2) > 0\} - P\{(X_1 - X_2)(Y_1 - Y_2) < 0\}$$

6.1.4 순위상관의 특징

위에서 정의한 순위상관(rank correlation)들은 상관계수가 갖는 문제점들 중 1, 3, 5를 보완해 준다. 그러나 계산 자체는 상황에 따라 더 어려운 경우도 있고 쉬운 경우도 있지만 상관계수가 갖고 있는 분산-공분산 같은 다루기 쉬운 구조를 갖고 있지는 못하다. 또한, 상관계수가 갖고 있는 문제점 중 2에 주어진 $\rho(X, Y) = 0$이 X, Y 간의 독립을 의미하지 않는다는 문제점을 효과적으로 극복하지 못하고 있다. 즉, 순위상관이 0이라고 해서 서로 독립인 것은 아니다.

6.2 ▍코퓰러

코퓰러(copula)는 서로 연결한다는 뜻의 라틴어로부터 나온 말이다. 커플(couple)과 같은 어원에서 나왔다. 코퓰러는 여러 개의 확률변수들이 서로 어떻게 연결되어 있는지를 나타내주는 확률적 도구이다.

확률변수 $X_1, X_2, \cdots, X_n$의 확률누적함수를 각각 $F_1, F_2, \cdots, F_n$ 이라 하고 이들의 결합누적분포함수를 F 라 하자. 즉,

$$F(x_1, x_2, \cdots, x_n) = P\{X_1 \leq x_1,\ X_2 \leq x_2,\ \cdots,\ X_n \leq x_n\}$$

이라 하자. 이 확률변수들을 동시에 다루려면 우리는 n차원 공간에 정의된 확률변수벡터 $X = (X_1, X_2, \cdots, X_n)$ 을 고려해야 한다. 이러한 경우 우리는 F_i를 X의 i번째 주변확률 혹은 마지널(marginal)이라 부른다. 확률변수 $X_1, X_2, \cdots, X_n$들 간의 종속성을 알아보기 위하여 F를 마지널 부분과 종속성만을 나타내는 부분으로 분리하려는 아이디어가 코퓰러를 정의하게 되는 동기이다. 다시 말해 마지널들을 알고 또 무엇을 알면 유일한 결합누적분포함수를 항상 찾아낼 수 있을까 하는 문제에서 그 무엇을 코퓰러로 정의하는 것이다. 손쉬운 결과를 얻기 위하여 지금부터 모든 마지널들이 연속이라고 가정하자.

Definition 6.2.1

다음 조건을 만족하는 함수 $C: [0,1]^n \to [0,1]$를 코퓰러라 부른다.

$$F(x_1, x_2, \cdots, x_n) = C(F_1(x_1), F_2(x_2), \cdots, F_n(x_n))$$

6.2.1 코퓰러의 성질

1. 코퓰러는 $(F_1(X_1),\ F_2(X_2),\ \cdots,\ F_n(X_n))$의 결합누적분포함수이다. 왜냐하면

$$
\begin{aligned}
C(x_1, x_2, \cdots, x_n) &= C\big(F_1(F_1^{-1}(x_1)),\ F_2(F_2^{-1}(x_2)), \cdots,\ F_n(F_n^{-1}(x_n))\big) \\
&= F(F_1^{-1}(x_1),\ F_2^{-1}(x_2),\ \cdots,\ F_n^{-1}(x_n)) \\
&= P\{X_1 \leq F_1^{-1}(x_1),\ X_2 \leq F_2^{-1}(x_2),\ \cdots,\ X_n \leq F_n^{-1}(x_n)\}
\end{aligned}
$$

$$= P\{F_1(X_1) \le x_1,\, F_2(X_2) \le x_2,\, \cdots,\, F_n(X_n) \le x_n\}$$

를 만족하기 때문이다. 여기에서

$$P\{F_i(X_i) < x\} = P\{X_i < F_i^{-1}(x)\}$$
$$= F(F_i^{-1}(x))$$
$$= x$$

이므로 $F_i(X_i)$는 균등분포(uniform distribution)를 이룬다. 따라서 코퓰러는 $[0,1]^n$에 정의된 다변량 균등분포의 변수간 종속관계를 설명해 주는 수학적 도구라 할 수 있다. 또한 코퓰러는 결합누적분포함수이므로 다음을 만족한다.

2. 코퓰러 $C(x_1, x_2, \cdots, x_n)$는 각 변수에 대해서 증가함수이다.

3. $C(1, \cdots, 1, x_i, 1, \cdots, 1) = x_i$를 만족한다.

4. 확률변수들이 독립이라면

$$C(x_1, x_2, \cdots, x_n) = x_1 x_2 \cdots x_n$$

으로 나타내진다.

5. 마지널들이 연속이라는 가정이 성립하지 않을 경우에는 코퓰러가 유일하게 정해지지 않지만, 연속인 경우에는 다음 정리와 같이 코퓰러가 유일하게 정해지게 된다. 다음 정리는 임의의 n변량에 대해서도 성립되지만 편의상 2변량에 대해서 기술하였다. 증명은 생략한다.

Theorem 6.2.1

Sklar's Theorem

모든 $x, y \in \mathbb{R} \cup \{\infty\}$에 대하여

$$F(x, y) = C(F_1(x), F_2(y))$$

를 만족하는 코퓰러 C가 존재한다. 만일 F_1, F_2가 연속이라면 C는 유일하게 결정된다.

6.2.2 극단 종속

코퓰러의 중요한 특징 중의 하나는 확률변수들이 매우 커지거나 매우 작아지는 경우의 종속도를 나타낼 수 있다는 점이다. 두 확률변수 X, Y에 대하여 다음과 같이 상향극단종속 $\lambda_{U(X,Y)}$ 및 하향극단종속 $\lambda_{L(X,Y)}$를 정의하자.

Definition 6.2.2

$$\lambda_{U(X,Y)} = \lim_{z \to 1} P[Y > F_Y^{-1}(z) | X > F_X^{-1}(z)]$$
$$\lambda_{L(X,Y)} = \lim_{z \to 0} P[Y > F_Y^{-1}(z) | X \le F_X^{-1}(z)]$$

상향극단종속은 X가 클 경우 Y도 큰 값을 갖는지, 그리고 하향극단종속은 X가 작을 경우 Y도 작은지에 대한 척도가 된다. 이러한 극단종속(Tail dependence)은 평상시에는 서로 연관성이 적게 움직이다가 주가가 떨어지는 경우 종속도가 증가하여 동반폭락하는 현상 등을 잘 나타내어 위험관리분야에서 스트레스 테스트용으로 많이 쓰인다. 쉽게 예상할 수 있는 것처럼 극단종속은 다음 정리에서 보는 바와 같이 코퓰러를 이용해 쉽게 표현된다.

Theorem 6.2.2

(X, Y)의 코퓰러를 $C(x,y)$라 하면

$$\lambda_{U(X,Y)} = \lim_{z \to 1} \frac{1 - 2z + C(z,z)}{1-z}$$
$$\lambda_{L(X,Y)} = \lim_{z \to 0} \frac{C(z,z)}{z}$$

를 만족한다.

| 증명 |

$$\lambda_U(X,Y) = \lim_{z \to 1} P[Y > F_X^{-1}(z) | X > F_X^{-1}(z)]$$
$$= \lim_{z \to 1} \frac{P[Y > F_X^{-1}(z), X > F_X^{-1}(z)]}{P[X > F_X^{-1}(z)]}$$

$$= \lim_{z \to 1} \frac{1 - P\left[Y > F_X^{-1}(z)\right] - P\left[X > F_X^{-1}(z)\right] + P\left[Y \le F_X^{-1}(z), X \le F_X^{-1}(z)\right]}{1 - z}$$

$$= \lim_{z \to 1} \frac{1 - 2z + C(F_X(F_X^{-1}(z)), F_Y(F_Y^{-1}(z)))}{1 - z}$$

$$= \lim_{z \to 1} \frac{1 - 2z + C(z, z)}{1 - z}$$

가 된다. 또한

$$\lambda_L(X, Y) = \lim_{z \to 0} P\left[Y \le F_Y^{-1}(z) \mid X \le F_X^{-1}(z)\right]$$

$$= \lim_{z \to 0} \frac{P\left[Y \le F_Y^{-1}(z), X \le F_X^{-1}(z)\right]}{P\left[X \le F_X^{-1}(z)\right]}$$

$$= \lim_{z \to 0} \frac{C(F_X(F_X^{-1}(z)), F_Y(F_Y^{-1}(z)))}{z}$$

$$= \lim_{z \to 0} \frac{C(z, z)}{z}$$

를 만족한다. ∎

6.3 코퓰러의 종류

편의상 이변량 확률변수들에 주어진 코퓰러들을 살펴보자. 그림들은 주어진 코퓰러를 따르는 분포의 샘플을 1000개씩 뽑아서 그래프로 나타낸 것이다.

6.3.1 가우시안 코퓰러

가우시안 코퓰러는 다음과 같은 식으로 표시된다.

$$C_{gauss}^{\rho}(x, y) = \int_{-\infty}^{\Phi^{-1}(x)} \int_{-\infty}^{\Phi^{-1}(y)} \frac{1}{2\pi(1-\rho^2)^{1/2}} \exp\left\{\frac{-(s^2 - 2\rho st + t^2)}{2(1-\rho^2)}\right\} ds\, dt$$

여기에서 ρ는 -1과 1 사이의 숫자이고, Φ는 일변량 표준정규분포의 누적확률함수이다. 표준정규분포인 마지널과 종속관계가 가우시안 코퓰러로 주어진 이변량 확률변수는 $C_{gauss}^{\rho}(\Phi(x), \Phi(y))$를 결합누적확률함수로 가지며 이 경우 상관계수를 ρ로 갖는 이변량 표준정규변수가 된다.

가우시안 코퓰러의 극단종속은 상하향 모두 0으로 주어진다. 이는 X, Y의 값이 커지거나 작아지면 서로 독립에 가깝게 움직인다는 것을 의미한다. 결국 가우시안 코퓰러는 가장 많이 사용되는 모델이기는 하지만 시장 데이터의 분석결과 등이 보여주는 극단적 상황에서의 종속도 증가를 잘 설명하지 못하는 단점이 있다.

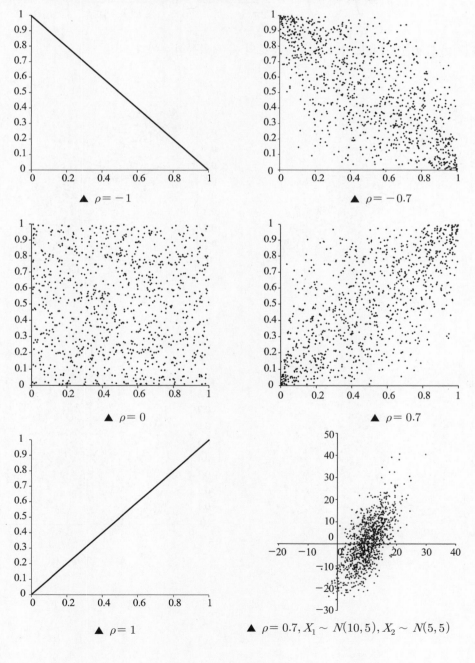

6.3.2 t-코플러

t-코플러는 다음과 같이 주어진다.

$$C_t^\rho(x, y) = \int_{-\infty}^{\tau^{-1}(x)} \int_{-\infty}^{\tau^{-1}(y)} \frac{1}{2\pi(1-\rho^2)^{1/2}} \left\{ 1 + \frac{s^2 - 2\rho st + t^2}{\nu(1-\rho^2)} \right\}^{-(\nu+2)/2} ds\, dt$$

여기에서 ν는 자유도이고 τ는 t-분포의 누적확률함수이다.

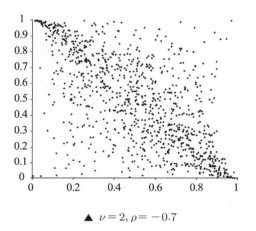

▲ $\nu = 2, \rho = -0.7$

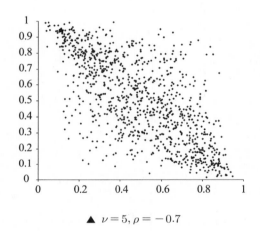

▲ $\nu = 5, \rho = -0.7$

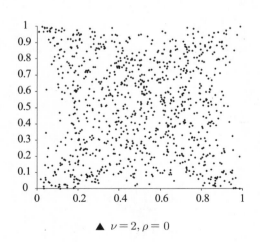

▲ $\nu = 2, \rho = 0$

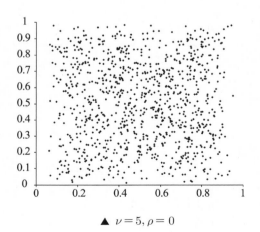

▲ $\nu = 5, \rho = 0$

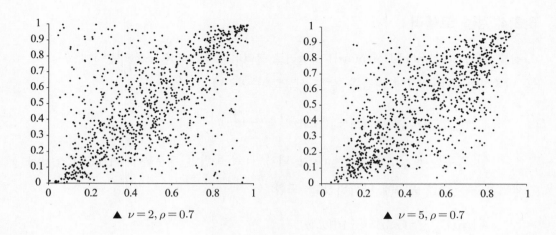

▲ $\nu = 2, \rho = 0.7$ ▲ $\nu = 5, \rho = 0.7$

이변량 t-분포 (X, Y)의 극단종속은

$$\lambda_U(X, Y) = \lambda_L(X, Y) = 2\left(1 - \theta_{\nu+1}\sqrt{\frac{1 - cor[X, Y]}{1 + cor[X, Y]}}\right)$$

로 주어진다. 여기에서 θ_ν는 자유도 ν를 갖는 t-분포함수를 의미하고 $Cor[X, Y]$는 X, Y의 상관계수를 말한다. t-코퓰러는 가우시안 코퓰러와 유사하면서 극단종속을 가지므로 종속극단을 보이는 경우의 가우시안 코퓰러의 대용이 될 수 있다. 그러나 음의 상관관계를 갖는 경우에도 극단종속이 양이라는 단점이 있다.

6.3.3 아르키메디안 코퓰러

함수 $\phi: (0, 1] \to [0, \infty)$가 $\lim_{x \to 0}\phi(x) = \infty$, $\phi(1) = 0$을 만족하는 전사함수라고 하자. 만일 이 함수가 볼록함수(convex function)이고 또한 단조감소함수인 경우 ϕ로부터 얻어지는 아르키메디안 코퓰러를 다음과 같이 정의하며, 이때 ϕ를 아르키메디안 코퓰러의 생성함수라고 한다.

$$C_{arch}(x, y) = \phi^{-1}(\phi(x) + \phi(y))$$

아르키메디안 코퓰러에는 검블 코퓰러, 클레이턴 코퓰러, 프랭크 코퓰러 등이 있다. 아르키메디안 코퓰러의 단점은 고차원으로 확장할 때 제약이 따른다는 점이다.

6.3.4 검블 코퓰러

검블-호가드(Gumbel-Hougaard) 코퓰러로 불리기도 하는 검블 코퓰러는 $1 \le \theta < \infty$ 를 만족하는 θ에 대하여 다음과 같은 식으로 주어진다.

$$C^{\theta}_{gumble}(x, y) = \exp[-\{(-\ln x)^{\theta} + (-\ln y)^{\theta}\}^{1/\theta}]$$

$\theta = 1$인 경우는 $C_{gumble}(x, y) = xy$ 가 되어 서로 독립인 경우를 나타내고 θ가 0에 가까워질수록 완전 종속에 가까워진다. 또한

$$\lim_{\theta \to 0} C^{\theta}_{gumble}(x, y) = \min(x, y)$$

가 되고 $\min(x, y)$도 코퓰러임을 보일 수 있다. 검블 코퓰러는 결합확률분포의 상단 꼬리(upper tail)에 강한 종속성을 가진 경우를 잘 나타낸다. 예를 들어 두 주식의 가격이 상승할 때 강한 종속성을 보이는 경우는 검블 코퓰러로 잘 모델링할 수 있다. 검블 코퓰러의 생성함수는

$$\phi(t) = (-\ln t)^{\theta}$$

로 주어진다. 또한, 검블 코퓰러의 극단종속은 다음과 같다.

$$\lambda_U(X, Y) = 2 - 2^{-\frac{1}{\nu}}$$

$$\lambda_L(X, Y) = 0$$

이는 뒤에 소개할 클레이톤 코퓰러와 반대로 값들이 커지는 경우의 종속관계를 잘 나타내준다. 따라서 검블 코퓰러도 클레이톤 코퓰러와 유사하게 스트레스 테스트용으로 많이 쓰인다.

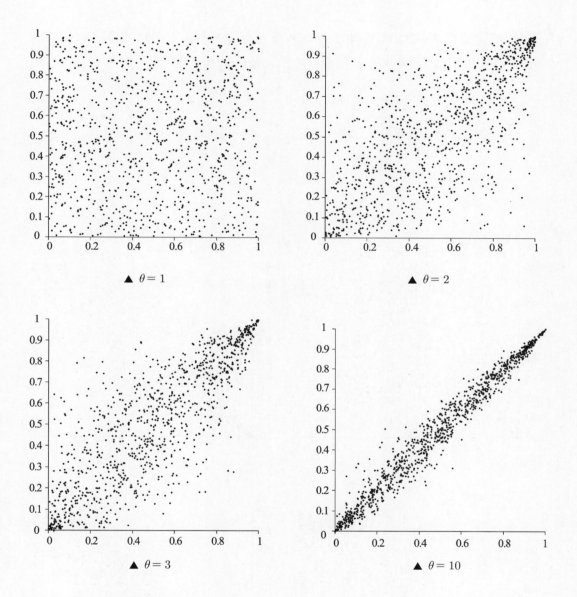

▲ $\theta = 1$

▲ $\theta = 2$

▲ $\theta = 3$

▲ $\theta = 10$

6.3.5 클레이톤 코퓰러

$\theta > 0$를 만족하는 θ에 대하여 클레이톤 코퓰러를 다음과 같이 정의한다.

$$C_{clay}(x, y) = \max\left([x^{-\theta} + y^{-\theta} - 1]^{-\frac{1}{\theta}}, 0\right)$$

검블 코퓰러와는 대조적으로 클레이톤 코퓰러는 왼쪽 꼬리의 강한 종속성을 잘 설명

한다. 예를 들어 두 주식의 가격이 하락할 때 강한 종속성을 보이는 경우는 검블 코퓰
러로 유사하게 모델링할 수 있다. 클레이톤 코퓰러의 생성함수는

$$\phi(t) = t^{-\theta} - 1$$

로 주어진다. 또한, 클레이톤 코퓰러의 극단종속은 다음과 같이 주어진다.

$$\lambda_L(X, Y) = 2^{-\frac{1}{\nu}}$$
$$\lambda_U(X, Y) = 0$$

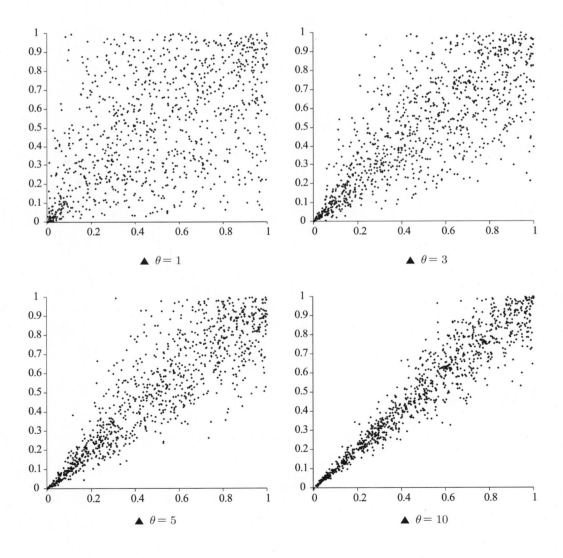

▲ $\theta = 1$ ▲ $\theta = 3$

▲ $\theta = 5$ ▲ $\theta = 10$

값들이 커지는 경우에는 독립에 가깝지만 값들이 작아지는 경우에는 서로 종속되어 움직이는 경우를 나타낸다. 식에서 보는 바와 같이 ν가 매우 커지면 완전종속, ν가 0에 가까워지면 독립을 나타낸다. 위험관리 측면에서 VaR를 계산하는 경우는 손실부분에 중점을 둔다. 이러한 관점에서는 클레이톤 코플러는 가우시안이나 t-코플러보다 훨씬 현실적이다. 그러나 캘리브레이션이 어렵기 때문에 주로 스트레스 테스트용으로 많이 쓰인다.

6.3.6 프랭크 코플러

0이 아닌 실수 θ에 대하여 프랭크 코플러는 다음과 같이 정의된다.

$$C_{frank}(x, y) = -\frac{1}{\theta} \ln\left(1 + \frac{(e^{-\theta x} - 1)(e^{-\theta y} - 1)}{e^{-\theta} - 1}\right)$$

프랭크 코플러는 왼쪽과 오른쪽 꼬리의 종속성을 똑같이 증대시킨다. 프랭크 코플러의 생성함수는

$$\phi(t) = -\ln\left(\frac{\exp(-\theta t) - 1}{\exp(-\theta) - 1}\right)$$

로 주어진다.

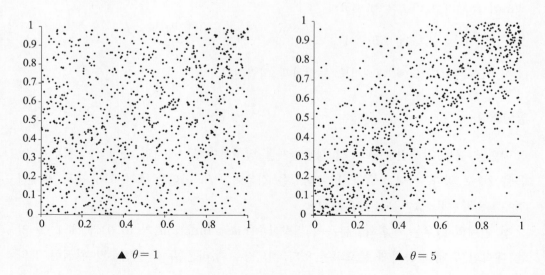

▲ $\theta = 1$ ▲ $\theta = 5$

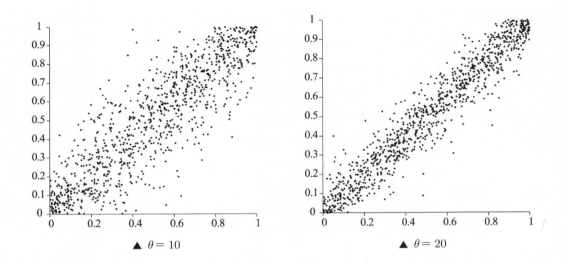

▲ $\theta = 10$ ▲ $\theta = 20$

6.4 코퓰러의 성질

이 절에서는 코퓰러가 갖고 있는 대표적인 성질을 몇 가지 소개한다.

편도함수

$C(x, y)$를 코퓰러라 하면 모든 $x \in [0, 1]$에 대하여 dC/dy가 거의 모든 $y \in [0, 1]$에 대하여 존재하고 다음을 만족한다.

$$0 \leq dC(x, y)/dy \leq 1$$

이 사실은 dC/dx에 대해서도 동일하게 성립된다.

공단조성

이변량 균등 확률변수 X, Y의 상관관계를 살펴보면 두 가지의 극단적인 경우가 있음을 알 수 있다. 하나는 X와 Y가 똑같은 경우이고 또 하나는 X와 Y가 서로 반대인 경우 즉 $Y = 1 - X$가 되는 경우이다.

첫 번째의 경우는 결합확률분포의 질량함수(mass function)가 $(0, 0)$과 $(1, 1)$을 잇는 대각선 위에 균등하게 분포되어 있다. 이 경우 우리는 두 확률변수가 완전한 양의 상관관계에 있다고 말한다. 두 번째의 경우는 결합확률분포의 질량함수가 $(0, 1)$과

$(1,0)$을 잇는 대각선 위에 균등하게 분포되어 있다. 이 경우는 첫 번째와 반대로 두 확률변수가 완전한 음의 상관관계에 있다고 말한다. 실제로 코퓰러는 이 두 극단적인 경우의 범위내의 값을 갖는다.

$$\mathrm{Prob}\{X \le x, 1-X \le y\} \le C(x,y) \le \mathrm{Prob}\{X \le x, X \le y\}\}$$

이러한 사실은 다변량 확률변수인 경우로 확장되며

$$C_l(x_1, x_2, \cdots, x_n) = \max\{x_1 + x_2 + \cdots + x_n + 1 - n, 0\}$$
$$C_u(x_1, x_2, \cdots, x_n) = \min\{x_1, x_2, \cdots, x_n\}$$

라 하면 다음과 같은 관계가 성립된다.

$$C_l(x_1, x_2, \cdots, x_n) \le C(x_1, x_2, \cdots, x_n) \le C_u(x_1, x_2, \cdots, x_n)$$

Definition 6.4.1

이변량 확률변수 X, Y가 코퓰러 C_u를 가지면 두 확률변수가 공단조(comonotonic)라고 말하며, 코퓰러 C_l을 가지면 두 확률변수가 역단조(countermonotonic)라고 말한다.

6.5 시뮬레이션

마지널 $F_1, F_2, \cdots, F_n$ 과 코퓰러 $C(x_1, x_2, \cdots, x_n)$ 가 주어지면 이에 대응되는 다변량 확률변수 $(X_1, X_2, \cdots, X_n)$ 가 유일하게 정해지게 된다. 금융실무에서는 이러한 확률변수의 이론적인 존재성을 찾기보다는 실제로 이러한 확률변수들을 시뮬레이션 해야 하는 경우를 많이 만나게 된다. 다음은 각 코퓰러를 따르는 균등분포의 샘플과 마지널이 주어진 확률변수의 샘플을 구하는 방법을 설명한다. 앞에 주어진 그림들은 이러한 방법으로 구한 샘플을 그래프로 나타낸 것이다.

가우시안 코퓰러의 경우

일반적인 n변량 가우시안 분포의 경우 상관행렬 R은 다음과 같이 $n \times n$ 행렬로 주어진다.

$$R = \begin{pmatrix} 1 & \cdots & \rho_{1n} \\ \cdot & \cdot & \cdot \\ \cdot & \cdot & \cdot \\ \cdot & \cdot & \cdot \\ \rho_{n1} & \cdots & 1 \end{pmatrix}$$

이러한 상관행렬을 만족하는 코퓰러를 따르는 균등분포의 샘플과 마지널이 주어진 확률변수의 샘플을 구하는 방법은 다음과 같다.

1. $R = Q \cdot Q^t$를 만족하는 삼각행렬 Q를 구한다.
2. 서로 독립인 표준정규변량을 n개 뽑아 $z = (z_1, z_2, \cdots, z_n)$을 구성한다.
3. $(w_1, w_2, \cdots, w_n) = Q \cdot z$를 구한다.
4. $(v_1, v_2, \cdots, v_n) = (\Phi(w_1), \Phi(w_2), \cdots, \Phi(w_n))$을 구한다.
5. $(x_1, x_2, \cdots, x_n) = (F_1^{-1}(v_1), F_2^{-1}(v_2), \cdots, F_n^{-1}(v_n))$을 구한다.

여기에서 구한 x가 원하는 마지널과 가우시안 코퓰러를 갖는 변량이 된다.

> **예 6.5.1** 이변량 가우시안 코퓰러를 따르는 확률변수의 샘플 구하기

1. 상관계수 ρ를 갖는 이변량 표준정규분포의 R은 $R = \begin{pmatrix} 1 & \rho \\ \rho & 1 \end{pmatrix}$로 주어지므로 삼각행렬 $Q = \begin{pmatrix} a & 0 \\ b & c \end{pmatrix}$라 하면 $Q^t = \begin{pmatrix} a & b \\ 0 & c \end{pmatrix}$가 되고,

$$Q \cdot Q^t = \begin{pmatrix} a^2 & ab \\ ab & b^2 + c^2 \end{pmatrix} = \begin{pmatrix} 1 & \rho \\ \rho & 1 \end{pmatrix} = R$$

을 만족하므로 행렬의 등식을 이용하여 $a = 1$, $b = \rho$, $c = \sqrt{1 - \rho^2}$ 을 얻고, 이를 이용하여 $Q = \begin{pmatrix} 1 & 0 \\ \rho & \sqrt{1 - \rho^2} \end{pmatrix}$를 구한다. 이러한 방법을 촐레스키분해라고 부른다.

2. 균등분포를 따르는 독립인 샘플 u_1, u_2를 구한 후, 이를 이용하여 서로 독립인 표준정규분포 $z_1 = \Phi^{-1}(u_1)$, $z_2 = \Phi^{-1}(u_2)$를 구한다. 여기에서 우리는 균등분포의 샘플을 뽑아 표준정규분포의 누적확률함수의 역함수에 대입하면 표준정규변수의 샘플이 된다는 사실을 이용하였다.

3. $w = Q \cdot z$를 이용하여

$$w_1 = z_1$$
$$w_2 = \rho z_1 + \sqrt{1-\rho^2}\, z_2$$

를 구한다.

4. 이렇게 구해진 이변량 표준정규분포를 Φ를 이용하여 다시 변환하면 원하는 가우시안 코퓰러를 따르는 이변량 균등분포의 샘플 $v_1 = \Phi(w_1)$, $v_2 = \Phi(w_2)$를 얻을 수 있다. 이렇게 얻어진 두 균등분포 간의 분포의 상관계수는

$$12 \iint \Phi(x)\Phi(\rho x + \sqrt{1-\rho^2}y)\phi(x)\phi(y)\,dx\,dy - 3$$

으로 주어지며 ρ의 절댓값이 작은 경우 이 값은 $\dfrac{3}{\phi\rho}$에 가깝다.

5. 마지널이 F_1, F_2로 주어진 경우, $x_1 = F_1^{-1}(v_1)$, $x_2 = F_2^{-1}(v_2)$를 구하면 x_1, x_2가 원하는 마지널과 가우시안 코퓰러를 갖는 샘플이 된다. ■

t-코퓰러의 경우

t-코퓰러의 경우도 가우시안의 경우와 유사하다. 코퓰러에 대응되는 상관행렬을 R이라 하면

1. $R = Q \cdot Q^t$를 만족하는 삼각행렬 Q를 구한다.
2. 서로 독립인 표준정규변량을 n개 뽑아 $z = (z_1, z_2, \cdots, z_n)$을 구성한다.
3. $(w_1, w_2, \cdots, w_n) = Q \cdot z$를 구한다.
4. 독립인 χ_ν^2 변량 하나를 추출하여 이 변량을 s라 하자.
5. $(v_1, v_2, \cdots, v_n) = \sqrt{\dfrac{\nu}{s}}\, w$를 구한다.
6. $(y_1, y_2, \cdots, y_n) = (G(v_1), G(v_2), \cdots, G(v_n))$을 구한다.

   여기에서 G는 student-t 분포의 cdf 이다.
7. $(x_1, x_2, \cdots, x_n) = (F_1^{-1}(y_1), F_2^{-1}(y_2), \cdots, F_n^{-1}(y_n))$을 구한다.

   여기에서 구한 x가 원하는 마지널 $F_1, F_2, \cdots, F_n$과 t-코퓰러를 갖는 변량의 샘플이 된다.

아르키미디언 코퓰러의 경우

이변량인 경우 다음과 같은 방법으로 시뮬레이션을 수행할 수 있다.

1. 균일 변량(uniform variate) u와 v를 구한다.

2. 다음 식을 t에 대하여 푼다. 이를 위해서 뉴튼방법 등 수치해석적 방법을 사용한다.

$$v = t - \frac{\phi(t)}{\phi'(t)}$$

3. 다음 식을 계산하여 x, y를 구한다.

$$x = \phi^{-1}(u\phi(t))$$
$$y = \phi^{-1}((1-u)\phi(t))$$

4. 앞의 예와 같이 마지널 F_1, F_2의 역함수를 이용하여 원하는 샘플을 구한다.

이상의 예와 같은 변환방법이 쉽지 않은 경우는 단변량 조건부 분포(univariate conditional distribution)를 이용하여 반복계산으로 시뮬레이션을 행할 수 있다. 주어진 코퓰러 $C(x_1, x_2, \cdots, x_n)$에 대하여 i차원의 마지널 분포를 다음과 같이 정의하자. $(1 \leq i \leq n)$

$$C_i(x_1, x_2, \cdots, x_i) = C(x_1, x_2, \cdots, x_i, 1, \cdots, 1)$$

그러면

$$C_1(x_1) = x_1, \qquad C_n(x_1, \cdots, x_n) = C(x_1, \cdots, x_n)$$

이 성립된다. 확률변수 $(U_1, U_2, \cdots, U_n)$이 C를 코퓰러로 갖는 다변량 균등분포를 이룬다면 $U_1, U_2, \cdots, U_{i-1}$이 주어진 상황에서 U_i의 조건부 분포는 다음과 같이 나타내진다.

$$C_i(u_i | u_1, \cdots, u_{i-1}) = \text{Prob}\{U_i \leq u_i | U_1 = u_1, \cdots, U_{i-1} = u_{i-1}\}$$

$$= \frac{\partial^{i-1} C_i(u_1, \cdots, u_i)}{\partial u_1 \cdots \partial u_{i-1}} \left/ \frac{\partial^{i-1} C_{i-1}(u_1, \cdots, u_{i-1})}{\partial u_1 \cdots \partial u_{i-1}} \right.$$

물론 이 등식이 성립하기 위해서는 마지막 항의 분모와 분자가 존재해야 하며 이에 대한 가정이 필요하다. 이제 우리는 위의 사실을 이용하여 시뮬레이션을 수행할 수 있다.

1. 0과 1 사이에서 균등변량 u_1을 추출한다.
2. $C_2(u_2|u_1)$으로부터 변량 u_2를 추출한다. 즉, 0과 1 사이에서 균등변량 x를 추출한 후 $C_2^{-1}(x|u_1)$를 구한다. 이 과정에서 필요하면 수치적 방법(numerical method)를 사용한다.
3. 이러한 방법을 반복하여 마지막으로 $C_n(u_n|u_1, \cdots, u_{n-1})$로부터 변량 u_n을 추출한다.
4. 앞의 예와 같이 마지널 $F_1, \cdots, F_n$의 역함수를 이용하여 원하는 변량을 구한다.

6.6 ▍ 코퓰러의 문제점

코퓰러는 금융자산의 수익률이 두터운 꼬리를 나타낸다는 사실들이 알려지면서 위험관리의 도구로서 광범위하게 사용되고 있다. 그러나 코퓰러가 만병통치약은 아니라는 사실을 인식할 필요가 있다. 오히려 코퓰러가 거의 유용하지 않을 수 있다는 무용론에 가까운 비판이 있는 것도 사실이다. 코퓰러를 사용하여 분석할 때 주의해야 할 사항이다. 이 절에서는 이러한 문제점들을 간략히 설명하도록 하겠다.

코퓰러의 문제점

1. 마지널들을 $[0, 1]$에 정의된 균등함수로 변환시키는 이유는?
   우리는 마지널들을 정규분포를 포함한 어떤 연속인 분포로도 변환시킬 수 있는데 그중에서 균등함수로 변환시키는 것이 특별한 의미가 없을 수 있다.
2. 증가함수에 의한 변환이 자료의 순서를 변환시키지는 않지만 많은 종속 구조를 변경시킬 수 있다. 예를 들어 증가함수에 의한 변환은 VaR 값을 계산하는 경우 값을 왜곡시킨다.
3. 코퓰러와 마지널을 적합(fitting)시키는 문제
   보통 최대 우도(maximum likelihood) 방법 등을 이용하여 다변량 분포를 적합시키기 위해서는 데이터로 얻어지는 정보를 통째로 사용한다. 그러나 코퓰러 적

합에서는 마지널을 추정하고 다시 코퓰러를 추정해야 한다. 따라서 서로 다른 통계적 방법으로 마지널을 적합시켰을 때 서로 다른 종속구조로 코퓰러를 적합할 수 있다.

4. 코퓰러는 연속적인 시간에 적용되는 종속구조를 나타내지 못하는 단지 정태적인 (static) 현상만을 설명한다. 따라서 확률과정, 시계열 등에서의 종속관계를 나타내지 못한다.

5. 차원이 높아졌을 때의 복잡성을 피하지 못한다.

신용파생상품

국채와 달리 회사채를 보유하고 있을 경우는 기업에 부도가 발생했을 때 채권의 이자뿐만 아니라 원금에도 상당한 손실이 발생한다. 따라서 채권의 소유자는 부도위험에 대한 헤지를 고려하게 된다. 기업이 부도와 관련된 위험을 헤지할 수 있도록 고안된 파생상품이 신용파생상품이다. 신용파생상품에 대한 과도한 투자는 미국 발 서브프라임 모기지 사태를 낳아 전 세계를 혼란에 빠뜨리기도 했으나 경제가 회복되면서 그 수요가 다시 살아나고 있다.

대표적인 신용파생상품은 신용부도스왑(credit default swap, CDS), 신용연계증권(credit linked note), 부채담보부증권(collateralized debt obligation, CDO), 합성부채담보부증권 (synthetic CDO)등이 있다.

7.1 신용위험

금융기관이 고려해야 할 중요한 위험 가운데 하나가 신용위험이다. 신용위험은 채무를 지고 있는 거래 상대방이 부도가 나서 채무를 이행할 수 없는 경우에 발생하며, 광의의 의미로 부도 위험뿐만 아니라 거래상대방의 신용등급이 하락하는 등의 신용사건이 발생할 위험을 말하기도 한다. 이러한 경우 신용사건이 무엇인지에 대한 엄밀한 정의가 필요한데, 국제스왑파생상품협회(International Swaps and Derivatives Association, ISDA)에서 이를 엄밀히 정의하고 있고, 계약에 따라 달라지기는 하지만 일반적으로는 이를 준용한다.

ISDA는 금융파생상품을 거래하고 있는 세계의 주된 금융기관들과 사업체, 정부 기관을 회원으로 하여 만들어진 상거래 협회이다. ISDA에 따르면 신용사건에는 지급 불능 상태가 되는 부도(Bankruptcy), 준거자산의 상환의무가 예정보다 빨라졌을 경우에 발생하는 조기상환의무(Obligation Acceleration), 준거기업이 약속한 날짜에 상환금을 지급하지 못하게 되는 지급불능(Failure to pay), 채무이행을 거부하는 경우 발생하는 지급거절(Repudiation or Moratorium), 준거기업의 신용도 변화에 따라 준거자산의 계약조건이 변경되는 채무재조정(Restructuring) 등이 있다.

7.1.1 신용위험의 헤지

신용위험을 헤지하는 방법에는 여러 가지가 있으나 최근에는 신용파생상품을 거래하는 방식이 많이 이용되고 있다. 금융기관들(보장매수자라 부름)이 보유하고 있는 채권, 대출자산 등(준거자산이라 부름)으로부터 발생하는 위험 중에서 신용위험만을 따로 분리하여 이 분리된 위험의 전부 또는 일부를 다른 기관 혹은 투자자(보장매도자라고 부름)에게 이전하고 대신 보장 매도자들은 위험을 이전 받는 대신에 이에 따른 수수료를 받는 형식의 금융계약을 체결함으로써 헤지를 하게 된다. 해외의 경우 보장매수자는 주로 은행, 보장매도자는 주로 보험사로 구성된다. 이러한 거래는 채권이나 대출자산 등의 거래나 이전 없이 신용위험만을 분리해 이루어지므로 거래가 복잡하지 않고 상당한 유동성을 확보할 수 있게 된다.

신용파생상품의 가격을 결정하기 위해서는 부도확률, 부도확률 간의 상관관계, 회수율 등을 알아야 한다. 부도확률 또는 부도 상관관계는 위험채권의 가치평가모델과 밀접한 관련이 있다. 위험채권의 가치평가 모형에는 구조형 모형, 축약형 모형, 하이브리드 모형 등이 있다. 신용위험을 나타내는 Credit VaR 등도 금융공학에서 매우 중요한 주제이나 이 책에서는 생략한다.

7.1.2 신용 스프레드

채권에는 채권을 누가 발행하느냐에 따라 다양한 종류가 있다. 국가에서 발행하는 경우에는 국채, 금융기관에서 발행하는 금융채, 일반회사에서 발행하는 회사채 등이 있다. 예를 들어 3년 만기의 액면가 1억 원인 국채와 회사채가 있다고 하면, 이 채권을 보유한 사람은 모두 3년 후에 1억 원을 받게 된다. 국채인 경우에는 국가로부터 받고, 회사채인 경우에는 회사로부터 받는 것만 다르다. 그런데 여기서 중요한 차이점은 3년

내에 국가가 부도날 확률은 거의 없지만, 회사가 부도날 확률은 상대적으로 높다는 점
이다. 그래서 국가가 발행한 채권을 무위험채권, 일반회사에서 발행한 채권을 부도위험
이 있는 채권이라고 부른다. 회사채는 부도위험이 있으므로 국채와 같은 무위험채권에
비해 높은 이자를 지급하게 되며, 회사채의 이자에서 무위험채권의 이자율을 뺀 값을
그 회사의 '신용스프레드'라고 부른다. 매우 안정된 회사는 부도위험이 별로 없어서 신
용스프레드가 매우 작은 반면, 실적이 좋지 않은 회사는 부도위험이 크기 때문에 신용
스프레드가 크다.

보통 BBB등급 이상의 채권을 투자등급이라고 하고 그 미만을 투기등급이라고 하는
데 신용스프레드는 BBB등급에서부터 급등하는 경향이 있다. 이를 안전자산선호
(flight to quality) 현상이라고 한다.

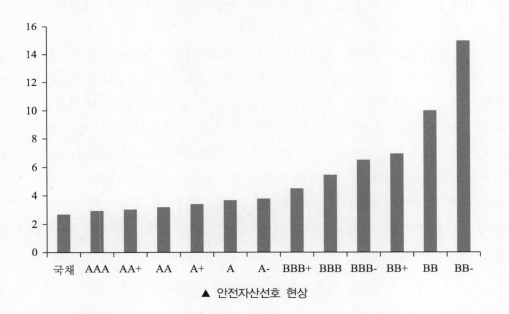

▲ 안전자산선호 현상

7.2 ▲ CDS

자동차를 산 사람은 누구나 자동차사고를 대비해서 보험을 들게 된다. 매년 일정한 보험료를 내고 사고가 발생하지 않으면 보험료를 돌려받지 못하지만, 만일 사고가 나는 경우에는 사고로 생긴 모든 손해를 보험사가 보상해주게 된다. 보유하고 있는 채권을 자동차라고 생각하면, 자동차보험과 똑같은 금융상품이 존재한다. CDS(Credit Default Swap)라고 불리는 금융상품이 바로 그것이다. A라는 회사의 회사채에 투자한 투자자 B가 있다고 가정하자. B는 보험료와 같은 소량의 액수를 지불하고 C라는 금융기관으로부터 CDS를 구입한다. 만일, 만기 때까지 채권을 발행한 A회사에 아무런 문제가 없으면 자동적으로 종료된다. 그런데 A회사가 부도가 나면, 부도 때문에 발생한 B의 손실을 CDS를 판 금융기관 C가 보상해주게 되며, 자동차보험회사와 같은 역할을 하는 것이다.

설명한 바와 같이 CDS는 보장매수자가 보장매도자에게 신용사건이 발생할 경우에 대비해 보험을 제공하는 계약이다. 보장매수자는 신용사건이 발생했을 때 준거기업이 발행한 채권을 액면가에 매도할 수 있는 권리를 갖고, 보장매도자는 신용사건이 발생하면 그 채권을 액면가에 매입하기로 약정한다. 보통은 회사가 부도나는 경우 갖고 있던 자산을 매각하여 일부 손실을 보전 받을 수 있기 때문에 부도 시 발생하는 손실(Loss Given Default, LGD)에 대해서만 보상을 받게 된다. 즉, 액면가에 아직 받지 못한 부도시점까지의 이자(발생이자, accrual)를 더해서 청구하게 되고, 청구액에서 회수될 수 있는 만큼을 액면가에서 제외하고 나머지를 보상받게 된다. 회수율을 R이라고 하고 발생이자를 A라고 하면

$$\text{LGD} = \text{액면가} - \text{청구액} \times \text{R} = \text{액면가} - (\text{액면가} + \text{A}) \times \text{R}$$

이 된다.

계약한 채권의 액면 가격의 총합을 명목원금이라고 하며 보장매수자는 정해진 만기일까지 정기적으로 일정금액을 지불한다. 명목원금을 1이라고 했을 경우 지급되는 금액의 연간 합계액을 CDS 스프레드(spread)라고 한다. 이 거래의 구조를 살펴보면 다음과 같다.

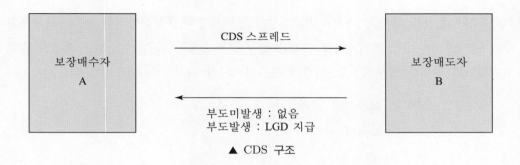

▲ CDS 구조

CDS를 이용하면 정해진 기간 동안에 발생하는 부도를 효과적으로 헤지할 수 있다. 즉, 스프레드만 지급하면 정해진 기간 동안 보유하고 있는 채권의 신용위험에서 해방되게 된다. CDS와 관련된 내용 중에서 금융공학적으로 가장 중요한 관심사는 두 당사자 간에 거래되는 CDS 계약에서 공정한 스프레드가 얼마일까 하는 문제이다. 이를 위해서는 먼저 채권을 발행한 A회사의 위험중립상황에서의 부도확률을 구하는 것이 필요하다. 부도확률을 구하기 위한 방법 중 하나는 회사가 발행한 채권들의 가격을 이용하는 것이다. 채권을 포함한 파생상품의 가격은 위험중립세상에서 결정되므로 채권들의 가격으로부터 구해지는 부도확률은 위험중립 부도확률이 된다. 역사적 자료로부터 얻어지는 부도행렬은 실제 세상에서의 부도를 나타내기 때문에 VaR값을 구하는 데는 유용하나 신용파생상품의 가치를 평가하는 데에는 적합하지 않을 수 있다. 부도확률 및 CDS의 가격을 결정하는 방법에는 여러 가지가 있으나 이 책에서는 Hull과 White가 제시한 방법을 따르도록 하자 [HW2].

7.2.1 위험중립 부도확률 구하기

준거자산의 위험중립 부도확률을 알 수 있는 가장 간단한 방법은 준거주체가 발행한 채권을 이용하는 것이다. 무위험채권의 가격과 부도위험이 있는 채권의 가격 차이가 부도에 따른 비용의 현재가치라고 볼 수 있기 때문이다. 즉,

부도비용의 현가 = 무위험채권 가격 − 부도위험이 있는 채권 가격

을 만족하므로, 부도가 발생했을 때의 회수율을 고려하면 위험중립 확률을 구할 수 있다. 만일 준거자산이 채권을 거의 발행하지 않았다면 우리는 준거자산과 같은 등급에 속하는 채권들을 이용하여 유사한 작업을 할 수 있다. 만일 만기가 T인 무이표 회사채

의 가격과 무이표 국채의 가격을 알고 있다면 이로부터 T시점까지의 누적부도분포함수를 알아낼 수 있다. 여기에서 회수율은 청구금액 중에서 회수할 수 있는 비율을 말한다. 계산의 편리상 청구금액을 채권의 무위험가치라 하자. 즉,

P_1 : 무이표 회사채의 가격

P_2 : 무이표 국채의 가격

R : 부도 시 회수율

p_T : T시점까지의 위험중립 누적부도확률

이라 하고 채권의 액면가를 100이라 하면,

$$부도\ 비용의\ 현가 = P_2 - P_1$$

이 되고, 회수율이 R이므로 손실율은 $(1-R)$, 손실이 발행할 확률 p_T, 청구금액이 P_1 (채권의 무위험가치)이므로

$$P_2 - P_1 = (1-R)p_T P_1$$

가 성립한다. 이로부터

$$p_T = \frac{P_2 - P_1}{(1-R)P_1}$$

을 구할 수 있다. 채권 가격 대신 수익률이 주어진 경우에는 동일한 수익률을 갖는 채권 가격을 구해 이용할 수 있다.

예 7.2.1

액면가 100만 원인 3년 만기 국채의 수익률이 3 %이고, 유사한 3년 만기 회사채의 수익률이 4.5 %라고 할 때 다음과 같이 부도확률을 구할 수 있다. 회수율은 0이라고 가정하면,

$$국채\ 가격\ 100e^{-0.03 \times 3} = 91.39\ (100만\ 원)$$
$$회사채\ 가격\ 100e^{-0.045 \times 3} = 87.37\ (100만\ 원)$$

이 되어

$$\text{부도비용의 현재가} = 91.39 - 87.37 = 4.02 \ (100만 원)$$

을 만족하게 된다. 위험중립 부도확률을 p라 하면 회수율이 0인 경우, 3년 후 위험
중립하에서의 부도 손실의 기댓값은,

$$100pe^{-0.03 \times 3} = 4.02$$

를 만족하고 이를 풀어 $p = 0.044$가 됨을 알 수 있다. ∎

무이표채 채권이 아닌 경우는 복잡해지지만 기본적인 메커니즘은 동일하다. 이와 같
은 방법을 일반화시켜 만기가 다른 여러 개의 채권을 이용하면 우리는 다양한 시간 T
까지의 부도확률을 구할 수 있다. 만일 모든 T에 대해서 누적부도확률 p_T를 구할 수
있으면 이를 미분하여 부도밀도함수를 구할 수 있다. 현실에서는 모든 만기의 채권이
존재하지 않으므로 다음과 같이 만기가 다른 N개의 채권이 있다고 가정하고 누적확률
분포의 근사치를 구할 수 있다. 먼저 부도는 채권의 만기일에만 일어난다고 가정하고
추후에 어떤 시간에도 일어날 수 있는 경우로 확장하자.

앞에서 설명한 바와 같이 부도가 발생한 경우의 청구액은 액면가와 최근 이자지급일
이후에 발생한 채권이자인 발생이자(accrued interest)의 합이다. 즉, CDS의 이득
(payoff)은 준거자산(reference obligation)의 액면가에서 부도발생 직후의 시장 가격
을 차감함으로써 계산된다. 부도가 발생했을 경우 시장 가격은 액면가에 발생이자를 더
한 후 회수율을 곱한 것과 같다. 다시 말해 L을 명목원금, R을 회수율, $A(t)$를 t시점
에서의 액면가에 대한 발생이자의 비율이라고 하면 CDS의 이득은 다음과 같이 주어
진다.

$$\text{CDS의 이득} = L - RL(1 + A(t)) = L(1 - R - A(t)R).$$

1. 부도가 채권만기일에만 일어난다고 가정하는 경우

준거주체 혹은 준거주체와 같은 형태의 부도위험을 갖는 주체가 발행한 채권이 N개
있다고 하자. 부도는 채권의 만기일에만 일어난다고 가정하고 변수들을 다음과 같이 정
의하자.

t_j : j번째 채권의 만기 ($t_1 < t_2 < \cdots < t_N$을 가정)

B_j : j 번째 채권의 현재 가격

G_j : j 번째 채권과 동일한 현금흐름을 제공하는 무위험채권의 현재 가격

$F_j(t)$: j 번째 채권과 동일한 현금흐름을 제공하는 무위험채권에 대한 만기가 t $(t < t_j)$인 선도계약에서의 선도가격

$P(0, t)$: t에서 1원을 받는 무위험채권의 현재 가격

$C_j(t_i)$: $t_i < t_j$ 인 t_i시점에서 부도가 났을 때 j 번째 채권 소유자의 청구금액

$R_j(t_i)$: $t_i < t_j$ 인 t_i 시점에서 부도가 났을 때 j 번째 채권의 회수율

p_i : t_i 시점에서 부도날 위험중립확률

여기에서 이자율, 회수율, 요구금액 $C_j(t_i)$가 모두 확정(deterministic)변수라고 가정하자. 이 경우 t_i 시점에서의 부도가 발생하지 않은 j 번째 채권의 가격은 $F_j(t_i)$가 된다. t_i시점에서 부도가 났을 때, 부도위험이 없었을 경우에 대비되는 j 번째 채권의 손실의 현재 가격이

$$P(0, t_i)(F_j(t_i) - R_j(t_i)C_j(t_i))$$

이고 부도가 발생할 확률은 p_i로 주어지므로 j 번째 채권 손실의 총 현가는 다음과 같이 주어진다.

$$G_j - B_j = \sum_{i=1}^{j} P(0, t_i)(F_j(t_i) - R_j(t_i)C_j(t_i))p_i.$$

이 식은 다음과 같이 표현될 수 있고

$$G_j - B_j = P(0, t_j)(F_j(t_j) - R_j(t_j)C_j(t_j))p_j$$
$$+ \sum_{i=1}^{j-1} P(0, t_i)(F_j(t_i) - R_j(t_i)C_j(t_i))p_i$$

위험중립확률 p_j는 다음과 같이 귀납적으로 구해진다.

$$p_j = \frac{G_j - B_j - \sum_{i=1}^{j-1} P(0, t_i)(F_j(t_i) - R_j(t_i)C_j(t_i))p_i}{P(0, t_j)(F_j(t_j) - R_j(t_j)C_j(t_j))}$$

회수율은 채권의 종류 및 만기에 따라 달라진다. 편의상 모든 채권의 우선순위 (seniority)가 동일하고 시간에 따른 회수율이 일정하다고 가정하자. 그러면 $R_j(t)$는 j 와 t에 대하여 독립이고 따라서 우리는 이것을 상수라고 놓을 수 있다.

2. 부도가 어떤 시점에서도 일어날 수 있는 경우

부도가 일어나는 시점이 만기 이전 어떤 시간에도 가능한 경우 부도확률밀도함수 p_t 를 고려할 수 있다. 부도확률밀도함수를 고려할 경우 t와 $t+\Delta t$ 사이에 부도가 일어날 확률은 $p_t \Delta t$가 된다. 채권의 만기가 연속적으로 주어지지 않아 연속적으로 주어지는 확률밀도함수를 구할 수 없으므로 다음과 같이 채권 만기로 주어지는 각각의 구간 에서는 상수라고 가정하여 근사적 확률밀도함수로 구할 수 있다. 즉, $p_t = p_i$ for $t_{i-1} \le t < t_i$ 라고 가정한다.

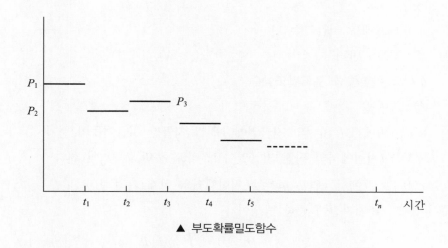

▲ 부도확률밀도함수

이 경우 손실의 현재 가격은

$$M_{ij} \doteq \int_{t_{i-1}}^{t_i} P(0,t)(F_j(t) - R_j(t)C_j(t))dt$$

가 되고 이 적분은 수치해석적인 방법으로 구할 수 있다. 위험중립확률은 유사한 방법 으로 다음과 같이 주어짐을 알 수 있다.

$$p_j = \frac{G_j - B_j - \sum_{i=1}^{j-1} p_i M_{ij}}{M_{jj}}$$

7.2.2 CDS 스프레드 결정

CDS 스프레드는 새롭게 발행된 CDS에 대해 구매자가 1년간 지급하는 액수를 명목원금의 퍼센트로 나타낸 양이다. CDS 스프레드를 구하기 위해 편의상 부도 사건, 이자율, 회수율이 모두 서로 독립이라고 가정하고 부도가 일어났을 경우의 청구액은 액면가와 발생이자의 합이라고 하자. 또한, 명목원금은 1원이고 스프레드는 매 기간 동일하게 지급되며, 신용사건이 발생하는 경우는 지급이 중지된다고 가정한다.

[Notation]

n : 스프레드 지급횟수/년

T : CDS 만기

$q(t)$: 위험중립 부도밀도함수

R : 회수율

$u(t)$: 0에서 t 사이의 지급일에 1원씩 지급한 지급액들의 현가

$e(t)$: t시점에서의 직전 지급일이 t_0 라고 하면, $t - t_0$의 현가

$P(0, t)$: t에서 1원을 받는 무위험채권의 현재 가격

$A(t)$: 준거자산에 대한 발생이자

$$\beta = 1 - \int_0^T q(t)dt$$

s : CDS 스프레드

이 경우 β는 CDS 만기 이전에 신용사건이 발생하지 않을 위험중립확률을 나타내며 $e(t)s$는 t시점에서 직전 지급일 이후 발생한 미지급 스프레드의 현가이다.

만기 이전의 시간 t에서 부도가 발생했다면 지급한 스프레드의 현가의 총액은 $s(u(t)/n + e(t))$로 주어지며 만일 부도가 발생하지 않았다면 지급액의 현가는 $su(T)/n$이 된다. 따라서

$$\text{지급액 현가의 기댓값} = s\left\{\int_0^T (u(t)/n + e(t))q(t)dt + \beta u(T)/n\right\}$$

가 되며, 주어진 가정하에서 CDS의 위험중립 기대이득은

$$1 - (1 + A(t))R = 1 - R - A(t)R$$

이 되므로 CDS의 기대이득의 현가는

$$\int_0^T (1 - R - A(t)R)q(t)P(0,t)dt$$

가 된다. 이러한 CDS의 가격이 공정하려면 두 식이 같아야 하므로

$$s\left\{\int_0^T (u(t)/n + e(t))q(t)dt + \beta u(T)/n\right\}$$
$$= \int_0^T (1 - R - A(t)R)q(t)P(0,t)dt$$

로부터 두 식을 같게 만드는 CDS 스프레드

$$s = \frac{\int_0^T (1 - R - A(t)R)q(t)P(0,t)dt}{\int_0^T (u(t)/n + e(t))q(t)dt + \beta u(T)/n}$$

를 구할 수 있다.

CDS는 투자 당사자 간의 계약이기 때문에 선도거래, 스왑 등과 같이 거래상대방 위험을 가지고 있다. 즉, 보장해주기로 한 보장매도자가 계약 중간에 부도가 나면 보상을 받지 못하게 된다. 이러한 위험에 대비한 상품이 신용연계채권이다.

7.2.3 신용연계채권

신용연계채권(Credit Linked Note, CLN)은 말 그대로 신용과 연계된 채권으로, CLN에 투자하기 위해서는 채권을 구입하는 것과 마찬가지로 계약 당시에 투자원금 (principal)을 지불해야 한다. 따라서 CLN은 CDS와 달리 거래 상대방 위험이 없고,

등급이 낮은 기관에서도 보장매도자로 투자할 수 있다.

　CDS와 마찬가지로 CLN의 투자자는 신용위험의 보장매도자가 되어 준거자산에 부도가 나는 등 신용사건이 발생하는 경우 생기는 총 손실을 미리 지급했던 현금으로 보상해 주고, 남은 부분만 돌려받게 된다. 돌려받는 내용은 계약에 따라 현금이 될 수도 있고 준거 기관이 발행한 채권이 될 수도 있다. 물론 신용사건이 발생하지 않으면 보장매도자는 최초 투자했던 원금과 함께 이자를 돌려받게 된다. 이자는 3개월짜리 쿠폰으로 지급되는 것이 보통이다.

　CLN은 복잡한 형태의 금융 상품을 구성하는 주요 요소로 쓰이기도 한다. 보장매도자는 투자자로부터 받은 원금을 보통 AAA등급의 채권 등에 투자를 하게 되는데 이러한 증권을 시장에서는 실제로 담보로 잡힌 것은 아니지만 통상 담보증권이라고 부른다. 신용사건이 발생하지 않으면 담보증권을 매각해서 투자원금을 되돌려주게 된다. 결국 CLN의 보장매도자는 거래상대방의 지급불능위험에서 벗어나는 대신에 담보증권의 시장위험을 떠안게 된다.

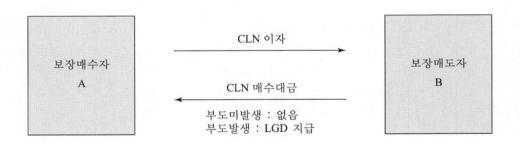

　CLN의 가격 결정은 CDS와 유사하다. 부도확률을 구하고 이에 따른 손실 및 현금흐름을 구해서 매치시키면 되기 때문이다. 실제 거래 가격은 이와 같은 방법으로 구한 이론 가격과 다를 수 있다. 왜냐하면 유동성 및 거래의 복잡성에 따른 추가비용 등이 고려되어야 하기 때문이다.

7.3 ￤ 부채담보부증권

　동시 혹은 연쇄부도가 일어나는 이유는 대략 세 가지로 요약할 수 있다[DD]. 첫 번째는 기업들이 공통된 위험에 노출되어 있어 위험요인이 커졌을 때 동시 부도가 발생한다. 두 번째는 한 회사의 부도가 전염성이 있어 다른 회사의 부도를 발생시킨다. 대기업이 도산했을 때 이 회사에 납품했던 회사가 부도가 나는 경우이다. 세 번째는 한 회사의 부도로부터 여러 사실들을 알게 되고 그로부터 다른 회사의 숨겨진 위험이 알려져 부도가 발생하는 경우이다. 예를 들어 분식회계에 따른 엔론의 파산이 다른 회사에도 분식회계가 있을 수 있다는 사실을 일깨워 주어 다른 회사의 신용도가 하락되는 경우이다. 이러한 동시 부도를 효과적으로 헤지할 수 있는 상품이 부채담보부증권(Collateralized Debt Obligation, CDO)이다.

7.3.1 CDO 개요

CDO는 채권집합을 가지고 다양한 위험의 속성을 갖는 증권을 발행하는 금융상품이다. 채권의 집합이기 때문에 여러 회사의 신용위험을 동시에 다룰 수 있으며 동시 부도에 대한 위험을 헤지할 수 있는 도구가 될 수 있다. 보통 CDO 발행자는 계층별 위험을 흡수하는 트랜치 혹은 트랑셰(tranche)라 불리는 증권을 발행한다. 예를 들어, 첫 번째 트랜치는 총 채권 원금의 5 %의 지분을 갖고 손실이 총 채권 원금의 5 %가 될 때까지의 모든 신용손실을 흡수하고 두 번째 트랜치는 총 채권 원금의 10 % 지분을 갖고 원금의 5 %에서 15 % 사이의 신용손실을 흡수한다. 세 번째는 10 %의 지분을 갖고 원금의 15 %에서 25 % 사이의 신용손실을 흡수하며 마지막 네 번째 트랜치는 원금 75 %의 지분을 갖고 원금의 25 %를 초과하는 신용손실을 모두 흡수하는 형태의 CDO이다.

계약이 이루어진 후 계약기간 내에 총 채권 원금의 1 % 손실에 달하는 신용사건이 발생했다면 첫 번째 트랜치에 투자한 사람들은 투자금액의 20 % (5 %에 대한 1 %의 비율)를 잃게 되고 그 후에는 최초 투자액의 80 %에 대해서만 이자가 지급된다. 네 번째 트랜치에 투자한 투자자는 총 채권 원금에서 25 %에 달하는 신용사건이 발생할 때까지 신용사건에 대한 책임을 지지 않는다. 만기까지 상대적으로 짧은 기간에 25 %의 기업이 부도날 확률은 거의 없으므로 이러한 트랜치는 보통 AAA등급을 받을 정도로 높은 신용등급을 받을 수 있다. 따라서 CDO는 거래가 잘 되지 않는 낮은 등급의 부채를 모아 높은 등급의 금융상품을 발행할 수 있는 기법이다. 일반적으로 CDO 트랜치는 채권 집합에 포함되어 있는 채권 간의 부도 상관계수에 따라 등급이 결정되며 상관계수가 높을수록 동시 부도가 일어날 확률이 높아지므로 트랜치들은 상관계수가 낮은 경우에 비해 낮은 등급을 받게 된다.

합성 CDO는 CDO의 발행자가 제3자에게 채권의 집합 대신에 CDS 포트폴리오를 매각하는 것이다. 위의 예에서 첫 번째 트랜치 소유자는 총 명목 원금의 5 %까지 CDS 의 이득에 대한 위험을 흡수한다. 앞에서 설명한 CDO(합성 CDO와 대비되어 Cash CDO라 불린다)와 마찬가지로 중소기업이나 신용등급이 낮은 기업이 발행한 채권이나 낮은 등급의 부채들의 집합을 높은 등급의 금융상품으로 전환할 수 있는 장점이 있고 동시 부도를 효과적으로 헤지할 수 있는 수단을 제공한다.

예를 들어, 100개의 기업이 발행한 동일한 액수의 채권들로 구성된 CDO에서 첫 번째 트랜치의 수익률을 50 %라 하고(보통 첫 번째 트랜치는 위험이 아주 높기 때문에 수익률도 매우 높다) 1년 계약에 100억 원을 투자했다고 하자. 편의상 회수율은 모두 0으로 가정하면 100개의 기업 중 5 %의 부도는 5개 회사의 부도를 의미하며, 5 %에 대한 부도 위험을 책임진다는 것은 5개 회사의 부도에 대한 책임을 진다는 의미이다.

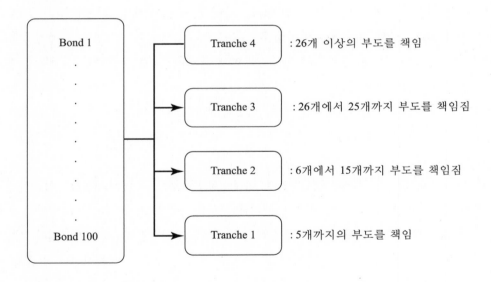

이러한 투자에서 만일 1년 후까지 부도가 하나도 발생하지 않았다면, 투자자는 1년 후 원금 100억 원과 이에 대한 50 % 이자 50억 원을 합쳐 150억 원을 받게 될 것이다. 만일 1년 동안 부도가 하나 발생했다면(편의상, 부도는 계약하자마자 일어났다고 가정하자) 책임지기로 한 5개의 부도 중에서 1개의 부도가 발생했으므로 1/5, 즉 20 %의 원금이 삭감 당함으로서 책임을 지게 된다. 초기 투자액이 100억 원이므로 1년

후에는 이 중에서 20 %인 20억이 삭감되어 원금은 80억 원이 되고 이에 대한 50 %의 이자 40억 원을 합쳐 120억 원을 돌려받게 된다. 부도가 2개 발생했을 경우는 어떨까? 정답은 90억 원이다. 원금은 40 % 삭감당한 60억 원이고 이에 대한 이자 30억 원을 받게 되기 때문이다. 만일 5개 이상의 부도가 발생한다면 투자자는 원금과 이자를 모두 날리게 된다. 여기에서 부도는 모두 계약과 동시에 발생한다고 가정했음을 상기하자. 실제로는 부도가 발생할 때까지의 기간에 대한 이자는 받게 되며 이자도 한꺼번에 받는 것이 아니라 여러 번에 걸쳐 나누어 받게 된다. 또한 회사가 부도가 나더라도 가치가 0이 되는 것이 아니고 회수되는 부분에 따라서 손실액이 달라져 위의 예보다 실제는 훨씬 복잡하다.

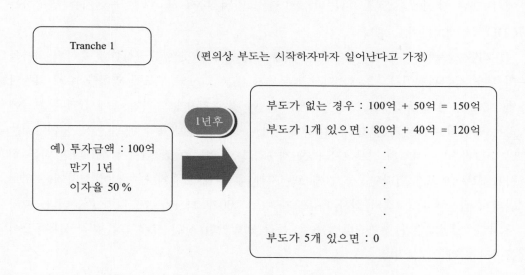

Tranche 1

(편의상 부도는 시작하자마자 일어난다고 가정)

1년후

예) 투자금액 : 100억
만기 1년
이자율 50 %

부도가 없는 경우 : 100억 + 50억 = 150억
부도가 1개 있으면 : 80억 + 40억 = 120억
.
.
.
.
부도가 5개 있으면 : 0

이제 15 %에서 25 %의 부도, 즉 16개의 부도에서 25개의 부도에 대해 책임지는 두 번째 트랜치에 대해 살펴보자. 만일 이자율이 20 %였고 1년간 부도가 5개 이하로 일어났다면 투자자는 1년 후 100억 원 원금에 20억 원 이자를 합한 120억 원을 돌려받게 된다. 만일 부도가 6개 일어난다면 어떻게 될까? 책임지기로 한 부도의 개수가 여섯 번째부터 열다섯 번째까지 10개인데 그중 하나가 발생한 것이므로 1/10, 즉 10억 원의 원금이 삭감되어 90억 원이 되고 이에 대한 이자 90억 × 20 % = 18억 원을 합쳐 108억 원을 돌려받게 된다.

이와 같은 방법으로 세 번째, 네 번째 트랜치가 결정되며 트랜치 번호가 높아질수록 투자액에 대한 손실이 일어날 가능성이 거의 없다는 점이다. 네 번째 트랜치의 경우, 투자액의 손실이 일어나기 위해서는 1년 내에 100개의 기업 중에서 36개 이상이 부도가 나야하는데 이는 거의 불가능하다는 것이다. 이러한 트랜치는 아주 높은 등급, 즉 AAA등급을 받게 되는데 같은 등급의 다른 금융상품에 비해 높은 이자를 줄 수 있다는 장점이 있다. 신용등급이 낮아질수록 이자율이 급등하는 안전자산선호(flight to quality) 현상때문에 채권 가격이 낮아지며, 낮은 등급의 채권집합을 만들 때 상대적으로 비용이 적게 들기 때문이다.

이와 같이 잘 팔리지 않고 저렴한 증권을 모아 놓고 잘 팔리는 증권을 만들어 내어 자금을 조달하는 유동화 기법은 금융시장을 엄청나게 바꾸어 놓았다. 심지어는 앞의 예에서 채권 대신에 팔리지 않는 트랜치를 모아서 다시 또 다른 트랜치를 발행하는 CDO^2이 생겨나기도 했다.

이러한 상품들의 가치를 평가하기 위해 가장 중요한 것은 채권집합에 포함된 회사들의 부도 상관관계이다. 즉, 한 회사의 부도가 다른 회사의 부도에 영향을 주지 않는다면, 부도는 서로 독립적으로 일어나게 되고 이 경우 100개의 기업 중에서 짧은 기간에 많은 기업이 부도나기는 쉽지 않다. 그러나 부도의 상관관계가 매우 높으면 이야기는 많이 달라진다. 최악의 경우 부도 상관계수가 1이라면, 즉 한 회사가 부도나면 다른 회사가 모두 부도가 난다면, 첫 번째 트랜치나 네 번째 트랜치나 똑같이 투자액을 모두 날리게 될 것이다. 1개의 회사가 부도가 나면 100개 회사가 부도나기 때문이다. 따라서 부도 상관계수가 높아진다면 높은 등급을 받았던 상위 트랜치의 경우 신용등급이 급격히 하락할 수 있다.

미국의 서브프라임 모기지 사태의 경우를 살펴보자. 미국이나 영국의 경우 채권 대신에 집을 살 때 은행이 자금을 빌려주고(모기지라고 한다) 이 대출 증서를 모아 트랜치를 발행할 수 있었다. 트랜치는 S&P나 무디스에서 높은 등급을 받게 되고 전 세계의 은행이나 헤지펀드 등이 앞 다투어 투자를 하게 되었고, 새로운 트랜치 발행을 위해 더욱 많은 대출을 해주는 기현상이 벌어지게 되었다. 가난한 사람들에게 심지어는 집값의 120%를 대출해주고 대출증서를 이용해 트랜치를 발행하는 경우까지 생기게 되었다.

이후 인플레이션을 대비하기 위해 미국에서는 무려 16차례에 걸쳐 이자율을 높이게 되었다. 여기에서 주의해야 할 점은 서프프라임 모기지 대출채권은 금리 인상에 매우 취약하다는 점이다. 이자율이 높아져 주택 대출을 받은 사람들은 이자를 갚기가 어려워지고, 이자부담으로 집을 사려는 사람들이 줄어 집값이 폭락하는 현상이 일어났다. 모기지를 기반으로 만든 CDO는 동시 부도 확률이 높아지게 되어, 신용등급이 매우 높았던 트랜치들의 가치가 폭락하게 되었다. 여기에 투자한 전 세계의 많은 금융기관들은 엄청난 손실을 입게 되었고, 이러한 CDO에 누가 투자했는지 서로 몰랐기 때문에 어떤 회사가 얼마만큼의 손실을 입었는지 알 수도 없는 상황이 되어 서로 돈을 빌리거나 빌려주기를 꺼리게 되는 신용경색현상이 일어나게 되었으며, 그 불길이 실물경제로까지 옮겨 붙은 세계 경제의 대재앙을 초래한 서브프라임 모기지 사태가 발발하게 되었다.

서브프라임 모기지 사태 이후 CDO의 거래량은 급격히 줄었으나, 부도 상관계수가 작을 때는 CDO 구조에 담겨있는 아이디어가 매우 의미있기 때문에 상세히 살펴볼 필요가 있다[L, HW4]. CDO에서의 주요 관심사는 각 트랜치의 공정한 수익률이다.

7.3.2 가우시안 요인 코퓰러 모델

명목원금이 N_i이고 회수율이 R_i인 준거자산 n개로 이루어진 포트폴리오를 생각해보자 $(i = 1, 2, \cdots, n)$. 각 회사의 부도에 관한 마지널 위험중립확률분포를 알고 있다고 가정하자. i 번째 회사가 부도나는 시간을 나타내는 확률변수를 τ_i라 하고 τ_i의 누적분포함수를 T_i라고 하자. 즉,

$$T_i(t) = \text{Prob}\{\tau_i \leq t\}$$

τ_i에 대한 1요인 모델(one factor model)은 각 회사들 간의 부도시간의 상관관계를 잠재된 확률변수(latent random variable) X_i로 나타내는데 이 잠재된 확률변수는 시장고유의 요인과 상수의 상관계수를 갖는다고 가정한다. M을 평균이 0이고 분산이 1인 시장고유의 요인 확률변수, Z_i를 같은 분포를 따르고(identically distributed) i 번째 회사에 대응되는 역시 평균이 0이고 분산이 1인 서로 독립인 확률변수라고 하면 $0 < a_i < 1$인 a_i에 대하여 X_i는 다음과 같이 정의된다.

$$X_i = a_i M + \sqrt{1 - a_i^2}\, Z$$

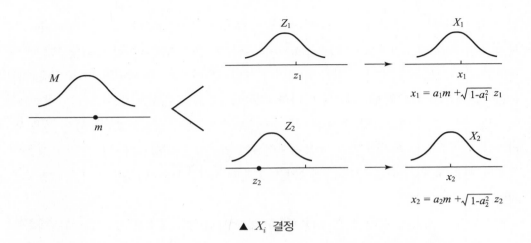

▲ X_i 결정

간단한 계산으로 이렇게 정의된 X_i들 간의 상관계수 $\rho(X_i, X_j)$가 $a_i a_j$가 됨을 알 수 있다(연습문제 참조).

이렇게 주어진 잠재변수 X_i는 백분위수(percentile)끼리 일치시키는 방법으로 부도시간 τ_i에 대응된다. 예를 들면 X_i의 하위 5％가 τ_i의 하위 5％에 대응되는 방식이다. F_i를 X_i의 cdf라 하면 변환식 $t = T_i^{-1}\{F_i(x)\}$에 의해 $X_i = x$는 $\tau_i = t$로 변환된다.

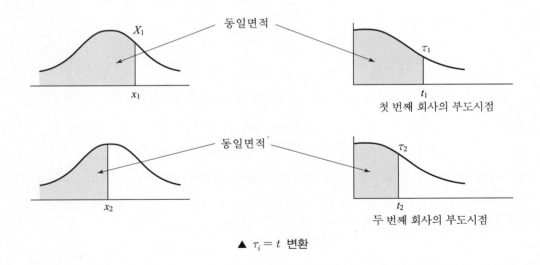

▲ $\tau_i = t$ 변환

H를 Z_i의 cdf라 하면, 공통요인 M이 주어진 상태에서의 X_i의 조건부 cdf는 다음과 같이 주어진다.

$$\text{Prob}\{X_i \leq x|M\} = H\left[\frac{x - a_i M}{\sqrt{1 - a_i^2}}\right]$$

따라서 τ_i는

$$\text{Prob}\{\tau_i \leq t|M\} = H\left[\frac{F_i^{-1}(T_i(t)) - a_i M}{\sqrt{1 - a_i^2}}\right]$$

이 된다.

i 번째 회사가 T 시점까지 부도가 나지 않고 살아남을 확률은

$$\text{Prob}\{\tau_i > T|M\} = 1 - H\left[\frac{F_i^{-1}(T_i(T)) - a_i M}{\sqrt{1 - a_i^2}}\right]$$

가 된다.

이러한 모델은 유일한 공통변수 M 대신에 $M_1, M_2, \cdots, M_m$을 넣음으로 m 요인 모델로 확장시킬 수 있다. 이 경우 X_i는 다음과 같이 나타내진다.

$$X_i = a_{i1}M_1 + a_{i2}M_2 + \cdots + a_{im}M_m + \sqrt{1 - a_{i1}^2 - a_{i2}^2 - \cdots - a_{im}^2} \, Z_i.$$

여기에서 M_i는 서로 독립이며 평균 0, 분산 1을 갖는 분포이고,

$$a_{i1}^2 + a_{i2}^2 + \cdots + a_{im}^2 < 1$$

을 만족해야 한다. 역시 간단한 계산으로 이렇게 정의된 X_i들 간의 상관계수, 즉 $\rho(X_i, X_j)$가 $\sum_{l=1}^{m} a_{il}a_{jl}$이 됨을 알 수 있다. 이 경우 i 번째 회사가 T 시점까지 부도가 나지 않고 살아남을 확률은 다음과 같이 바뀐다.

$$\text{Prob}\{\tau_i > T|M_1, M_2, \cdots, M_m\}$$

$$= 1 - H\left[\frac{F_i^{-1}(T_i(T)) - a_{i1}M_1 - a_{i2}M_2 - \cdots - a_{im}M_m}{\sqrt{1 - a_{i1}^2 - a_{i2}^2 - \cdots - a_{im}^2}}\right]$$

여기에서 M_i들과 Z_i들은 어떠한 분포를 가져도 상관없다. 그러나 이러한 다변량 분

포를 잘 다룰 수 있게 해주는 방법 중의 하나가 코퓰러이므로 잘 알려진 코퓰러에 의한 적용이 많이 이루어진다.

7.3.3 n번째 부도 스왑

n번째 부도 스왑(n^{th} to default swap)은 여러 가지 형태가 있으나, 일반적으로 n번째의 부도가 발생할 경우 그 손실을 보상해 주는 스왑을 말한다. 개별 회사가 T 시점까지 부도가 나지 않을 확률을 알고 있으면 T 시점까지 정확히 k개의 회사가 부도날 확률을 구할 수 있다. 따라서 이 방법은 n번째 부도 스왑의 가격 결정을 가능하게 해준다.

$\pi_T(k)$를 T 시점까지 정확히 k개의 회사가 부도날 확률이라고 하고, 시장공통변수 M이 주어진 경우 k개의 회사가 T 시점까지 부도날 조건부 확률을 $\pi_T(k|M)$이라고 하자. 그러면 T 시점까지 부도가 하나도 나지 않을 확률은 다음과 같이 주어진다.

$$\pi_T(0\,|\,M) = \prod_{i=1}^{N} \text{Prob}\{\tau_i > T\,|\,M\}$$

여기에서 확률들의 곱으로 표현할 수 있는 이유는 시장공통요인 M이 주어진 조건부 상황에서는 부도확률이 각 회사의 독립적인 고유확률함수(Z_i)에만 의존하여 결정되므로 서로 독립이기 때문이다.

정확히 한 회사만 부도날 확률은 첫 번째 회사가 부도나고 나머지는 부도가 나지 않을 확률, 두 번째 회사가 부도나고 나머지는 부도가 나지 않을 확률, …, 마지막 회사가 부도나고 나머지는 부도가 나지 않을 확률을 모두 더한 것이므로 다음과 같이 나타내진다.

$$\pi_T(1\,|\,M) = \left(\sum_{i=1}^{N}(1 - \text{Prob}\{\tau_i > T|M\})\right) \cdot \prod_{j=1,j\neq i}^{N} \text{Prob}\{\tau_j > T|M\}$$

$$= \pi_T(0\,|\,M)\sum_{i=1}^{N}\frac{1 - \text{Prob}\{\tau_i > T|M\}}{\text{Prob}\{\tau_i > T|M\}}$$

w_i를 다음과 같이 정의하자.

$$w_i = \frac{1 - \text{Prob}\{\tau_i > T | M\}}{\text{Prob}\{\tau_i > T | M\}}$$

그러면 정확히 k개의 회사가 부도날 확률을 유사한 방법으로 구할 수 있다. 즉, P_k를 집합 $\{1, 2, \cdots, N\}$에서 중복 없이 k개를 뽑아놓은 집합을 모두 모아놓은 집합이라 하면

$$\pi_T(k | M) = \pi_T(0 | M) \sum_{\{z_1, z_2, \cdots, z_k\} \in P_k} w_{z_1} w_{z_2} \cdots w_{z_k}$$

가 된다. 여기에서

$$U_k(w_1,\, w_2,\, \cdots,\, w_N) = \sum_{\{z_1, z_2, \cdots, z_k\} \in P_k} w_{z_1} w_{z_2} \cdots w_{z_k}$$

라 하고 다음과 같이 정의하자.

$$V_k(w_1,\, w_2,\, \cdots,\, w_N) = \sum_{j=1}^{N} w_j^k$$

그러면 $U_1 = V_1$을 만족하는 것은 쉽게 알 수 있고

$$kU_k = V_1 U_{k-1} - V_2 U_{k-2} + V_3 U_{k-3} - \cdots (-1)^k V_{k-1} U_1 + (-1)^{k+1} V_k$$

인 관계식을 이용하여 귀납적으로 U_k를 구할 수 있다. 이 귀납식이 성립하는 이유에 대한 증명은 생략한다 [HW4].

끝으로

$$\pi_T(k) = \int \pi_T(k | M) dM$$

을 이용하여 조건부가 아닌 k개의 회사가 부도날 확률을 구할 수 있다. 만일 M이 표준정규분포를 따른다면

$$\pi_T(k) = \frac{1}{\sqrt{2\pi}} \int_{-\infty}^{\infty} \pi_T(k | M = x) \exp(-x^2/2) dx$$

가 된다. 이와 같이 $\pi_T(k)$를 구하면 7.2.2에서 CDS스프레드를 결정하는 방법과 유사하게 n번째 부도 스왑의 스프레드를 구할 수 있다.

7.3.4 CDO 가격 결정

이 섹션에서는 일반적인 CDO에 적용할 수 있는 가격 결정 방법을 살펴보자.

각 트렌치의 프리미엄(스프레드)을 결정하기 위해 손실이 포함될 범위를 다음과 같이 나누어 보자. 첫 번째 범위는 $(0, b_0)$, 두 번째 범위는 (b_0, b_1), $\cdots$, L 번째 범위는 (b_{L-1}, ∞)이다. 임의의 T 시점에서 총 손실이 k 번째 범위에 있을 조건부 확률을 $p_T(k|M)$라 하자. 그리고 A_k를 손실이 k 번째 범위에 있을 경우의 조건부 기대손실이라고 하자. 조건부 기대손실은 손실이 k 범위에 있을 각각의 경우의 확률을 k 범위에 있을 전체 확률로 나누어준 후 기댓값을 구한 것이다. 이러한 가정하에 우리는 준거자산의 개수에 대한 반복계산에 의해 $p_T(k|M)$과 A_k를 구할 수 있다 [HW4].

먼저 $N=0$, 즉 준거자산이 하나도 없는 경우를 생각하자. 이 경우는 당연히 아무런 손실이 없고 $p_0 = 1$이며, 0 보다 큰 k에 대해서는 $p_T(k|M) = 0$를 만족한다. 또한 $A_0 = 0$이다. A_k의 초깃값은 범위 사이의 아무 값을 택해도 상관이 없다. $j-1$개의 준거자산을 고려했을 때의 $p_T(k|M)$와 A_k를 알고 있다고 가정하고 j개의 준거자산이 있는 경우로 확장을 하는 방법을 통하여 소기의 목적을 달성할 수 있다.

먼저 j 번째 준거자산이 부도났을 때의 손실을 L_j라 하자. 이 손실은 CDS 계산과정에서 사용된 손실과 같다. 시장공통요인 M이 주어진 조건부 위험중립 부도확률을 α_j라 하면

$$\alpha_j = \text{Prob}\{\tau_j \leq T | M\} = H\left[\frac{F_j^{-1}(T_j(T)) - a_j M}{\sqrt{1 - a_j^2}}\right]$$

를 만족한다. $u(k)$를 추가된 손실 $A_k + L_j$가 속해있는 범위라고 하자.

(1) $u(k)$와 k가 다른 경우: j 번째 준거자산에 의해 k 번째 범위에서 $u(k)$ 번째 범위로 옮겨갈 확률은 $p_T(k|M)\alpha_j$이므로 $p_T(k|M)$는 $p_T(k|M) - p_T(k|M)\alpha_j$가 되고, $p_T(u(k)|M)$는 $p_T(u(k)|M) + p_T(k|M)\alpha_j$로 바뀌게 된다. k 범위에서의 기댓값에는 변화가 없으므로 A_k는 변화가 없고 $u(k)$ 범위에 있을 총 확률이 $p_T(u(k)|M) + p_T(k|M)\alpha_j$이므로 $A_{u(k)}$는

$$\frac{p_T(u(k)|M)A_{u(k)} + p_T(k|M)\alpha_j(A_k + L_j)}{p_T(u(k)|M) + p_T(k|M)\alpha_j}$$

로 바뀌게 된다.

(2) $u(k)$와 k가 같은 경우: A_k만 $A_k + \alpha_j L_j$로 바뀐다.

이런 방법으로 N개의 준거자산이 모두 고려되면 우리는 총 손실 분포를 알아낼 수 있다. 원하는 T에 대해서 $p_T(k|M)$를 구할 수 있고, 만일 회수율이 확률분포로 주어진 다면 우리는 이 분포를 이산화시켜 근사치를 구할 수 있다. 또한 M에 관한 적분을 통해 조건부가 아닌 k 회사가 부도날 확률을 구할 수 있고 CDS 스프레드를 결정하는 방법과 유사하게 각 트랜치의 스프레드를 계산해낼 수 있다.

7.3.5 가우시안 코퓰러 모델의 확장

가우시안 요인 코퓰러 모델(Gaussian factor copula model)을 변형시킨 대표적인 것에는 상관관계를 확률변수로 주는 확률상관계수(stochastic correlation) 모델과 코퓰러를 가우시안에서 다양한 형태로 발전시키는 모델들이 있다. 확률상관계수 모델은 7.3.2에서의 잠재적 확률변수를 $0 \le a,\ b \le 1$에 대하여

$$X_i = B_i(aM + \sqrt{1-a^2}\,Z_i) + (1-B_i)(bM + \sqrt{1-b^2}\,Z_i)$$

로 나타내는 모델이다. 여기에서 B_i는 확률 p로 1의 값을, 확률 $(1-p)$로 0의 값을 갖는 베르누이(Bernoulli) 확률변수이다. 만일 a가 b보다 매우 크다면, 이 모델은 확률 p로 높은 상관관계를 확률 $1-p$로 낮은 상관관계를 나타내게 된다.

극단종속은 쉽게 예측할 수 있듯이 a와 b가 1보다 작은 경우에는 가우시안 코퓰러 모델의 선형합이기 때문에 0으로 주어진다. 편의상 a가 b보다 크다고 가정하면 극단종속은 다음과 같이 주어진다.

$$\lambda_U(X_i, X_j) = \lambda_L(X_i, Y_j) = \begin{cases} 0 & a, b < 1 \text{인 경우} \\ p^2 & b < a \le 1 \text{인 경우} \\ 1 & a = b = 1 \text{인 경우} \end{cases}$$

이 모델은 a를 a_i로, b를 b_i로 바꿔서 쉽게 일반화될 수 있다.

또한 가우시안 코퓰러 모형에서의 정규분포를 다양한 형태의 코퓰러로 일반화시키기도 한다. 많이 사용되는 코퓰러에는 t-코퓰러, Double t-코퓰러, Marshall-Olkin 코퓰러 등이 있다.

연습문제

1. 액면가 100만 원, 쿠폰이자율 연 2 %, 쿠폰지급횟수 연 2회인 채권의 경우 만기가 1년 2개월 남은 경우 발생이자(accrual)가 얼마인지 구하시오.

2. 액면가 100만 원인 5년 만기 국채의 수익률이 4 %이고, 유사한 5년 만기 회사채의 수익률이 6 %, 회수율은 40 %라고 할 때 부도확률을 구하시오.

3. 프리미엄을 6개월째 1/4, 1년째는 3/4씩 1년에 두 번 지급하는 만기 3년인 가상적인 CDS의 프리미엄을 구하시오. 단, 부도 시점은 프리미엄 지급일의 중간에서만 발생하며, 이자율은 5 %로 균등하고 회수율은 0.5이다. 부도밀도함수(pdf)는 20년 간의 균등분포, 즉

$$f(t) = \begin{cases} 0.05 & 0 \leq t \leq 20 \\ 0 & \text{그렇지 않은 경우} \end{cases}$$

를 이루고, 현물이자율은 다음과 같이 주어졌다고 가정하자.

기간	이자율
0.5	0.03
1	0.035
1.5	0.04
2	0.045
2.5	0.05
3	0.055

4. 동일한 양의 100개의 기업 채권으로 구성된 만기 1년인 CDO에서 0에서 5 %까지의 부도를 커버하는 트랜치에 100억을 투자하였다. 트랜치 투자수익률이 40 %라 할 때, 시작하자마자 2개의 기업이 부도가 나고, 그 이후에는 부도가 하나도 발생하지 않았고 모든 수익은 만기에 한꺼번에 받는다고 할 때 투자자가 만기에 돌려받는 총 액수를 구하시오.

5. 동일한 양의 100개의 기업 채권으로 구성된 만기 1년인 CDO에서 0에서 10 %까지의 부도를 커버하는 트랜치에 100억을 투자하였다. 트랜치 투자수익률이 40 %라 할 때, 시작하자마자 2개의 기업이 부도가 나고, 6개월 후에 2개의 기업이 부도가 난 후 그 이후에는 부도가 하나도 발생하지 않았다고 한다. 수익은 6개월마다 정산한다고 할 때 투자자가 만기까지 받는 액수의 합을 구하시오.

6. M을 평균이 0이고 분산이 1인 확률변수, Z_i를 같은 분포를 따르는 평균이 0이고 분산이 1인 서로 독립인 확률변수라고 하고 $0 < a_i < 1$인 a_i에 대하여 X_i를 다음과 같이 정의할 때,

$$X_i = a_i M + \sqrt{1 - a_i^2}\, Z_i$$

X_i들 간의 상관계수 즉, $\rho(X_i, X_j)$가 $a_i a_j$가 됨을 증명하시오.

7. 어떤 확률변수 X와 상수 c에 대하여

$$P(X = c \,|\, M) = c(M+1)^2$$

으로 주어진다고 한다. 여기에서 M은 표준정규분포를 따르는 확률변수이다.
이 경우, $\displaystyle\int_{-\infty}^{\infty} P(X = c \,|\, M)\, dM$을 구하시오.

참고문헌

[AG] Amato, J. and Gyntelberg, J. (2005), CDS index tranches and the pricing of credit risk correlations, BIS Quarterly Reviews, March, p 73-87.

[BDT] Black, F., Derman, E. and Toy, W. (1990), A One-Factor Model of Interest Rates and Its Application to Treasury Bond Options, Financial Analysts Journal, 24-32.

[BK] Black, F. and Karasinski, P. (1991), Bond and Option pricing when Short rates are Lognormal, Financial Analysts Journal, 52-59.

[BM] Brigo, D. and Mercurio, F. (2001), Interest Rate Models ‐ Theory and Practice with Smile, Inflation and Credit (2nd ed. 2006 ed.). Springer Verlag.

[BGM] Brace, A., Gatarek, D. and Musiela, M. (1997), The Market Model of Interest Rate Dynamics, Mathematical Finance, 7(2), 127-154.

[BR] Bielecki, T. and Rutkowski, M. (2001), Credit risk: modeling, valuation and hedging, Springer.

[BS] Black, F. and Scholes, M. (1973), The Pricing of Options and Corporate Liabilities, Journal of Political Economy 81(3), 637-654.

[CIR] Cox, J. C., Ingersoll, J. E. and Ross, S. A. (1985), A Theory of the Term Structure of Interest Rates, Econometrica 53(2), 385-407.

[DD] Das, S. R., Duffie D., Kapadia N., and Saita L. (2007), Common Failings: How Corporate Defaults are Correlated, Journal of Finance, 62(1), 93-117.

[DS] Delbaen, F., and Schachermayer, W. (1994), A General Version of the Fundamental Theorem of Asset Pricing, Mathematische Annalen 300 (1), 463 -520.

[D] Duffie, D. (2004), Time to adapt copula methods for modelling credit risk correlation, Risk magazine, April, p 77.

[D] Durrett, R. (2010), Probability : Theory and Examples, Cambridge.

[HK] Harrison, J. M. and Kreps, D. M (1979), Martingales and arbitrage in multiperiod securities markets. Journal of Economic Theory, 20, 381-408.

[HP] Harrison, J. M. and Pliska, S. R. (1981), Martingales and Stochastic integrals in the theory of continuous trading, Stochastic Processes and their Applications 11 (3), 215-260.

[HJM1] Heath, D., Jarrow, R. and Morton, A. (1990), Bond Pricing and the Term Structure of Interest Rates: A Discrete Time Approximation. Journal of Financial and Quantitative Analysis, 25, 419-440.

[HJM2] Heath, D., Jarrow, R. and Morton, A. (1991). Contingent Claims Valuation with a Random Evolution of Interest Rates. Review of Futures Markets, 9, 54-76.

[HJM3] Heath, D., Jarrow, R. and Morton, A. (1992), Bond Pricing and the Term Structure of Interest Rates: A New Methodology for Contingent Claims Valuation. Econometrica, 60(1), 77-105.

[H] Hull, J. (2009), Options, Futures and Other Derivatives (7ed.), Prentice Hall.

[HW1] Hull, J. and White, A. (1990), Pricing Interest-rate Derivative Securities, Review of Financial Studies, 3(4), 573-592.

[HW2] Hull, J. and White, A. (2000), Valuing Credit Default Swaps I: No Counterparty Default Risk, NYU Working Paper.

[HW3] Hull, J. and White, A. (2000), Valuing Credit Default Swaps II: Modeling Default Correlations, NYU Working Paper.

[HW4] Hull, J. and White, A. (2004), Valuation of a CDO and an nth to default CDS without Monte Carlo simulation, Journal of Derivatives 12, p 8-23.

[KMG] Kakodkar, A., Martin, and B., Galiani, S. (2003), "Correlation trading" Merrill Lynch.

[KS] Karatzas, I. and Shreve, S. (1991), Brownian Motion and Stochastic Calculus, Springer.

[LG] Laurent, J. P. and Gregory, J. (2003), Basket default swaps, CDOs and factor copulas.

[L] Li, D. (2000), On default correlation: a copula approach, Journal of Fixed Income, 9, 43-54.

[MA] McGinty, L. and Ahluwalia, R. (2004), Credit correlation: A guide, Research Paper, JP Morgan.

[M] Merton, R. C. (1973), Theory of Rational Option Pricing. Bell Journal of Economics and Management Science, 4(1), 141-183.

[MR] Musiela, M. and Rutkowski, M. (2004), Martingale methods in financial modelling. 2nd ed., Springer-Verlag.

[N] Nelsen, R. (1999), An introduction to Copulas, Springer.

[O] Oksendal, B. (2003), Stochastic Differential Equations: An Introduction with Applications, Springer.

[R] Rebonato, R. (2002), Modern Pricing of Interest-Rate Derivatives: The Libor Market Model and Beyond, Princeton University Press.

[RMW] Rebonato, R., McKay, K. and White, R. (2009), The SABR/LIBOR Market Model Pricing: Calibration and Hedging for Complex Interest-Rate Derivatives, John Wiley & Sons.

[RB] Rendleman, R. and B. Bartter (1980), The Pricing of Options on Debt Securities. Journal of Financial and Quantitative Analysis 15, 11-24.

[Ru] Rubinstein, M. (1994), Implied binomial trees. J. Finance 49(3), 771-818.

[S] Shreve, S. (2004), Stochastic Calculus for Finance II: Continuous-Time Models, Springer Verlag.

[V] Vasicek, O. (1977), An Equilibrium Characterization of the Term Structure. Journal of Financial Economics 5(2), 177-188.

[W] Walker, M. (2006), CDO models-towards the next generation: Incomplete markets and term structure, Working paper.

[WHD] Wilmott, P., Howison, S. and Dewynne, J. (2002), The Mathematics of Financial Derivatives: A Student Introduction, Cambridge: Cambridge University Press.

[J] Jorion, P. (2000), VAR:시장위험관리(윤평식 옮김), 경문사.

[김] 김정훈 (2005), 금융수학, 교우사.

[윤] 윤창현 (2004), 파생금융상품론, 경문사.

[이] 이승철 (2011), 금융수학 입문, 경문사.

[최] 최건호 (2009), 금융수학의 방법론, 경문사.

[한] 한국민족문화대백과, 한국학중앙연구원, 2010.

www.isda.org

찾아보기

금융공학

2013년 6월 15일   1판 1쇄 인쇄
2013년 6월 20일   1판 1쇄 발행

저   자 ◉ **전 인 태**

발 행 자 ◉ **조 승 식**

발 행 처 ◉ (주) 도서출판 **북스힐**
　　　　　서울시 강북구 수유2동 240-225

등   록 ◉ 제 22-457 호

 (02) 994-0071(代)

 (02) 994-0073

 bookswin@unitel.co.kr
　　　　　www.bookshill.com

값 15,000원

ISBN 978-89-5526-630-6